美学教程

（第3版）

彭吉象　郭青春　编

国家开放大学出版社·北京

图书在版编目（CIP）数据

美学教程／彭吉象，郭青春编 . —3 版 . —北京：
国家开放大学出版社，2021.7（2024.1 重印）
ISBN 978 - 7 - 304 - 10851 - 9

Ⅰ . ①美… Ⅱ . ①彭… ②郭… Ⅲ . ①美学 - 开放教
育 - 教材 Ⅳ . ①B83

中国版本图书馆 CIP 数据核字（2021）第 128240 号

版权所有，翻印必究。

美学教程（第 3 版）
MEIXUE JIAOCHENG
彭吉象　郭青春　编

出版·发行：国家开放大学出版社
电话：营销中心 010 - 68180820　　　　总编室 010 - 68182524
网址：http://www.crtvup.com.cn
地址：北京市海淀区西四环中路 45 号　　邮编：100039
经销：新华书店北京发行所

策划编辑：陈　蕊　　　　　　　　版式设计：何智杰
责任编辑：李京妹　　　　　　　　责任校对：吕昀谿
责任印制：武　鹏　马　严

印刷：北京印刷集团有限责任公司
版本：2021 年 7 月第 3 版　　　　2024 年 1 月第 5 次印刷
开本：787mm×1092mm　1/16　　插页：1 页　　印张：15　　字数：272 千字

书号：ISBN 978 - 7 - 304 - 10851 - 9
定价：29.00 元

（如有缺页或倒装，本社负责退换）
意见及建议：OUCP_KFJY@ouchn.edu.cn

　　《美学教程》第 1 版出版于 2004 年 11 月，第 2 版出版于 2008 年 11 月。它是应中央广播电视大学（现国家开放大学）"美学原理"课程教学之需而编写的教材，同时也是教育部重点科研课题"高等院校美育课程体系研究"系列丛书之一，还是"教育部人才培养模式改革和开放教育试点"教材之一。

　　"美学原理"课程作为中央广播电视大学的一门通识课程，20 多年来深受广大学生欢迎。这门课程最早采用的教材是杨辛先生、甘霖先生合著的《美学原理》（北京大学出版社 1983 年版）。鉴于时代的发展和教学的需要，中央广播电视大学启用了新的"美学原理"课程多媒体系列教材，教材于 1997 年编制完成，其中包括主教材《美学原理新编》（杨辛、甘霖编，北京大学出版社 1996 年版）、录像教材 27 讲（杨辛、彭吉象主讲，中央广播电视大学音像出版社）和辅导教材《美学原理学习指导书》（郭青春编，中央广播电视大学出版社 1997 年版）。

　　2004 年，北京大学艺术学院彭吉象教授接任杨辛先生作为这门课程的新编教材主编和课程主讲教师，彭吉象教授和中央广播电视大学"美学原理"课程主持教师、课程组组长郭青春在共同承担的教育部重点课题"高等院校美育课程体系研究"的基础上，主持编写了《美学教程》第 1 版教材，2005 年，出版了与《美学教程》第 1 版配套的《美学原理学习指导书》。2008 年，本教材和配套的学习指导书同期修订、再版。同时，彭吉象教授主讲了 18 讲与新版教材配套的电视课。2009 年，课程组在已有的文字教材、音像教材基础上，建设了本课程的网络课程，2009 年美学原理网络课程被评为广播电视大学精品课程。

　　2012 年，中央广播电视大学更名为国家开放大学，课程组根据国家开放大学建设新要求，又补充建设了 63 讲微课程（5 分钟课程，郭青春主讲，

2015 年上线播出)，并于 2018 年更新了美学原理网络课程。

这次对《美学教程》的修订，首先，我们考虑了与已经更新的、正在使用的网络课程资源的一致性、与增补的微课教学资源的一致性。近年来，美学原理研究的最新成果陆续在网络课程和微课教学资源中进行了更新和补充，与之相比，文字教材《美学原理》的更新滞后了。我们在修订过程中对陈旧的内容进行了更新。其次，我们充分考虑了教材的稳定性和延续性需求。这套教材已在全国广播电视大学（2021 年全国广播电视大学已基本上全部更名为开放大学）使用 10 多年，考虑到体系教师教学稳定性和延续性的需求，教材的编写体例和形式没有做太大改变，课程内容体系也没有做太大调整，更新的主要教学内容是学科发展成果，同时充分考虑了当下学习者的特点，主要贴近"90 后""00 后"学生的学习基础和接受心理，选取更多学生容易接受和理解的素材对美学原理进行解读。

修订本教材时，我们主要考虑了以下几个方面：第一，根据当前美学教育要求，以培养德、智、体、美、劳全面发展的社会主义建设者和接班人为目标，突出弘扬社会主义核心价值观，着力培养学生树立正确的世界观、人生观、审美观，把课程思政有机地融入教材内容中。第二，融会中外美学研究最新成果和美育教学改革成果，根据时代的发展和学生的需要增加了一些新内容、新元素；同时，注重将美学理论与当代社会实践相结合，使其具有更加鲜明的当代色彩。第三，突出通识课的特点，力求深入浅出、通俗易懂，以朴实、生动的语言和学生身边的实例，讲解美学的基本原理。

在本教材修订过程中，我们参阅了国内外学术界的一些研究成果，引述时均一一注明了出处，然疏漏之处仍在所难免，特此说明，并谨表谢意。

作者

2021 年 4 月 20 日

目 录

第一章 引论

本章要点提示

◎美学与美学概念

◎美学研究的对象和范围

◎美学诞生的年代和标志

◎美学研究的现状

◎美学与其他相关学科的关系

◎学习美学的意义

本章学习目标

1. 了解美学的历史和现状；

2. 掌握美学思想和美学概念；

3. 了解美学学科与其他学科的关系；

4. 认识美学与其他学科的关系。

什么是美学？美学是研究什么的？这是我们首先要解答的问题。美学是一门古老而又年轻的人文社会科学。它的历史渊源可以追溯到古代，在历经数千年的人类审美实践和美学思想的积累之后，作为独立学科的美学才于18世纪中叶正式诞生。美学研究的对象和范围也是随着美学思想的不断积累和美学学科的逐渐形成与发展而逐步确立的。

一、美学的历史和现状

"江畔何人初见月，江月何年初照人？"人类从何时开始具有"美"的观念？美的观念从何时开始引导和影响人类生活？美学是何时产生的？美学从何时起对人类审美实践产生重大影响？这是诱人遐想而又令人备感亲切的问题。[①]

人类的审美意识几乎是和人类一同产生的。原始人脱离动物状态最主要的标志就是使用工具进行劳动，已出土的原始劳动工具和原始人的装饰品表明，人类在原始社会阶段就具有了朦胧的审美意识。

到了奴隶社会时期，随着人类审美实践和审美意识的发展，一些思想家、哲学家提出了观点较为明确的美学思想。美学思想是人类审美实践和艺术实践发展到一定历史阶段的产物，是对人类审美实践和艺术实践的哲学概括。美学思想往往凝聚、结晶为若干美学范畴和美学命题。

美学是在人类美学思想逐步积累的基础上诞生的，美学研究者对此达成了共识。我国的美学思想发端于先秦时期，老子、孔子、《易传》作者、庄子、荀子等，在其著述中提出了"道""气""妙""兴、观、群、怨"等美学范畴和"大音希声""充实之谓美"等美学命题。西方的美学思想发端于古希腊时期，公元前6世纪至公元前4世纪，毕达哥拉斯、柏拉图、亚里士多德等在他们的著作中提出了"和谐与比例""秩序""匀称""整一"等美学范畴和美学命题，尤其是亚里士多德的《诗学》被称为最早的欧洲文艺美学经典著作，亚里士多德也因此被称为"欧洲美学思想的奠基人"。

无论是东方还是西方，在人类文明的发展过程中，在各个不同历史时期，都产生

---

① 于友先. 美学漫谈. 郑州：河南人民出版社，2000：2.

了丰富的美学思想。中国的美学思想经历了先秦、两汉的发端期，魏晋南北朝至明朝的展开期，清代之后的美学思想体系形成期，其间涌现了大量蕴含美学思想的史、传、评、注、文论、画论、诗论、词话等著作。自古希腊时期之后，亚里士多德的《诗学》一直被奉为欧洲文艺理论的经典之作。在此基础上，西方的美学思想也经历了中世纪的停滞期、文艺复兴时期的美学思想解放与发展期、17—18世纪的美学思想体系形成期。直到18世纪中叶，德国哲学家、美学家鲍姆嘉通才在前人的美学思想基础上创立了美学学科。

鲍姆嘉通（Baumgarten，1714—1762）被称为"美学之父"。他在1735年发表的《关于诗的哲学沉思录》中首次提出了"美学"这一概念，这个词的原意是"感觉学"。鲍姆嘉通在普鲁士哈列大学任教时，继承了莱布尼兹和沃尔夫等人的理性主义哲学思想，并将其系统化。在此期间，他发现在已有的哲学体系中，逻辑学是研究人的理性认识的，伦理学是研究人的意志的，唯独没有哪一门学科是研究人的感性认识的，他认为这是人类知识体系的一大缺陷，因此，他提出应该建立一门专门研究感性认识的学科，并开始致力于该学科的研究和创立。1750年，他正式使用"Ästhetik"这个术语，出版了他的《美学》第一卷，阐释了美学的研究对象和任务，以及他对美感的认识。[1]同年，他在其任教的哈列大学开设了美学课程。因此，这一年被认为是美学作为独立学科诞生的纪元。自鲍姆嘉通之后，西方美学又涌现出了康德、黑格尔、车尔尼雪夫斯基等一批著名美学家，他们沿用了美学这一术语，并将美学作为哲学的一个组成部分加以系统化，进一步发展和充实了西方美学理论体系，巩固了美学作为一门独立学科存在和发展的地位。

德国古典美学作为哲学的一个分支，一直在思辨的王国里研究美，虽然它的研究对象始终是人类社会现象，但在态度和结论上常常超乎人间现实。19世纪末20世纪初，随着自然科学和社会科学的相互渗透与日趋融合，美学突破了长期以来思辨哲学的局限，走向了一个新的发展阶段。一批采用心理学方法研究审美经验的美学流派涌现出来，他们更加注重采用科学的方法研究和解释人们的审美实践活动，更加注重提供可以在现实生活中得到普遍印证的研究结论，从而把美学从纯粹形而上的哲学研究神坛拉向关注具体审美现象的实用哲学研究，并迅速在西方美学中取代了德国古典美学的主导地位。目前，这种趋势得到了进一步的发展，美学正走向又一个新的、更加贴近社会发展需要的时代，美学研究正在向电影美学、小说美学、音乐美学、诗歌美学、

---

① 杨辛，甘霖.美学原理新编.北京：北京大学出版社，1996：3-4.

绘画美学、建筑美学、工业设计美学、环境美学、旅游美学等新的领域突进，那种封闭的、远离现实的美学范围日趋缩小，而开放的、贴近现实的美学充满了活力和生机，范围日益扩大。

一般认为，我国最早接受西方美学的王国维在他的《古雅之在美学上之位置》《红楼梦评论》等文章中，运用了康德、叔本华的美学思想。其后，北京大学校长蔡元培大力提倡美育，美学作为一门独立学科的地位在我国确定下来。自20世纪以来，我国美学界经历了一个译介西方美学著作和熟悉西方美学理论体系的过程，同时也结合我国实际进行了几次美学大讨论，出现过几次美学研究的热潮，就如何借鉴西方美学理论、如何将中国美学思想和现代美学理论进行融合、如何建立中国美学体系等问题进行了广泛而深入的论争，形成了大量研究成果。尤其在20世纪80年代以后，国内大学纷纷开设美学课程，出版了近百种用于大学教育的美学教材，随后，国内美学研究更进一步紧随西方美学发展趋势，同步吸收了国外美学研究成果，并且加强了对中国传统美学思想的梳理和理论研究。随着我国经济的发展、人民生活水平的不断提高，人们对美的追求广泛地出现在现实生活的各个领域当中。1999年，《中共中央国务院关于深化教育改革全面推行素质教育的决定》提出了加强美育的要求，把培养德、智、体、美全面发展的社会主义建设者和接班人作为各级各类学校教育的人才培养目标，更激发了新一轮美学研究的发展。2019年4月，《教育部关于切实加强新时代高等学校美育工作的意见》印发，高等学校进一步加强了高等教育的美学、美育研究和教学，美学从来没有像今天这样受到社会的普遍重视。大批青年美学家和青年美学工作者正在崛起，他们正站在坚实的现实大地上，大胆吸收、同化已有的美学理论成果，与发展中的现代自然科学和人文社会科学进行亲切对话和广泛交流，开展多层次、多角度的美学研究，社会对美学的需求已成为美学发展的主要动力。科学的突进总是发生在科学知识的积累与社会需求增长的交叉点上，美学正处在这样一个突进时期。

二、美学研究的对象

自鲍姆嘉通的《美学》第一卷问世以来，美学界对美学的定义和美学研究的对象一直争论不休，至今仍然众说不一。在美学史上，主要有以下三种观点：

第一，鲍姆嘉通认为，美学研究的对象就是美，就是感性认识的完善。他在《美学》第一章写道："美学的对象就是感性认识的完善（单就它本身来看），这就是美；与此相反的就是感性认识的不完善，这就是丑。""美学是以美的方式去思维的艺术，是美的艺术的理论。"①

第二，黑格尔认为，美学研究的对象是美的艺术。他说：美学的研究"范围就是艺术，或则毋宁说，就是美的艺术"。因此，他认为美学的确切名称应当是"美的艺术的哲学"②。

第三，有学者认为美学的研究对象是美感经验，美学就是审美心理学。持这种观点的主要是近代、现代一些审美心理学派的西方美学家，如"移情说""审美距离说""格式塔心理学"的代表人物。这种观点认为，美感是一种审美意识，是人（审美主体）对客体的反映与认识。美学要研究人对现实的审美关系，即美感产生的规律。

我国对美学研究对象的讨论也是基本围绕以上几种观点进行的。纵观国内外美学界对于美学研究对象的各种看法和美学理论研究的实际情况，从总体上说，传统美学研究的对象不外乎三方面：美的哲学、审美心理学和艺术哲学。换句话说，美学研究的对象主要包括美、美感和艺术美。

美的哲学，主要是研究美的本质问题。即决定各种美的事物成为美的原因是什么？从认识论上得出哲学结论：美是主观的？客观的？还是主客观的统一？美和真、善的联系与区别是什么？美的哲学是整个美学学科理论的基础。

审美心理学，主要研究审美心理的特点和规律。它包括审美心理与理性认识、道德评价的区别，美感与快感的联系与区别，尤其是审美活动中感觉、知觉、理性、情感、联想、想象等诸多心理功能的关系和作用，审美主体与客体之间的相互关系和作用。审美心理学是近代、现代美学研究的中心。

艺术哲学，主要研究艺术与现实的关系，以及艺术创造、艺术欣赏、艺术批评的普遍规律，即从哲学角度研究艺术美的一般规律。对艺术美的研究在现代取得了突破性进展，尤其是以不同艺术门类为研究对象的美学研究已经成为美学研究的重要组成部分。

随着时代的发展，美学研究的对象也在不断扩大。20世纪60年代，苏联美学家开始把美学研究引入物质生产活动领域，产生了以工业设计为研究对象的美学研究。与此同时，西方社会也日益重视把审美原则渗透到日常社会生活当中，从而产生了技术美学、环境美学、生活美学等新的美学分支。国内外均有学者指出，人类的所有审美活动方式和艺术一道，共同组成了一种审美文化，这种审美文化融入人类社会生活的

---

① 朱光潜.西方美学史：上卷.北京：人民文学出版社，1979：297.
② 黑格尔.美学：第一卷.朱光潜，译.北京：商务印书馆，1979：3-4.

各个领域之中。① 在当代，美学研究的对象既包括传统美学的研究对象，也包括人类其他各种审美活动和创造美的活动。

通过以上分析，我们可以得出美学的定义：美学是研究美、美感、审美活动和美的创造活动规律的一门科学。

三、美学是一门边缘学科

美学是一门古老而又年轻的边缘学科。从美学的发展史不难看出，美学与人文社会科学和自然科学方面的许多学科有着密切的联系。近年来，随着美学研究领域的不断扩大、实用美学的日益发展，美学与其他学科的相互交叉渗透正在日益加强。近几届国际美学会议的参与者已不限于传统意义上的美学家，他们当中有文学家、哲学家、心理学家、历史学家、数学家、物理学家、社会学家，以及涉及音乐、雕塑、建筑等各艺术门类的批评家和研究者。由此可见，美学是一门与众多学科相互交融的边缘学科。为了明确美学的学科定位，这里重点分析一下美学同几个与其关系最为密切的学科的联系与区别。

第一，美学与哲学的关系。美学是作为哲学的一个分支而产生的，最初的美学家也是哲学家。哲学以主客观世界作为它的研究对象，是研究自然界、人类社会和人类思维发展的一般规律的科学，它既是世界观又是方法论，对各门具体科学起指导作用。哲学为美学研究提供了基本的世界观和方法论，对美学研究具有指导作用。美学研究审美客体与审美主体之间的相互关系，这实质上是哲学研究的基本问题——物质与精神、思维与存在之间关系的具体化；美学要研究审美观，审美观是人的世界观的组成部分。从这个意义上说，美学研究可以丰富哲学内容。但是哲学不能取代具体的美学研究，美学作为一门独立学科，有其独特的研究对象和具体的研究方法。比如，美学要研究美的具体形态、范畴及其特征，美感的心理因素及其作用、美感的心理反应过程及其规律，以及美育等诸多内容，这些研究都超出了哲学研究的基本范围。

第二，美学与伦理学的关系。伦理学研究的基本对象是人们之间的道德关系，伦理学的基本范畴是善。美学研究的基本对象是人与客观事物之间的审美关系，美学的基本范畴是美。美与善的关系是十分密切的，所以美学与伦理学的关系也十分密切。然而，美与善又不能等同，它们分属不同的范畴，二者之间有着严格的区别，所以美

---

① 杨辛.青年美育手册.石家庄：河北人民出版社，1987：26.

学与伦理学也有严格的区别。

第三，美学与心理学的关系。人类的审美意识是一种特殊的心理现象。因此，研究美学必然涉及心理学的范畴，美学的发展也必须借助心理学的研究成果。反过来，对审美心理的研究也必然会丰富心理学的内容。19世纪起，西方美学研究的侧重点从哲学思辨转向从心理学角度研究审美现象，运用心理学研究成果研究人类审美意识成为美学的重要组成部分。但美学只是与心理学研究相互交叉，二者不是相互包容或等同的关系。心理学是研究人的一般心理活动规律的科学，它的研究对象是人类普遍的心理活动规律，美学的研究范围不仅限于审美心理的研究，美学的心理分析不能代替美学的哲学分析。

第四，美学与艺术理论的关系。人类美学思想的形成和发展与人类艺术创造和艺术欣赏实践有着密切的联系。在美学学科产生之前，就产生了大量中外文艺理论著作，如我国著名文艺理论家刘勰的《文心雕龙》、钟嵘的《诗品》，西方具有世界影响的亚里士多德的《诗学》等，这些著作中都蕴含着丰富的美学思想。可见美学理论与文艺理论历来就是相互渗透、密切融合的。艺术创造和艺术欣赏是人类审美活动的集中体现，因此美学必然要研究艺术问题，必然要从艺术实践和艺术理论中探究美学规律。但美学除了研究艺术美之外，还要研究自然美、社会美等其他领域。美学只研究艺术美问题，不研究有关艺术的其他具体问题。所以，美学虽与艺术理论研究有交叉，但艺术学不等于美学。

此外，美学还与人类学、生理学、语言学、建筑学、工艺学、教育学等许多学科具有密切联系，美学涉及的领域非常广泛。美学的边缘性既为美学学科提供了广阔的发展空间，也对美学研究者提出了具有广博的边缘学科知识修养的要求。

第二节　学习美学的意义和方法

一、为什么学习美学

为什么学习美学？简而言之，为了生活得更美好、更幸福。"当代人在呼唤着美学，在发展着美学，在把美学变成一门与人类幸福有着密切关系的科学。"[1] 为什么这么说呢？

---

[1]　于友先.美学漫谈.郑州：河南人民出版社，2000：2.

第一，学习美学能够使我们从本质上认识人类产生美感的根源，从而使我们能够更自觉地按照美感产生的规律追求美、创造美。每天都在说话的我们，并不会意识到我们在说着"散文"；每天都在追求美和创造美的我们，也往往意识不到我们与美学的密切关系。我们学习美学之后，能够增强追求美、创造美的自觉性。

第二，学习美学能够使我们树立正确的审美观。审美观与伦理观、真理观一起构成人们对世界、对人生的总的看法，审美观是人们从审美的角度对客观事物的一种判断和评价。审美观直接指导着人们欣赏美和创造美的活动。只有树立正确的审美观，才能确立正确的审美标准，培养健康的审美情趣、胸怀崇高的审美理想，明辨美与丑、善与恶的界限，实现崇高的人生理想和人生价值。

第三，学习美学能够使我们掌握审美活动规律，能够提高审美欣赏和审美创造的能力。审美能力是指人在审美活动中发现、感受、判断、评价和欣赏美的能力，主要包括审美感受能力、审美想象能力、审美理解能力、审美鉴别能力、审美欣赏能力和审美创造能力等。[①]

第四，学习美学有利于各科学生的专业学习和专业工作。法国著名作家福楼拜说："越往前进，艺术越要科学化，同时科学也要艺术化，二者从基底分手，回头又在塔尖结合。"[②]2001年清华大学90周年校庆时，学校组织了名为《艺术与科学》的展览，还邀请了著名物理学家、诺贝尔物理学奖获得者杨振宁发表了一次演讲，题目叫作《物理与美学》。千余名清华学子参观了展览，聆听了演讲。杨振宁博士结合自身研究经历，侃侃而谈自己在物理研究中的美学发现和感受的审美乐趣，以及自幼受到的中国美学思想熏陶对其物理研究及一生的影响，听者为之倾倒、为之动容。有学子慨叹："从来没有想过，美学离我们这么近！"实践证明，掌握美学理论知识和提高审美能力，不仅有助于文科学生的专业学习和工作，而且有助于理工农医科学生的学习和工作。因为自然科学中也蕴含着极为丰富的美学内容，而且对美的追求往往是触发和推动科技人员进行创造性研究的一个重要因素。在美学史上，有一个有趣的、值得人们深思的现象：第一批提出"什么是美"的问题的人很多既是哲学家又是自然科学家。古希腊美学思想的萌芽可以追溯到公元前6世纪，这既是荷马史诗定本的时代，也是毕达哥拉斯学派盛行的时代。毕达哥拉斯和他的学生多数是数学家，还有一部分是物理学家和天文学家。他们利用自然科学的观点来考察美学问题，认为美就是和谐，这

---

① 顾建华 . 美育新编 . 北京：北京出版社，1991：14.

② 钱学森，刘再复，等 . 文艺学、美学与现代科学 . 北京：中国社会科学出版社，1985：39.

种和谐是由一定数量关系构成的。他们把数看作世界万物的本原，并把数与和谐的原则用于艺术，认为艺术也必须借助数的关系。一件艺术品是美的，必然要体现一定数量的比例关系。之后，"美是数的和谐"的观点得到了延续，既成为形式美的主要法则，也成为人们进行科学发现的法则。许多科学发现都是首先由科学家根据和谐对称等原则进行大胆推断，之后反复求证才得到的。德国天文学家开普勒还曾描述天体运行规律中的数的和谐，并将其谱成了一首乐曲。著名宇航家 T.C. 季托夫认为：不懂艺术的工程师是蹩脚的工程师；一个缺乏音乐感和不懂诗意的学者，不过是欺世盗名之徒。虽然这种说法过于极端，但也表达了一位科学家对于文学和艺术的重视。由此可见，学习美学、认识美学规律，对任何人的学习和工作都是有益的。

二、怎样学习美学

美学的精髓是关于美的一系列观念和理论，它们高度概括了关于美、美感、审美活动和美的创造的内涵和规律。同时，美学也是一门建立在人类审美实践和创造美的实践基础上的科学，是一门与每个人的现实物质生活和精神生活都密切相关的科学。因此，学习美学需要注意以下几方面。

第一，学习美学时要自觉联系自身的审美体验和审美实践理解美学理论。古人云：爱美之心，人皆有之。我们每个人每天都在自觉或不自觉地追求美。一个人的审美观和审美实践体现在众多方面：从每天的着装、发式到说话、做事的方式，从家居饮食到工作学习，从收看电视、观看电影到欣赏音乐、观看画展，从具体小事到为人处世的哲学观念，等等。我们在学习美学时，一方面可以结合自身的审美实践和审美体验加深对美学理论的理解；另一方面也要自觉地在美学理论的指导下树立正确的审美观，提高审美感知和审美判断的能力。通过对美学理论知识的学习，我们能够不断认识到自己在审美欣赏和审美创造活动中存在的不足之处，并加以改进。

第二，学习美学理论要掌握正确的哲学思考方法，特别是马克思主义哲学。马克思、恩格斯提出的辩证唯物主义和历史唯物主义哲学观既是我们解析美的根源、美的本质的根本出发点，也是我们认识人类审美实践和美的创造活动的指导思想。因此，我们学习美学首先要树立正确的世界观，掌握正确的方法论。掌握了马克思主义哲学的基本观点和认识、分析客观事物的基本方法，对美学现象的认识和分析就不会偏离大的方向，许多看似复杂难解的问题就会迎刃而解。当然，一方面，马克思主义哲学不能取代美学研究的具体方法，它只是具有指导性的方法论；另一方面，美学研究的具体方法，如心理分析法、实证法等，是对审美活动进行科学分析的具体方法，它们也不能取代马克思主义哲学在美学研究方法论上的指导作用。

第三，学习美学原理要结合人类历史，尤其是审美实践的历史、审美创造的历史、美学自身的发展史。不了解人类的过去，就无从认识人类的今天和未来；不了解人类审美实践的历史，就难以从本质上认识美、美感、审美活动的本质和意义，也不能全面理解审美的规律。美学原理不是单就眼前的事实就能得出的理论概括，而是在我们研究了人类有史以来的审美活动及其与人类其他社会活动的关系、与人类不同时期的生存环境的关系之后才得出的理论概括。因此，在学习美学时，我们应尽可能多地了解相关历史知识。从原始社会的服饰、居舍、劳动工具、家具用品，到古代社会、近现代社会的各种艺术品，世界各国的文学史、建筑史、雕塑史、绘画史、音乐史，乃至延续了数千年的中外政治、经济、文化变迁史，都应该成为我们广泛涉猎的对象。当然，单就我们的课程学习来说，不可能要求学习者在有限的学期内吸收大量的史学知识，只需要熟悉教材中列举的艺术史料和中外优秀艺术作品，并能够结合这些史料和作品理解有关理论即可。此外，了解美学自身的发展史，对学好美学也非常重要。了解美学史上已有的研究结论、研究方法、研究经验，是我们学好美学、进一步研究美学的基本前提。

第四，学习美学要边学习边思考，善于提出问题和研究问题。马克思主义哲学理论为我们学习和研究美学提供了最基本的方法论，但其并不能直接为我们提供现成的美学结论。美学作为一门年轻的学科，还有许多重大问题没有定论，还有许多研究领域有待开拓。教材中涉及的理论研究成果也有不完善之处。因此，学习者在学习中要善于思考，善于提出疑问、提出不同的观点和看法，同时可以结合自己的爱好和知识积累，研究一些有待解决的美学问题，提出自己的美学见解。

三、本课程的具体任务

本课程是一门美学学科的基础课、概论课，共包括八章教学内容，即引论、审美活动的发生、现实美、艺术美、审美类型、审美心理、审美文化、审美教育。本课程主要传授美学的基本概念和基础理论，主要回答以下问题：什么是美？美是怎样产生的？人如何感知和判断客观事物的美与丑？美主要分布在哪些领域？自然美、社会美、艺术美的概念和特征是什么？它们在人类生活中的地位和作用如何？构成这些事物的美的要素有哪些？美的范畴有哪些？优美与崇高的特点和区别是什么？悲剧性和喜剧性为什么都称为美？它们的不同特点和作用是什么？人的审美心理因素有哪些？各审美心理因素的主要作用是什么？迄今为止人们对审美心理研究的主要成果有哪些？什么叫审美文化？审美文化在当今世界的地位和作用如何？审美文化对当代人的日常生活有什么样的影响？审美教育的性质、特点是什么？美育的任务是什么？美育的实施途径有哪些？

本章注释与参考资料

1. 本章配合电视录像课程第一讲（上半部分）。

德国哲学家和美学家鲍姆嘉通认为，既然世界上存在着真、善、美，与此相应，人类的心理活动也分为知、意、情三部分，那么就应该建立与之相应的三门学科。在他看来，"知"的部分已有逻辑学在研究，"意"的部分也有伦理学在研究，唯独"情"的部分没有一门学科来研究，因此，他在1735年发表的《关于诗的哲学沉思录》中首先提出这一看法，后来在1750年他更是使用这个术语出版了他的《美学》专著，并在书中初步确立了美学的研究对象、任务和方法，使其成为一门独立的科学，因而鲍姆嘉通被誉为"美学之父"。稍晚于他的德国古典美学奠基人康德完成了三大批判的巨著，其中，《纯粹理性批判》专门研究知的功能，《实践理性批判》专门研究人的意志行为和道德准则，《判断力批判》专门研究美学问题，这三部著作构成了康德哲学的完整体系。

2. 关于美学研究的对象。

杨恩寰主编的《美学引论》（辽宁大学出版社2002年版，第23页）指出："在美学研究的对象问题上，当代西方美学并没有更大的变化，依然继续西方美学传统观点，只是把重点放在审美和艺术上。而现当代中国美学关于美学对象的研究则需要叙述和说明。主要包括以下三种：①美、美感、艺术。这是美学界的传统看法。②审美关系。一种提法认为，美学应以人对现实的审美关系为研究对象，在苏联和中国美学界都有这种主张。③审美活动。一种提法认为，美学应以审美活动为研究对象，这在苏联和中国也大有人在。"

第二章 审美活动的发生

本章要点提示

◎巫术与图腾崇拜说

◎劳动起源说

◎审美发生的"多元决定论"

◎审美主客体关系的确立与美的诞生

本章学习目标

1. 了解关于审美发生的几种传统学说；

2. 了解关于审美发生的"巫术与图腾崇拜说"和"劳动起源说"；

3. 理解并掌握审美发生的"多元决定论"；

4. 了解审美主客体关系的确立和美的诞生。

原始人类有没有审美活动？人类的艺术究竟是怎样产生的？从古至今，人们都在试图回答这些问题，中外美学家和艺术史学家曾经给出许多种不同的答案。由于原始社会距今年代久远，这些问题常常被蒙上一层神秘的面纱，显得扑朔迷离。因此，长期以来审美发生学一直在努力寻求廓清审美与艺术产生的原因与过程，即研究审美与艺术的起源问题。

第一节 # 审美发生与艺术的起源

一、探讨审美发生与艺术起源的几种主要途径

探讨人类的审美发生与艺术的起源，不能不涉及人类的起源。如果没有人类，自然不会有人类的审美活动，更不会有人类创造的艺术的诞生。人类学与考古学研究证明，虽然人类出现在地球上有上百万年的历史，但原始人类的审美活动与史前艺术，仅仅是在人类进化过程的末期才开始出现的。人类的历史和整个地球古老的历史相比是十分短暂的，而人类审美与艺术的历史更为短暂。打个比喻，如果把从地球形成之时算起直到现在的 50 亿年比作一个昼夜，人类是在这一昼夜的 24 小时的最后 1 分钟出现在地球上的，而人类审美意识与史前艺术则是在这一昼夜的 24 小时的最后 1 秒钟才出现的。但就是这个比喻中的短短 "1 秒钟"，也有着几万年的历史进程。

美国人类学家斯特伦指出，"考古发现说明，属于宗教的人工制品大致可以分为三个时期：古代世界即旧石器早期，时间从公元前 10 万年到公元前 3 万年；后石器时代亦即中石器时代，时间从公元前 3 万年到公元前 1 万年；新石器时代，时间从公元前 1 万年到公元前 3 000 年。在第一个时期里，我们显然找不到可称为艺术的制品，但却可以看到精心埋葬的尸体，并伴有各种农耕器具。在第二个时期里，已有各种各样的农耕器具放在尸体身旁。这个时期的艺术包括绘画、雕塑以及泥制的动物模型，它们都属于为保证生产与狩猎成功而举行的巫术仪式活动。新石器时代据说以农业的发明与动物的驯化为起点"[1]。人类的审美与艺术确实有着十分漫长的发展历程，考古材料证明，人类最初的艺术活动始于数万年前的冰河时期，法国拉斯科洞穴和西班牙阿尔塔米拉洞穴中的壁画，距今有 2 万年左右的历史，它们就是对斯特伦上述看法的证明。但是，最新资料显示，1997 年考古学家在澳大利亚发现了距今 7 万年前的岩画，人类

---

[1] 斯特伦.人与神：宗教生活的理解.金泽，何其敏，译.上海：上海人民出版社，1991：298.

史前艺术史一下子被向前推进了数万年。相信随着考古新成果的不断涌现，人类艺术史可能被证明比人们想象的还要漫长久远。

人类审美发生与美的起源的研究，牵涉美学、艺术学、考古学、人类学、社会学、心理学、文化学甚至自然科学（如用碳-14测定年代）等多个学科与领域。但是，具体的探索途径与方式主要有以下几种："对美的起源的研究不外乎这样三种途径：第一就是从史前考古学角度对史前艺术遗迹进行分析研究；第二就是对现代残存的原始部族的艺术进行分析研究；第三就是从儿童艺术心理学方面进行分析研究……第一种方式无疑是最重要的。其他两种只有某种从属意义。因为只有史前遗留下来的艺术作品，才构成艺术在起源阶段时唯一可靠的证据。现代原始部族的艺术往往只能提供一种类比或旁证，至于儿童心理学方面的研究，实际上关系疏远，几乎只能提供某些心理学上的假设。"[1] 显而易见，关于原始人类的审美活动，今天我们已无法考察，但史前艺术和原始文化遗迹为我们了解远古人类的审美活动提供了实证和依据。关于19世纪乃至20世纪初的现代残存原始部落与儿童艺术心理学方面的研究，又可以加深我们对考古发现和原始文物的认识和理解，以上三者的结合为研究人类审美与美的起源提供了可靠的途径和有力的手段。

毫无疑问，第一种考古学的方法是最重要、最可靠的途径。对于史前艺术的发掘考古，实际上从19世纪才真正开始。例如，著名的西班牙阿尔塔米拉洞穴壁画，直到1879年才被偶然发现。那年夏天，一位工程师带着他几岁的小女儿来到山上，小女儿钻进低矮的洞口，在火柴微弱的光线下，因突然发现墙壁上画的野牛的眼睛而吓得大叫起来。但这些史前人类的洞穴壁画直到20世纪初才被考古学家鉴定并得到承认。仅仅在阿尔塔米拉洞穴里，就有20多只旧石器时代动物的形象，包括野牛、野猪、母鹿等。它们形象逼真，造型生动，以至于当时很多人怀疑它们不是原始人的作品，甚至当时的一些艺术史学家都拒绝承认这是原始艺术品。直到19世纪在法国和西班牙又先后发现了其他原始洞穴壁画，人们才认识到将近2万年前冰河时期的远古人类已经具有如此惊人的审美意识和艺术技能。著名学者玛克斯·德索指出："对史前洞穴的发掘已揭示了艺术在开始时的有形的装饰符号，某些集体性的艺术活动在冰河期就开始了。"[2] 应当承认，从考古学角度对史前艺术遗迹的分析研究，能够比较真实、可靠地反映远古人类的审美活动，为研究艺术的起源提供了可靠的资料和证据。事实上，世界各地发现的人类原始社会的工具、雕刻品和洞穴壁画等，已经成为研究人类审美发生

---

① 朱狄. 艺术的起源. 北京：中国社会科学出版社，1982：34.

② 玛克斯·德索. 美学与艺术理论. 兰金仁，译. 北京：中国社会科学出版社，1987：253.

与美的起源的主要途径和方法。

第二种方法是对现代残存的原始部落进行分析和研究。尤其是 19 世纪以来，一些来自世界各国的著名学者对边远地区残存的原始部落进行了深入研究，取得了重要的成果。例如，美国人类学家摩尔根深入美洲印第安人部落，用了大约 40 年的时间，终于完成了《古代社会》这部被恩格斯称为划时代巨著的论著。俄国 19 世纪著名思想家普列汉诺夫在他写于 1899—1900 年的《论艺术：没有地址的信》中，对原始社会的艺术进行了分门别类的研究，提出了美起源于生产劳动的观点。普列汉诺夫指出，因纽特人的狩猎舞实际上是模仿猎捕海豹的动作；南美印第安人用彩色黏土涂抹身体的习俗，最初是为了防止蚊虫叮咬，后来才转变为对美的追求；布什门人在绘画中表现的几乎全是动物，因为他们仍是一个以狩猎为生的原始部族。普列汉诺夫正是通过对原始部落多种艺术分门别类地研究，论证了美起源于生产劳动的观点。但我们也必须看到，现代残存原始部落虽然同史前人类的生活、心理有某些相似性，然而绝不能将二者等同。因此，通过现代残存原始部落来研究史前艺术，其可靠性与可信度都十分有限。

第三种方法是通过对儿童艺术心理学的研究，以此来推测人类审美的发生和艺术的起源。史前人类是人类的童年，他们与现代儿童有某些相似之处。著名法国人类学家列维 – 布留尔认为："与我们社会的儿童和成年人的思维比较，'野蛮人'的智力更像儿童的智力。"[1] 列维 – 布留尔认为，原始人或"野蛮人"的思维方式同我们现代成年人完全不同，他们不懂得也不会使用抽象思维，而只会一种具体的思维方式，这种思维方式同儿童思维方式有着某些相同之处。甚至还有学者指出，胎儿在母体内的 10 个月发育过程也在某种意义上展现出生物进化的漫长历史。当然，这种方法具有很大的局限性。正如著名学者玛克斯·德索在《美学与艺术理论》中指出的那样，今天的儿童已经和早期的人类完全不同，甚至和现代残存原始部落也不相同，所以，认为儿童艺术会重演人类艺术发展的想法是完全错误的。事实上，现代儿童的信手涂鸦和原始人的壁画具有根本的区别。因此，探索人类审美发生与美的起源，主要还要依靠考古发现的资料和证据来进行。

二、史前艺术与原始审美发生

从某种意义上讲，人类的文化史与人类的形成史是同步的。大约在旧石器时代晚期，人类的史前艺术与原始审美就已经开始，而且是作为原始人类实践活动的一个重

---

[1] 列维 – 布留尔.原始思维.丁由，译.北京：商务印书馆，1985：25.

要组成部分出现的。或者换句话说，大约在几万年前，史前艺术与原始审美开始出现，并且同原始生产劳动和原始巫术礼仪融合在一起，共同组成了原始文化。

人类学、考古学、美学和艺术学的研究，为我们勾勒出一幅人类史前艺术与原始审美活动的图景，其中主要包括原始器物与装饰品、原始造型艺术、原始歌舞、原始神话等几大类型。

（一）原始器物与装饰品

制造工具与火的使用是人与猿之间区分的重要标志。旧石器时代的原始人，已经开始对石块进行简单加工，使之成为实用的工具。在制造工具的过程中，原始人有了对形式感的认识和追求。特别是工具的制造培养了人的一种新的心理能力，即预先在心中形成对于工具形状的想法，然后人们按照这种预先的想法去进行加工。正是在这种漫长的工具制造过程中，原始人积累了制作的技巧与对形式的感受，使得后来造型艺术与实用艺术的产生成为可能。到了新石器时代，以磨制石器为主要标志，原始人不仅提高了物品的使用效能，而且开始有了对光滑、对称等美的形式的追求。新石器时代还有一个值得注意的现象，就是开始出现装饰品，包括以石头精致打磨而成的珠坠、环等佩饰，也有用兽牙、兽骨、蚌壳等制成的装饰品。这些装饰品的出现，很可能有其他的含义，如展示人的勇敢和力量、巫术礼仪象征，以及吸引异性等。例如，普列汉诺夫认为："野蛮人在使用虎的皮、爪和牙齿或是野牛的皮和角来装饰自己的时候，他是在暗示自己的灵巧和有力，因为谁战胜了灵巧的东西，谁自己就是灵巧的人，谁战胜了有力的东西，谁就是有力的人。"[①] 不管出于什么目的，这些装饰品的出现无疑标志着人类审美意识的萌芽，也标志着在生产劳动与巫术仪式中人类审美活动的开始。正如普列汉诺夫所说："那些为原始民族用来作装饰品的东西，最初被认为是有用的，或者是一种表明这些装饰品的所有者拥有一些对于部落有益的品质的标记，而只有后来才开始显得是美丽的。使用价值是先于审美价值的。但是，一定的东西在原始人的眼中一旦获得了某种审美价值之后，他就力求仅仅为了这一价值去获得这些东西，而忘掉这些东西的价值的来源，甚至连想都不想一下。"[②]

在原始器物中，考古发现的为数众多的陶器非常引人注目。陶器的发明是人类进入新石器时代的标志之一，它是随着原始农业和定居生活的需要而出现的。大多数陶

---

① 普列汉诺夫.普列汉诺夫美学论文集.曹葆华，译.北京：人民出版社，1983：314.

② 同① 427.

器都被原始人类用作炊事、饮食等生活活动的用具，但是彩陶也可以被看作原始艺术品。原始彩陶不仅实用而且美观，与石器相比，陶器融入了更多对审美的追求。陶器除了满足人们的物质生活需要之外，还有审美的价值和艺术追求。在陶器的造型和装饰方面，人们开始娴熟地运用形式美的法则，努力做到实用性与审美性相结合。例如，甘肃马家窑和陕西半坡村先后出土的陶器尖底瓶、山东大汶口出土的兽形壶，既是原始日用器物，又是原始工艺品。特别是甘肃礼县出土的仰韶文化晚期陶人头像，已经不是一般的实用陶器，而更多地具有原始巫术与原始艺术的内涵。这个陶人头像的形态逼真、面目传神，体现出相当高的塑造技巧与艺术能力。尤其是许多原始彩陶的装饰纹样，既有各种动植物纹样，也有风格各异的几何图案纹样，其中有原始图腾文化的烙印，成为新石器时代重要的艺术成果。

在原始器物中，玉器在我国占有特别重要的地位。有学者认为，应当在我国的石器时代、陶器时代、青铜器时代、铁器时代之间，再加上一个玉器时代。从考古发现来看，玉器在我国出现至少有七千年的历史，而且分布范围十分广泛，从黄河流域的山东大汶口文化到长江流域的浙江良渚文化，从距今五千年的东北红山文化到三千多年前的四川广汉三星堆文化，都有大量精美的玉器出土。与石器和陶器相比，玉器更多地摆脱了被当作工具与器物的束缚，因此，具有更少的实用性，具有更多的审美性。当然，原始玉器与巫术礼仪、图腾崇拜有着十分密切的关系。例如，山东大汶口出土的玉铲，虽然还保留了工具的形式，但并不是为了实用，而是氏族首领或巫师沟通神人、沟通天地的专用品，也是权力的象征。在世界范围内，玉器主要分布在环太平洋地区，包括亚洲、南北美洲等。尤其是美洲土著印第安人的玉器纹饰，与亚洲特别是中国的玉器纹饰十分相近，给我们留下了有待发掘的历史之谜。

（二）原始造型艺术

原始造型艺术，包括洞穴壁画、岩画和雕塑等。史前艺术遗迹得以保存下来的，多数是造型艺术。因此，原始造型艺术也就成为研究史前艺术和原始人类审美活动的主要参照物。"就考古学家承认的范围而言，人类第一次的艺术创造活动在欧洲大概最早出现在二万五千年前的冰河期。它们是由长毛象、野牛、野马、野鹿的狩猎者创造出来的。"[①] 这就是指在西班牙、法国等地发现的史前洞穴壁画。这些史前壁画大多画在洞穴深处最黑暗、最隐蔽的地方，显然不是为了供人观赏，而是具有更深层的意义。

---

① 朱狄 . 艺术的起源 . 北京：中国社会科学出版社，1982：59.

这些史前壁画画的大多是各种动物，统计表明，欧洲史前洞穴壁画中有一百多种不同的动物，它们的形象十分逼真、生动，其中有垂死挣扎的野牛、受伤奔逃的野马、仰角飞奔的群鹿，还有向前俯冲的猛犸象等。非常有趣的是，有些动物致命的部位如心脏，在画上被特别标明，有的野牛身上带有被射中的箭头，有的野马身上有明显的砍痕。在这些动物形象的旁边还画有棍、棒、刀、叉等狩猎工具。这些史前洞穴壁画上几乎都没有人的形象，只是偶尔出现戴着兽头面具在跳跃的半人半兽形象。许多艺术史学家从不同的角度对这些史前洞穴壁画进行了解释，有人认为这是原始人在传授如何猎取动物的经验，还有人认为这是原始人在利用巫术禁咒作用来保佑狩猎成功。但是，不管怎样，正如房龙在《人类的艺术》中所说："这些史前人的野兽壁画，这些精心之作，这些已经证明是经过细心观察后才画出的画，是否是人类最早的一种宗教仪式呢？……但是，从纯艺术的角度说，我们有千条万条理由来感谢这些史前人，他们想出了表现巫术的这一特殊形式。因为人类最早的画派，毕竟是从表达这种情绪（姑且不问这是什么情绪）产生的，拿石凿作画的那批人，是头号的艺术家。"[1]

就整个世界范围来看，人类对自身形象的描绘是远远晚于对动物的描绘的，这个有趣的现象早就引起各国学者的注意。如前所述，在冰河期的史前洞穴壁画中，有着各种栩栩如生的动物描绘，但几乎没有纯粹的人物形象。有学者认为这是因为那个时期的原始人生活在狩猎时代，对各种动物形象特别熟悉；也有学者认为这是由于早期人类有意识地将动物作为观照对象，从而把人从动物界中分离出来；更多的学者还是从原始巫术来进行解释，认为这些史前洞穴壁画实际上具有巫术禁咒作用，而且画中那些半人半兽形象或许就是正在实施巫术的巫师。最早出现的人的造型大多是浮雕或圆雕的女性形象，如在奥地利洞穴内发现的妇女形象，在法国拉塞尔出土的妇女形象，以及公元前3万年威伦多夫的维纳斯（现藏于维也纳的自然历史博物馆）[2]，她们都有巨大的乳房和隆起的腹部，这些雕像都象征着母性旺盛的生命力。对于旧石器时代的原始人来讲，捕食野兽与女性生育对部落来说同等重要，它们代表着原始社会物质生产与人自身的生产两种形式，这就是史前艺术中多出现动物形象与女性形象的原因。

（三）原始歌舞

许多艺术史学家认为，舞蹈是原始社会中最重要的艺术之一，因为在几乎所有现

① 房龙.人类的艺术：上册.衣成信，译.北京：中国和平出版社，1996：34.
② 翁贝托·艾柯.美的历史.彭淮栋，译.北京：中央编译出版社，2011：20.

代残存的原始部落里都可以发现舞蹈占有重要地位，并且它总是和音乐、诗歌不可分割地结合在一起，也就是歌、舞、乐三者融为一体。对于舞蹈的起源，有的理论认为原始社会的舞蹈主要是模仿各种动物的动作和再现劳动生产的过程。他们以因纽特人狩猎海豹的舞蹈为例：在这个原始狩猎舞蹈中，因纽特人模仿海豹的一切动作，悄悄接近海豹后才突然发起攻击，捕获猎物。这种理论认为，原始舞蹈虽然具有一定的游戏和娱乐的性质，但主要还是来源于原始人的劳动生活和生产活动。更多的理论则认为原始舞蹈主要是与祈祷祭祀或图腾崇拜有关。人们通过考察发现，世界各地的许多原始狩猎民族，在狩猎之前或狩猎之后，往往都要举行隆重的祭礼和仪式，以这种巫术礼仪的方式来预祝或庆祝狩猎的成功。例如，在堪称史诗性影片的美国西部片《与狼共舞》中，印第安部落在猎捕野牛的前一天晚上举行了盛大的仪式活动，部落的男男女女围着篝火跳起了猎捕野牛的舞蹈。"甚至在农耕部族那里，巫术的舞蹈也依然存在。正如模仿狩猎的舞蹈被认为会有助于狩猎的成功一样，原始人也相信他们的舞蹈能鼓舞植物的生长。人类学家们在这方面提供了一个极为生动的说明：'例如，灌溉庄稼会真正使它生长；但是，野蛮人却不了解这一点，他错误地相信他的舞蹈会在庄稼中鼓舞起一种竞相争高的精神，并且诱使庄稼长得像他跳得那样高，于是，他就在靠近庄稼的地方跳舞。'"[①]

大量资料也表明，原始歌舞确实和原始人类的巫术崇拜活动有关。"舞的初文是巫。在甲骨文中，舞、巫两字都写作'灻'，因此知道巫与舞原是同一个字。"[②]尤其是随着原始宗教观念的发展，出现了专职的巫师，这些巫师往往能歌善舞，在以祭祀为主要内容的原始舞蹈中起到组织者的作用，"甲骨文中有'多老舞'字样。据史家考证认为：'多老'可能是巫师的名字"[③]。1973年，青海大通县上孙家寨出土的《舞蹈纹彩陶盆》，可以说是对原始歌舞最生动的记录和写照。在这个新石器时代陶盆的口沿一圈，画着三组（每组五人）舞蹈人平列手拉手在跳舞的形象（如图2-1所示），舞蹈人排列整齐、动作优美，描绘十分逼真。陶盆上的这些原始舞蹈人，头带发辫似的饰物，下体有反方向的尾巴似的饰物。有的研究者认为这些饰物具有重要的巫术作用，它们可能是一种"兽尾"，狩猎者在原始舞蹈中装扮成野兽，期望通过舞蹈禁咒野兽，获得狩猎的成功；当然，也有专家认为这是一个表现原始人生殖繁衍的舞蹈。这种原始舞

① 朱狄.艺术的起源.北京：中国社会科学出版社，1982：241.
② 常任侠.中国舞蹈史话.上海：上海文艺出版社，1983：12.
③ 王克芬.中国古代舞蹈史话.北京：人民音乐出版社，1980：8.

蹈，很可能就像我国先秦时期的典籍《尚书》中所记载的那样，所谓"击石拊石，百兽率舞"，就是指远古时人们敲击石头伴奏，并且化装成各种野兽的形象在跳舞。人们在对动物的模仿中蕴藏着深刻的巫术礼仪意义。在世界其他国家的考古中也发现了类似的情况。例如，在法国著名的"三兄弟"史前洞穴中的壁画上有一个男性舞蹈者形象，他身上披着兽皮，头上戴着鹿角，腰上缠着长须和马尾，作舞蹈状，显然这也是通过舞蹈来实现狩猎中的巫术作用或图腾活动中的祈祷功能。

图 2-1 《舞蹈纹彩陶盆》

原始社会的歌、舞、乐三者具有极其密切的联系。从最早的乐器产生与发展的过程中，也可以发现音乐来自实践的线索。在狩猎时代，原始人的生产活动及其产品的主要内容就是狩猎活动和猎获的动物。因而，最早的乐器往往都是用兽骨、兽皮制成的。我国迄今为止发现的最早的乐器是在浙江余姚河姆渡遗址发现的距今约 7 000 年的骨哨，在这里出土的骨哨约有 160 把，它们都是用禽兽的肢骨制成的，骨哨中心是空的，表面有 1~2 个圆孔。考古学家认为，骨哨是原始社会的吹奏乐器，与原始人的狩猎生活有关，利用骨哨发出的声音可以诱捕禽鸟；同时，它又是原始的乐器，用于唱歌和跳舞的伴奏。世界上迄今为止发现的最早的乐器，被认为是在乌克兰境内发现的 6 支由长毛象骨骼制成的不同乐器，每支乐器都能发出不同的声音。生活在冰河期的长毛象从地球上消失已有一万年左右的时间，因此可以推断，这些由长毛象骨骼制成的乐器，至少也有近万年的历史。此外，通过考古材料和对现代残存原始部落的调查，人们还发现了用兽骨制成的鼓、用鸟骨制成的笛子等，这都说明音乐的产生和原始社会人类的实践活动分不开。

（四）原始神话

神话常常被当作文学最早的源头。作为人类共有的一种文化现象，原始神话普遍存在于世界各民族和各地区。虽然神话的内容大多神奇怪诞，但它仍然根植于原始社会人类的实践活动之中。神话的出现，一方面，是由于原始社会中人们面对神秘的大自然，深深感到自己无能为力；另一方面，在原始思维中，远古人类又认为通过某种神秘的力量，可以征服恐怖的大自然。神话传说最鲜明地体现出原始思维、原始宗教、原始艺术相互融合的特征。中国远古神话中的燧人钻木取火、盘古开天辟地、女娲补天、夸父逐日，以及古希腊神话中大量的例子，都充分说明了早期人类只能借助想象去解释周围的一切自然现象，并且试图通过想象去征服周围的自然界。正如马克思所说："在野蛮期的初级阶段，人类的高级属性开始发展起来……在宗教领域中发生了自然崇拜和关于人格化的神灵以及关于大主宰的模糊概念……想象，这一作用于人类发展如此之大的功能，开始于此时产生神话、传奇和传说等未记载的文学，而业已给予人类以强有力的影响。"[1]

正因为神话在世界各个国家与民族文化中都具有十分广泛而深远的影响，所以在当代西方文艺研究中，甚至专门形成了一个"原型批评"流派。这个流派认为，虽然人类已经进入现代化时期，但是人们总在寻找自己的根，总在怀念人类远古的童年时代。西方现代文学艺术中强烈的"寻根意识"就是一个明显的例证，如拉美的"魔幻现实主义"就是把古代神话和当代生活融会在一起。古代神话作为远古人类的记录，闪耀着诗意的光辉，反映出早期人类真诚、质朴的灵性。"原型批评"理论以泰勒和弗雷泽的人类学以及荣格的分析心理学作为自己的理论基础，涉及文学、艺术、宗教、人类学、思想史和文化史等多个领域。20 世纪 50 年代以加拿大著名文学批评家弗莱为代表的"神话原型批评"，更是将"原型批评"发展到鼎盛时期。弗莱甚至认为，文学深深根植于原始文化之中，文学是神话、仪式和传说在艺术中的具体表现，探求原型实质上就是一种文学上的文化人类学。"原型批评"在当代西方文学批评中具有相当的影响，乃至形成了多个不同的分支学派。由此不难看出，原始神话至今仍具有相当大的影响力。

第二节　关于审美发生的几种主要理论

一、审美发生的传统学说

关于审美发生与美的起源，自古希腊时代人们就开始探讨。历代的思想家、美学家和文艺理论家，都对审美发生与美的起源提出了许多假说，产生了许多体系。

---

[1]　陆梅林. 马克思恩格斯论文学与艺术（一）. 北京：人民文学出版社，1982：256.

关于审美发生与美的起源的各种理论中，长期以来在我国占主要地位的是"劳动起源说"，而在西方 20 世纪以来占主导地位的是"巫术与图腾崇拜说"。关于在中西方占主导地位的两种理论，我们将在后面专门介绍。此外，从古希腊到 20 世纪初还有几种较有影响的关于审美发生与美的起源的传统学说，即"摹仿说""生物本能说""游戏说"等，我们先对它们分别加以简略介绍。

（一）摹仿说

在关于审美发生与美的起源的理论探索中，摹仿说可以说是最早被提出来的。早在两千多年前，古希腊思想家德谟克利特就认为艺术是对于自然的"摹仿"。他说："从蜘蛛我们学会了织布和缝补；从燕子学会了造房子；从天鹅和黄莺等歌唱的鸟学会了唱歌。"[①] 他认为人类有一种摹仿的天性和本能，正是摹仿导致了艺术与审美的发生。在他之后的亚里士多德进一步认为，所有的文艺都是摹仿，只是摹仿所用的媒介不同、对象不同、方式不同而已。亚里士多德认为，摹仿是人的本能和天性。他指出："人和动物的一个区别，就在于人最善于摹仿，并通过摹仿获得了最初的知识。……每个人都能从摹仿的成果中得到快感。"[②] 因此，亚里士多德强调，所有的艺术都起源于对自然界和社会现象的摹仿，他以摹仿论为基础建立了自己的诗学体系。朱光潜一语中的地指出：亚里士多德的摹仿论在欧洲"竟雄霸了两千余年"[③]。

应当指出，摹仿说作为人类早期对审美发生问题的一种朴素解释，坚持了美与艺术来源于客观现实的观点，具有一定的合理之处。在早期的人类艺术，特别是原始艺术中，摹仿确实占有相当大的成分。中国古代也有类似说法，如《管子》中就认为音乐是摹仿鸟兽的声音而来的。但是，这种说法只是触及了事物的表面，而没有揭示事物的本质。在生产力如此低下的情况下，原始人花费如此多的精力去绘制野牛、野猪，绝不是单纯地为摹仿而摹仿。对于原始艺术来说，摹仿更多的是一种手段，而不是目的。正如鲁迅所说："画在西班牙的阿尔塔米拉洞里的野牛，是有名的原始人的遗迹，许多艺术史家说，这正是'为艺术而艺术'，原始人画着玩玩的。但这种解释未免过于'摩登'，因为原始人没有 19 世纪的文艺家那么悠闲，他的画一只牛，是有缘故的，为的是关于野牛，或者是猎取野牛，禁咒野牛的事。"[④] 此外，这种说法还把摹仿

① 伍蠡甫，蒋孙阳. 西方文论选：上卷. 上海：上海译文出版社，1979：5.
② 亚里士多德. 诗学. 陈中梅，译. 北京：商务印书馆，1996：47.
③ 朱光潜. 西方美学史：上卷. 北京：人民文学出版社，1980：66.
④ 鲁迅. 鲁迅全集：第 6 卷. 北京：人民文学出版社，1981：69.

归结于人的本性，没有找到摹仿背后的创作意图，因此，未能说明审美和艺术产生的根本原因。

（二）生物本能说

持生物本能说的主要是达尔文和弗洛伊德等人。这种观点认为，人类审美源于吸引异性与人的本能。达尔文从他的生物进化论出发，认为既然人是从动物进化而来的，那么人的许多特性，包括爱美的天性，也是与动物共同具有的。达尔文在长期的科学研究中发现，某些动物对于一定的颜色、声音、形状等有着特殊的感觉，他说："如果我们看到一只雄鸟在雌鸟之前尽心竭力地炫耀它的漂亮羽毛或华丽颜色，同时没有这种装饰的其他鸟类却不进行这样的炫耀，那就不可能怀疑雌鸟对其雄性配偶的美是赞赏的。因为到处的妇女都用鸟类的羽毛打扮自己，所以这等装饰品的美是毋庸置辩的。"[①] 达尔文认为，对于鲜艳的色彩、和谐的声音、优美的动作的喜爱，是人和动物所共有的，而且同样都是出于性选择的需要。在审美发生问题上，与达尔文"生物本能说"观点相类似的还有弗洛伊德的性本能说。在弗洛伊德看来，人类的一切行为，包括审美与艺术创造，都源于人最重要的生物本能，即性本能。弗洛伊德认为，审美和艺术的本质就在于人的本能欲望在想象中的替代性满足。

应当承认，人的审美动机含有一定的生理性因素，审美需要与人的自然本能确实也存在某种内在的联系。弗洛伊德精神分析学对人的审美心理进行了深层分析，强调了审美发生中的心理因素，这些都具有一定的合理之处。但达尔文和弗洛伊德等人的"生物本能说"，都是把人只作为一种动物或生物来看待，过分强调了人的生物本能特别是性本能的作用，忽视了人的社会性本质，忽视了人类已经由生物学意义上的人成为社会化的人这一事实，因而显得片面和牵强。

（三）游戏说

游戏说主要是由 18 世纪德国哲学家席勒和 19 世纪英国哲学家斯宾塞提出的，后来的研究者把这种关于审美发生和美的起源的说法称为"席勒 – 斯宾塞理论"。这种理论在 19 世纪末和 20 世纪初被许多人所信奉。这种说法认为，审美活动起源于人类所具有的游戏本能，它表现在两方面：一方面是由于人类具有过剩的精力；另一方面是人将这种过剩的精力运用到没有实际效用、没有功利目的的活动中，体现为一种自由

---

① 达尔文 . 人类的由来及性选择 . 叶笃庄，杨习之，译 . 北京：科学出版社，1982：112.

的"游戏"。席勒在他著名的《美育书简》中指出，人的"感性冲动"和"理性冲动"，必须通过"游戏冲动"才能有机地协调起来。他认为，人在现实生活中，既要受自然力量和物质需要的强迫，又要受理性法则的种种束缚和强迫，是不自由的。人只有在"游戏"时，才能摆脱自然的强迫和理性的束缚，获得真正的自由。也就是说，只有通过"游戏"，人才能实现物质和精神、感性和理性的和谐统一。因此，人总是想利用自己的过剩精力创造一个自由的天地。席勒以动物为例来说明"游戏"是与生俱来的本能。他说："当狮子不为饥饿所迫，无须和其他野兽搏斗时，它的剩余精力就为本身开辟了一个对象，它使雄壮的吼声响彻荒野，它的旺盛的精力就在这无目的的使用中得到了享受。"[①]席勒进一步认为，人的这种游戏本能或冲动，就是艺术的创作动机。在这种无功利、无目的的自由活动中，人的过剩精力得到了发泄，从而获得了快乐，亦即美的愉快的享受。后来，斯宾塞又进一步发挥和补充了这种说法。他认为，人作为高等动物，与低等动物相比，有更多的过剩精力。艺术和游戏就是人的这种过剩精力的发泄。斯宾塞强调，"游戏"的主要特征是没有实际的功利目的，它并不是维持生活所必需的活动过程，而是为了消耗肌体中积聚的过剩精力，并在自由地发泄这种过剩精力时获得快感和美感。因此，人的审美活动和艺术活动，从实质上讲，无非也是一种"游戏"，美感就是从"游戏"中获得发泄过剩精力的愉快。

显然，美起源于"游戏"的说法，含有一些有价值的成分。首先，这种说法肯定了人们只有在不为生活所迫，也就是只有在满足了衣、食、住、行的基本物质生活需要的条件下，才可能有过剩的精力从事"游戏"，即艺术活动和审美活动。这种说法将艺术和"游戏"联系在一起，在某种程度上揭示了艺术的部分特殊性。例如，艺术和游戏一样，主要是为了满足人们的精神需要。游戏是人的天性，人在闲暇时需要游戏和娱乐，使身心得到愉快与放松。从这个角度来讲，游戏是人的生理需要与心理需要。但是，美起源于游戏的说法，仅仅从生物学或心理学的角度出发，仍然未能揭示出审美和艺术产生的最终原因。尤其是这种说法把游戏看作和动物共有的本能，更是错误的论断，因为艺术活动与审美活动是人类社会所专有的。动物的游戏可以归结为过剩精力的发泄，而人的游戏以使用工具的物质生产活动为基础，具有超越动物性的情感和想象等社会内容，成为一种具有符号性的文化活动。正是由于人的社会实践活动，使得人类和动物界真正区分开来。美起源于游戏的说法脱离了人类的社会实践，所以仍然不能揭开审美发生的真正奥秘。

---

① 席勒.美育书简.徐恒醇，译.北京：中国文联出版公司，1984：140.

二、巫术与图腾崇拜说

20 世纪以来，在关于审美发生与美的起源的研究中，西方过去盛行的一些传统理论如"摹仿说""生物本能说""游戏说"等，都被看作过时的理论，不再受到重视。审美发生与美的起源的"巫术与图腾崇拜说"逐渐在西方学术界占据了优势，迄今为止，其成为西方在审美发生与美的起源问题上影响最大的一种理论。

从 19 世纪开始，西方思想界出现了一股人类学研究的热潮。人类学研究的发展为美学研究提供了一个新的视角，使得美起源于巫术的理论逐渐兴起，影响越来越大。英国著名人类学家爱德华·泰勒在他的《原始文化》一书中较早提出美起源于"巫术"的理论主张。他认为，原始人思维的方式与现代人有很大的不同，对原始人来说，周围的世界异常陌生和神秘，令人敬畏。原始人思维的最主要特点是万物有灵，山川草木、鸟兽虫鱼，在原始人看来都是有灵的，并且都可以与人交感。人类学家发现，在现代残存的原始部落中，确实存在大量人与动物交感的现象。在考古学中也发现，许多史前洞穴中的动物遗骨都被堆放得整整齐齐、叠置有序，这样的精心堆放意味着原始人对自己猎食的动物怀有敬畏之情，通过这样的礼仪，在食完兽肉后，对野兽之灵表示惋惜和敬意。另一位英国著名人类学家弗雷泽在他的名著《金枝》（1890）一书中，更是认为原始部落的一切风俗、仪式和信仰都起源于交感巫术。弗雷泽认为，人类最早是想用巫术去控制神秘的自然界，这显然是办不到的；于是人类又创立了宗教来求得神的恩惠；当宗教在现实中也被证明是无效时，人类才逐渐创立了各门科学，以此来揭示自然界的奥秘。弗雷泽对于包括神话、歌舞等在内的原始人类的文化现象进行了深入的研究，认为它们在当时其实都是巫术仪式或巫术习俗的组成部分。美国著名美学家托马斯·门罗也赞同这种看法，他说："在早期村落定居生活的阶段，巫术和宗教得到了发展并被系统化了，我们现在称之为艺术的形式，被作为一种巫术的工具用于视觉或听觉的动物形象、人的形象以及自然形象的再现，经常是用图画、偶像、假面和模仿性舞蹈来加以表现，这些都被称为交感巫术。"[①]

与此同时，和巫术观点相联系的还有图腾崇拜说。这种观点认为，人类审美发生于原始社会的图腾崇拜活动。人类学、考古学的研究表明，世界上多数民族都存在过图腾文化。图腾（totem）原本是北美印第安人的用语，后来世界上许多民族都有类似的文化现象。所谓"图腾"，就是某种动物、植物或自然现象，原始人把它看作一个氏族的标志或象征，或者一个氏族的祖先或保护神。图腾文化是人类十分古老而奇

---

① 门罗. 艺术的发展及其他文化史理论. 英文版. 纽约：哥伦比亚大学出版社，1963：466.

特的文化现象之一，它对后世文化影响巨大，在文化史上占有重要地位。图腾文化是人类社会早期一种混沌未分的文化形态，在图腾文化中包含原始宗教、原始艺术、原始婚姻与社会组织等多方面的因素。关于图腾崇拜究竟发生在原始社会的哪个时期，学术界尚未达成共识。"但学者们公认，旧石器时代晚期已经存在图腾文化了。有的学者认为，旧石器晚期雕刻在岩石、石片、兽角、兽骨、象牙、熊齿上的各种动物形象和半人半兽形象都是图腾文化的遗存。"[1] 实际上，在原始社会里，图腾艺术十分广泛，涉及许多领域：一是图腾人体装饰，包括文身、结发、凿齿、服饰等。二是图腾雕塑，如在河姆渡文化遗址中，出土了不少雕刻有鸟形图案的工艺品，有学者认为这可能是鸟图腾的标志。三是图腾图画，不少学者认为原始绘画中的许多动物或者半人半兽画很可能是氏族的图腾祖先。郭沫若指出："在仰韶文化的彩陶上，除了有鸟、鱼、蛙等外，还有人首虫身等图像，有些可能就是当时的氏族图腾。"[2] 四是图腾舞蹈，也就是模仿图腾动物的动作、装扮成图腾动物的形象，如披上虎皮、熊皮来跳舞。图腾舞蹈在澳大利亚原始部落和北美印第安人中最为流行。五是图腾音乐，就是模仿图腾动物的声音，如狼嚎虎啸等，并且伴有图腾舞蹈。原始歌舞是原始图腾仪式中不可或缺的项目，在原始部落中极其普遍。总之，"图腾艺术在原始社会中发挥着重要职能。图腾人体装饰具有相互识别的功能，从其装饰上便可知道他（她）属于哪一个图腾群体。尤其是在族外群婚时代，它成为可否通婚的重要标志。图腾雕塑、图腾图画也一样，在房屋上、工具上、车船上、器物上雕刻或绘画图腾形象可以使人明白无误地判别物主属于哪一个图腾。图腾舞蹈和图腾音乐是远古人类重要的娱乐活动"[3]。

　　大量考古材料证明，巫术礼仪与图腾崇拜确实同人类审美与艺术的起源有着十分深刻的联系。正如李泽厚所说："如同欧洲洞穴壁画作为原始的审美—艺术，本只是巫术礼仪的表现形态而不可能单独存在一样，山顶洞人的所谓'装饰'和运用红色，也并非为审美而制作。审美或艺术这时并未独立或分化，它们只是潜藏在这种原始巫术礼仪等图腾活动之中。遥远的图腾活动和巫术礼仪，早已沉埋在不可复现的年代之中。"[4] 考古发现，早期的造型艺术确实与巫术有关。我国现存最早的岩画是江苏省连云

① 朱存明 . 灵感思维与原始文化 . 上海：学林出版社，1995：129.
② 郭沫若 . 中国史稿：第 1 册 . 北京：人民出版社，1976：41.
③ 何星亮 . 中国图腾文化 . 北京：中国社会科学出版社，1992：325.
④ 李泽厚 . 美的历程 . 北京：文物出版社，1981：5.

港市郊锦屏山的将军崖岩画。这处岩画属于新石器时代，距今已有三四千年的历史[①]，主要内容为人面、兽面、农作物以及各种符号。在近十个人面像中，基本上都有一条线向下通到禾苗、谷穗等农作物的图案上，中间杂以许多似为计数的圆点符号，反映出我国古代先民对土地的崇拜和依赖。这幅反映农业部落社会生活的岩画，体现出原始人与原始巫术的深刻联系。此外，欧洲发现的大量史前洞穴壁画则体现出狩猎部落的生活，往往也具有某种神秘的巫术目的。例如，大多数史前洞穴壁画都是在洞穴的深处，在这样黑暗的洞穴深处作画，显然不是为了欣赏，而是具有某种神秘的巫术目的。尤其是某些洞穴中的壁画，考古学家发现先后被原始人画过三次之多，据推测这是由于第一次作画后，狩猎者捕获了猎物，于是又回到这个灵验的地方来再次作画。显然，这些洞穴壁画具有明显的巫术动机。原始歌舞与巫术也有着密切的联系。美国著名美学家托马斯·门罗在《艺术的发展及其他文化史理论》一书中指出，原始歌舞常常被原始人用来保证巫术的成功，祈求下雨就泼水、祈求打雷就击鼓、祈求捕获野兽就扮演受伤的野兽等。芬兰著名艺术家希尔恩在《艺术的起源》一书中，也详细介绍了原始舞蹈与交感巫术的联系。希尔恩认为："当北美印第安人，或卡菲尔人……在表演舞蹈时，这种舞蹈全部都是对狩猎的模仿……这些模仿有着一种实践的目的，因为世界上的所有猎人都希望把猎物引入自己的射程之内，按照交感巫术的原理，这是可以通过模仿办到的。因此，一场野牛舞，在原始人看来就可以强迫野牛进入猎人的射击距离之内来。"[②]

我们认为，人类审美与艺术的产生最初确实是与巫术和图腾崇拜有密切联系的。但审美与艺术起源于巫术和图腾崇拜的理论又不十分正确，因为原始时代的巫术活动是直接与当时原始人类的生产劳动密切联系在一起的。就拿上述例子来说，将军崖的岩画反映出我国古代原始农业部落的生活，而欧洲史前洞穴壁画则体现出欧洲冰河期原始人的狩猎生活。毫无疑问，对于艺术的起源来说，作为原始文化的图腾歌舞、巫术礼仪曾经延续了一个非常长的历史时期，这些原始艺术虽然具有很强的巫术动机或目的，但归根结底还是离不开人类的社会实践活动，尤其是物质生产活动。在原始社会生产力低下和人类早期认识水平低下的情况下，人们无法把握自身，更无法支配自然界，于是原始人便寄托于巫术，使得巫术与原始社会的日常生活、生产劳动都有了密切的联系。因此，关于艺术的起源，虽然有上述种种说法，但最终还是应当归结于人类的社会实践活动。

① 对此岩画产生的年代，学界尚有争议，一说是 4000—6000 年前，一说是 7000 年前。
② 蒋孔阳.十九世纪西方美学名著选：英法美卷.上海：复旦大学出版社，1990：722.

三、劳动起源说

长期以来，认为审美与艺术起源于生产劳动的观点在我国学术界与文艺理论界占据主导地位，这种理论的影响一直延续至今。

19世纪末叶以来，在欧洲大陆的民族学家和艺术史学家中就广为流传美起源于劳动的理论，希尔恩在《艺术的起源》中就曾经列出专章来论述艺术与劳动的关系。普列汉诺夫的专著《论艺术：没有地址的信》中，通过对原始音乐、原始舞蹈、原始绘画的分析，以大量人种学、民族学、人类学和民俗学的文献，系统地论述了美的起源及其发展问题，并且得出了艺术发生于劳动的观点。普列汉诺夫明确表示赞同毕歇尔的看法："在其发展的最初阶段上，劳动、音乐和诗歌极其紧密地互相联系着，然而这三位一体的基本的组成部分是劳动，其余的组成部分只有从属的意义。"[1] 普列汉诺夫进一步指出："劳动先于艺术，总之，人最初是从功利观点来观察事物和现象，只是后来才站到审美的观点上来看待它们。"[2] 审美发生与美的起源的问题和人类起源的问题紧紧联系在一起。因为只有人类才有审美、只有人类才有艺术，探讨审美发生与艺术起源实质上就是探索早期人类为什么创造艺术和他们怎样创造了艺术。

考古材料证明，人类至今已有上百万年的历史。考古学和人类学的研究，以及近百年来世界所发现的古人类化石和石器时代的遗物，都证明了劳动在从猿到人进化过程中的重要意义。恩格斯指出："首先是劳动，然后是语言和劳动一起，成为两个最主要的推动力，在它们的影响下，猿的脑髓就逐渐地变成了人的脑髓。"[3] 正是劳动，才使人从自然界分离出来，形成了人与动物不同的生存方式，物质生产劳动是人类最基本的实践活动；原始人经过了上百万年的劳动实践，才逐渐锻炼出灵巧的双手和高度发达的头脑，形成了人的各种感觉器官，形成了人所特有的感觉能力和思维能力，并且形成了相互之间表达思想感情的语言。从这种意义上讲，劳动创造了人本身。

劳动创造了人，也为审美的发生与艺术的产生提供了前提。尤其是劳动工具的制造有着特殊的意义，人类制造工具的出现标志着从猿到人过渡阶段的结束，也标志着人类文化的起源。制造工具这一点，最鲜明地体现了人类有意识、有目的的活动，从工具造型的演变上既可以充分看出人类自由创造的特性，也可以看出实用价值先于审

---

[1] 普列汉诺夫.论艺术：没有地址的信.曹葆华，译.北京：生活·读书·新知三联书店，1973：34.

[2] 同[1] 93.

[3] 中共中央马克思恩格斯列宁斯大林著作编译局.马克思恩格斯选集：第三卷.北京：人民出版社，1972：512.

美价值、艺术产生于非艺术这样一个漫长的历史演进过程。考古学家发现，在距今约50万年的旧石器时代中国猿人居住的周口店山洞口，遗存下来的基本上都是十分粗糙的打制石器，它们在外形上与天然石块的差别并不明显。但无论这些石器多么粗糙，作为早期人类的工具，它们毕竟体现出人类自觉的、有意识的、有目的的创造活动。距今约5 000年的新石器时代西安半坡村的石器是比较精致的磨制石器，常见的有斧、凿、锛等，这些磨制石器不仅提高了实用效能，而且在造型上具有对称均衡、方圆变化等美的特征，这些感性形式的出现在美的历程中具有重要的意义。特别是新石器时代晚期遗物、山东大汶口出土的玉斧更加明显地具有审美特性，它不仅加工精致、造型美观，而且其美的感性形式具有更多的独立意义，因为这种玉斧虽然保留了工具的形式，但它主要不是用于生产劳动，而是一种权力或神力的象征品。陶器的演变也可以说明这一漫长的历史演进过程。最初的陶器是原始人用来盛水和盛粮食的，它作为生活用品，人们在制作时首先考虑的是实用目的，但是到了后来，人们在制作陶器时更加自觉地运用形式美的法则，在陶器的造型和装饰上体现出更多的自由和想象的成分。黄河流域的仰韶、马家窑等文化遗址出土的彩陶制品，大都有鱼纹、鸟纹、蛙纹、花纹等动植物图形，有的还出现了从生活与自然中提炼概括出来的几何图形的纹饰，表明了人类越来越按照美的规律来造型（如图2-2所示）。

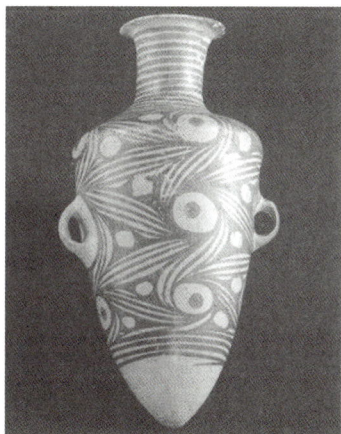

图2-2 《马家窑尖底瓶》

在生产劳动实践中，人类各种感觉器官越来越发达、感知能力也有所提高，人开始有能力进行越来越复杂的活动，完成了一个异常漫长的自然身心的"人化"过程，形成了人类的文化心理结构，其中包括人的审美心理结构。例如，原始人喜欢红色一类的强烈色调。山顶洞人在他们同伴的尸体旁撒上矿物质的红粉，山顶洞人装饰品的穿孔几乎也都是红色，他们穿戴的衣物也都用赤铁矿粉染过。这虽然是出于某种原始巫术礼仪的需要，但毕竟表明，红色的感性形式中积淀了社会内容，红色引起的感性愉悦中积淀了人的想象和理解。或许原始人从红色想到了与他们生命攸关的火，或许想到了温暖的太阳，或许想到了生命之本的鲜血，这都反映出主体文化心理结构的形成。所以，普列汉诺夫的以下观点是符合事实的：劳动先于艺术，总之，人最初是从功利观点来观察事物和现象的，只是后来才从审美的观点来看待它们。生产劳动实践创造了艺术的主体——人，也为艺术的产生创造了前提。

应当承认，虽然物质生产劳动是美的起源的最根本原因，但艺术的产生不能简单地完全归结为劳动。从劳动到艺术的诞生，经过了巫术礼仪、图腾歌舞等中介，并且是一个相当漫长的历史阶段，最后才诞生了纯粹审美意义上的艺术。对于刚刚脱离动物界的原始人来讲，他们的认识能力十分低下，对许多自然现象都感到十分神秘，不可理解。可怕的大自然使原始人产生了巨大的恐惧心理和敬畏意识，原始思维的基本原则是"互渗律"，它的核心是"万物有灵"，于是，原始自然宗教便应运而生。考古发现，这种自然宗教普遍存在于一切原始人类中，不只山顶洞人在同伴尸体旁撒有红色铁矿粉粒，考古学家对欧洲尼安德特人墓葬的发掘也表明，尼安德特人的遗骸周围同样撒有红色碎石片，其年代比山顶洞人还早。人类学家认为，原始人的这种方式可能表示给死者以温暖，企望死者获得再生，因为他们认为红色是血与生命的代表、火与温暖的象征。在原始社会中，原始宗教就是这样与原始文化彼此不分、混沌为一的。原始的自然宗教、巫术礼仪、图腾崇拜等，更是与原始艺术彼此融合、难以区分。"在原始艺术中大量记录了原始宗教的产生，法国南部拉塞尔山洞发现了一尊上万年前创作的浮雕，刻着一个右手拿着牛角的妇女，艺术史家和人类学家认为这是表现她在主持某种与狩猎有关的宗教仪式。"[1]毫无疑问，从艺术发生学的观点来看，生产劳动显然是审美发生与美的起源的根本原因。但审美发生与美的起源又是一个十分复杂的问题，它很可能是多因的，并非单因的，是多元的，而不是单一的。艺术是人类创造的特定精神文化现象，我们应当从多个方面、从更加广泛而深入的层面去考察和探究它的根源。

第三节 审美活动的历史起源

一、审美发生的"多元决定论"

审美发生与美的起源的问题，除了以上谈到的迄今为止影响较大的"巫术与图腾崇拜说"和"劳动起源说"，以及流行过的几种传统学说（"摹仿说""生物本能说""游戏说"）外，还有其他一些说法。应当承认，这些说法都从某个角度或某个侧面探讨了审美的发生与美的起源，有助于揭示审美发生学的奥秘，但我们又不能不看

---

[1] 马德邻，吾淳，汪晓鲁.宗教，一种文化现象.上海：上海人民出版社，1987：17.

到，这些说法又都有自身的片面性或局限性，常常把一种非常复杂的现象归结为一个简单的原因，容易产生以偏概全的错误。

审美发生是一个古老、神秘的复杂问题，我们需要从多个角度和侧面来进行探索。至于各门原始艺术形式的出现，更是难以归结为某种单一的原因。因此，在审美发生与美的起源这个由多种因素构成的复杂问题上，简单的线性思维方式恐怕无法揭示它的真正奥秘，必须采用辩证的多元思维方式才能为我们提供正确的研究途径。在西方学术界具有重要影响的法国著名学者路易·阿尔都塞将结构主义与西方马克思主义结合起来，用于意识形态批评研究。阿尔都塞运用结构主义观点来研究社会发展，认为社会发展不是一元决定的，而是多元决定的，进而提出了多元决定的辩证法，或者说是结构的辩证法。阿尔都塞认为，黑格尔辩证法的结构和马克思辩证法的结构之间最大的区别，就在于黑格尔的辩证法是一元论的（绝对精神），而马克思的辩证法则是多元论的。在此基础上，阿尔都塞提出了"多元决定论"，认为任何文化现象的产生都有复杂原因，而不是一个简单原因造成的。因此，这种"多元决定论"认为，任何一个重要的或复杂的文化现象，都是多种因素共同促成的，正是这些多种因素形成了一股合力，导致了这种文化现象的形成。虽然阿尔都塞并没有谈到审美发生问题，但他的"多元决定论"完全可以给我们提供有益的启示。

显然，对于审美发生与美的起源这一复杂的问题，不能仅仅从单一的原因去解释。事实上，在原始社会中，原始生产劳动、原始宗教（巫术）、原始艺术（图腾歌舞、原始岩画）等，几乎很难区分，它们共同组成了原始社会人类的实践活动，并且共同组成了原始文化。正因为如此，原始人类从事的一部分实践活动，既可能是巫术活动，也可能是艺术活动，或同时具有生产劳动的性质，原始人根本就没有将它们区分开来。例如，原始狩猎部落的图腾歌舞就是如此，它既是一种巫术礼仪活动，又是一种原始艺术活动，同时也是狩猎的需要，具有生产劳动的性质。可见，"多元决定论"能够更加全面、准确地解释审美发生与美的起源这一复杂的问题。

审美发生与美的起源是由多种原因构成的这种观点，也得到了一些美学家和艺术家的赞同。芬兰著名艺术家希尔恩就认为，艺术本身就是一种综合性现象，因此，研究艺术的起源就必须从人类学、心理学、社会学、美学、艺术学等多学科结合的角度，运用综合研究方法才能真正揭示美的起源的奥秘。在其代表作《艺术的起源》中，希尔恩从揭示艺术的非审美因素入手，将艺术的发生和人类最基本的生活冲动联系起来进行考察。希尔恩认为，导致艺术产生的最基本的人类生活冲动大体上可以分为六类：知识传达（通过造型艺术或原始歌舞使狩猎经验代代相传），记忆保存（原始神话与岩画将部落的历史传承下去），恋爱与性欲冲动（原始艺术在性选择和激发性欲方面具有十分重要的作用），劳动（原始歌舞可以减轻劳动中的劳累和痛苦），战争（原始装饰与文身、原始歌舞等可以吓唬敌人与鼓舞士气），巫术（原始巫术与原始艺术具有天然的联系）。因此，希尔恩指出："对最强有力的非审美因素作一考察，这些非审美因素有助于某些艺术形式的产生和发展。同时，当我们坚持特别考虑功利的要求时，例如那些理智方面的信息，劳动或者战争方面的刺激，性的抚慰或者巫术的功效，那么，我们将被迫不去考虑所有特殊的审美因素和条件。"[①] 显然，希尔恩认为，应当从原始人生活的不同侧面来研究艺术的起源，因为原始人的多种基本生活冲动都与原始艺术紧密地结合在一起，我们只有采取综合的办法，从多角度、多侧面研究艺术的起源，才能真正揭示审美发生学的奥秘。

正因为如此，从"多元决定论"出发，我们不难发现，审美发生和美的起源是一个相当复杂的过程。在这个相当漫长的历史进程中，伴随着原始人类的生产劳动实践以及巫术与图腾崇拜活动，原始人的审美意识开始萌芽，原始艺术逐渐诞生。其实，对于当时的原始人来讲，不管是原始生产劳动，还是原始巫术与图腾崇拜，乃至于原始审美活动与原始艺术，它们都是原始人实践活动的有机组成部分。在原始人那里，它们之间并没有什么区别，它们就是一个有机的整体。从这个意义上讲，审美发生与美的起源是一个相当漫长的历史时期，在经历了长达数万年的历史进程后，人们现在所理解的纯粹意义上的艺术才逐渐独立出来。

由此我们认为，实用价值先于审美价值，艺术产生于非艺术，人类审美发生与美的起源最终是人类社会实践活动的漫长历史进程的结果。从汉语中的"美"字的词源意义来讲，美的事物最初是离不开实用价值的。汉代许慎在《说文解字》中写道："美，甘也。从羊从大。"显然，这是一种大羊为美的看法。另一种看法认为，"美"字表示一位巫师戴着羊头面具跳图腾舞。此外，从"艺术"这个词的含义的历史演变，也可以看出审美价值与实用目的、艺术活动与物质生产逐渐分化的漫长过程。汉语中的"艺"字在甲骨文中，是一个人在种植的形象，从中不难发现"艺术"最初离不开生产劳动技术。拉丁文和英文中的"art"，原意也是技术的意思。可见，在东西方文化中，艺术也同样起源于人类的实践活动，尤其是占主导地位的物质生产劳动实践。只是经过了一个漫长的历史过程之后，人类的审美活动与艺术活动，才逐渐与物质生产实践分离开来，与图腾崇拜和巫术仪式分离开来。到这个时候，人类的审美活动与

---

① 蒋孔阳.十九世纪西方美学名著选：英法美卷.上海：复旦大学出版社，1990：720.

艺术活动才真正取得了独立的地位。综上所述，我们可以清楚地看出，人类的审美活动与艺术活动，经历了一个由实用到审美，以巫术为中介、以劳动为前提的漫长历史发展过程。其中也渗透着人类摹仿的动机、生物的本能、游戏的需要。虽然我们用"多元决定论"来解释人类审美发生和美的起源，但这些原因实际上可集中概括为一句话，就是审美发生与美的起源归根结底离不开人类的社会实践活动。事实上，无论是原始生产劳动，还是原始巫术活动仪式，都是人类在原始社会这一特定历史时期的实践活动。正是由于当时的生产力状况极端低下，人类的认识能力与实践能力十分不发达，原始人才会把巫术礼仪作为认识自然、征服自然的手段。因此，原始人在从事雕刻、绘画、舞蹈时，并不是为了审美与艺术，而是如同他们从事种植、狩猎或巫术仪式一样，是在从事一种认真的实践活动。无论是对史前艺术遗迹的考古分析，还是对现代残存的原始部落艺术活动的分析，都不同程度地证明：以劳动为前提、以巫术为中介，审美活动与艺术活动起源于人类实践活动这一漫长悠久的历史过程。

二、审美主客体关系的确立与美的诞生

审美发生其实也标志着审美主客体关系的确立。审美主客体关系并不是天然存在的，而是具有一个极其漫长的历史发生与发展过程。

早在人类出现之前，自然界就已经客观地存在，但是那时候还没有主体和客体之分，更谈不上主客体之间的各种关系。从猿到人的转化，经历了上百万年的漫长历史。在早期人类的生产劳动实践中，制造工具与使用语言具有特别重要的意义。劳动创造了人，劳动使得人和自然界区分开来，从而有了主体和客体之分。正如马克思所说："全部所谓世界史不外是人通过人的劳动的诞生，是自然界对人说来的生成。"[1] 在人类从事生产劳动的早期，由于生产力和认识水平低下，原始人类为了生存几乎耗尽了全部的精力，只是伴随着人类生产劳动实践的历史进程，主体（社会的人）和客体（自然界）之间，才逐渐形成包括实践关系、认识关系、价值关系等在内的各种现实关系，审美关系正是主客体价值关系中的一种。从这个意义上讲，人类全部生产劳动实践活动的过程，就是"自然的人化"和"人的对象化"的过程。

从这个意义上讲，世界上如果没有人类，也就没有美。大自然还没有和人类建立

---

① 马克思.1844年经济学：哲学手稿.刘丕坤，译.北京：人民出版社，1979：84.

审美关系之前，也无所谓美与不美。在人类出现在地球上以前，虽然泰山日出、黄山奇峰等自然景物早已存在，甚至与现在几乎一模一样，但那时的自然界是不存在美与不美的。通过漫长的生产劳动实践活动，人与大自然之间形成了主客观关系，早已存在的泰山、黄山开始成为人们的审美对象，成为人们眼中朝霞红云的泰山日出、形状独特的黄山奇峰等，也开始出现在诗人的笔下和画家的作品之中。从这些例子不难看出，正是在"自然的人化"和"人的对象化"形成过程中，历史地形成了审美主体与审美客体，以及审美主客体之间的审美关系。

审美主体是在人类漫长的实践活动基础上产生的，人在改造客观世界即"人化自然界"的同时，也改造着人自己，"人化"着自身的感觉和感官。人的感官不仅是生物进化的结果，而且是社会历史发展的产物。正是在长期的社会实践活动中，人类才逐步形成主体能够欣赏音乐美的耳朵和能够感受形式美的眼睛。"五官感觉的形成是以往全部世界历史的产物。"[①]人类在漫长的实践活动中，尤其是生产劳动实践活动中，才得以从自然界分离出来，最终脱离了动物界，完成了手和脚的分工，锻炼出了高度发达的大脑与灵巧的双手，形成了人所特有的高级情感，包括理智感、道德感、美感等。审美感受作为人的高级情感之一，绝不能简单地归结为某种生物性的遗传本能，而是人所独具的精神感受。虽然达尔文曾经以某些鸟类在求偶时有意展示色彩鲜艳的羽毛来论证动物也具有审美的本能，但是事实上，现代科学已经证明动物这种所谓的美感只是一种生物本能，只是因为这些颜色、形状、声音使它们产生生理快感罢了。"对牛弹琴"只是由于音乐刺激可以使奶牛多产牛奶，"孔雀开屏"则是由于色彩刺激使孔雀争奇斗艳，动物只有生理需要而没有审美需要，更不可能和客体形成审美关系。只有人类，除了有物质需要外还有精神需要，除了有低级需要外还有高级需要，除了有自然需要外还有社会需要，除了有生理需要外还有审美需要。当审美需要成为人的唯一动机时，人所进行的活动就是审美活动，审美也就自然发生了。

审美客体同样是在人类漫长的实践活动中形成的。作为审美客体的自然山水虽然是客观存在的，但并不是天然存在的。客体的审美价值不能离开主体和主体的实践活动而存在。所谓"自然的人化"，就是指通过人类漫长的实践活动，使原来与人为敌或与人无关的自然，终于变成了"人化"的自然。所谓"人的对象化"，则是指人在生产劳动实践中，通过自由、自觉的创造性活动获得精神上的愉悦和享受，使人的本质力

---

① 马克思，恩格斯．马克思恩格斯全集：第42卷．中共中央马克思恩格斯列宁斯大林著作编译局，译．北京：人民出版社，1979：126.

量在对象中体现出来。正因为如此，我们在欣赏审美客体的色彩、形状、比例时，不仅是在欣赏美的事物的这些感性形式，而且也在欣赏凝聚在审美客体中的人的智慧、才能和自由创造，也就是在欣赏审美客体中的人的本质力量。从这个意义上我们认为，审美客体既有自然性，又有社会性。审美客体的自然性，表现在事物某些特定的感性形式和特点上，如色彩、形状、比例、和谐、对称等，这些自然属性必须适合人的生理－心理特征，能够给人以快感。举个例子来说，根据声音振动的周期性和规律性，心理学家把一切声音分成乐音和噪声两大类，而音乐几乎全部是由乐音构成的。这就说明了自然属性是构成审美客体的一个重要方面。但从另一方面来看，审美客体又具有社会属性，这是因为人类在生产实践活动中，不仅认识和改造了客观世界，而且在客观世界上打下了人的本质的烙印，在实践活动中使人的本质力量对象化。这种对象化的结果，不仅使人得到物质上的满足，而且使人得到精神上的愉悦，这种精神上的愉悦就是美感。

总之，审美主体和审美客体都是人类漫长实践活动的产物，它们是同一历史过程的两个方面。一方面，实践创造了人的对象世界，外部自然界被"人化"而成为审美客体；另一方面，实践又创造了对象的主体，主体的五官感觉也相应地被"人化"而产生审美感受。与此同时，也是实践使主客体之间发生了关系，进而形成了审美关系。这个漫长的历史进程积淀在审美关系中，体现为客体便是审美价值的产生，体现为主体便是审美心理结构和审美感受的形成。显然，审美价值是客观存在的，但它又不仅仅是客体的自然属性；审美价值不是主观的产物，但它又并不是与主体无关的。审美价值是自然性与社会性的统一，是实践基础上主客体的统一。因此，我们说，主体的审美感受和客观世界的美，都是人类漫长实践活动的产物。

本章注释与参考资料

1. 本章配合电视录像课程第一讲（下半部分）和第二讲，涉及的音像图形资料主要有：

（1）西班牙阿尔塔米拉洞穴画，距今 1 万—2 万年前的原始绘画。

（2）法国拉斯科洞穴画，距今 2 万—3 万年前的原始绘画。

（3）青海大通县上孙家寨墓地出土的新石器时代的《舞蹈纹彩陶盆》。

（4）美国影片《与狼共舞》（1990 年）。

（5）中国远古神话：盘古开天、女娲补天、夸父逐日。

（6）江苏省连云港市郊锦屏山将军崖新石器时代岩画。

2.人类审美发生的"多元决定论"告诉我们，人类的审美发生与美的起源经历了一个由实用到审美，以巫术为中介、以劳动为前提的漫长历史发展过程，其中也渗透着人类摹仿的动机、生物的本能、游戏的需要。从根本上讲，人类审美发生与美的起源最终应当归结为人类社会实践活动的漫长历史进程。

第三章　现实美

本章要点提示

◎ 自然美的概念和特点

◎ 自然美产生的原因

◎ 社会美的概念和特点

◎ 社会美的主要类型

本章学习目标

1. 了解现实美的主要形态；

2. 理解产生现实美的根源；

3. 掌握各类现实美的基本概念、基本种类和基本特征；

4. 能够结合审美实践阐述各类自然美、社会美的特点和审美意义。

从哲学认识论的角度，我们可以把审美客体划分为现实美和艺术美两大类。现实美是指现实世界中的各种事物的美，包括自然事物的美、社会事物的美等。艺术美是指作为人类对现实世界的再现和表现的各种艺术作品的美。本章重点讨论第一种美的存在形态，即现实美。

第一节　自然美

什么是自然美？"千里冰封，万里雪飘""引无数英雄竞折腰"的北国风光，碧蓝如画、辽阔无边的北戴河海滨，巍峨壮观、气象万千的泰山之巅，喷薄欲出的红日，含苞待放的花朵，"明月松间照，清泉石上流"的良辰美景，都是自然美。简单地说，一切自然事物的美都是自然美。

那么，人们为什么认为一些自然事物是美的，另一些自然事物是不美的呢？自然美成为美的对象的根源是什么？构成自然美的要素有哪些？自然美在人类生活中发挥着什么作用，对我们的生活和精神有什么意义？这就是本节要讨论的主要问题。

一、什么是自然美

美学史上对于自然美产生的根源争论很多，概括起来讲，主要有以下几种观点：

第一种观点认为，自然美在于自然事物本身，自然美的根源在于自然事物本身的客观属性。这种观点认为，人们之所以认为有些自然事物是美的，是因为这些自然事物本身具有某种特殊的属性和条件，山、水、花、鸟等自然事物之所以美，取决于它们的色彩、线条、形状、光泽、声音、质感等，这些自然属性构成了自然美，所以自然美就在自然本身，它不依人的主观意识而存在。例如，香山红叶，每到金秋时节，漫山红遍，层林尽染，吸引众多游人前去观赏。香山红叶为什么美呢？用"美在自然本身"这种观点来看，香山红叶的美就在于红叶本身的色彩、形状等自然特征，是这些自然条件构成了红叶的美。这是一种反映旧唯物主义哲学观的美学观点，它虽然肯定了自然美的现实性，但没有看到自然事物与人的联系，没有能够用联系和发展的观点分析自然美的根本属性。

第二种观点认为，自然事物本身无所谓美与不美，自然美完全是由人的主观意识决定的。以黑格尔为代表的唯心主义美学认为，自然本身不可能有美，自然美只是属于心灵的那种美的反映。这种观点认为，自然美完全是主观情感作用于自然对象的结果。王国维说："以我观物，则物皆著我之色彩。"[①] 杜甫诗云："感时花溅泪，恨别鸟惊心。"[②] 用这种观点来看香山红叶，则认为，之所以有人认为香山红叶很美，并不是因为红叶本身的色彩、形状等自然属性，而在于去香山观赏红叶的人们的主观情感，是因为他们把自己游玩时的欢欣、喜悦、热烈的主观情感投射到红叶上，才认为香山红叶很美。

第三种观点认为，自然美的根源在于人类实践活动基础上的主客观的相互统一。我国持这种观点的代表人物是李泽厚。这种观点认为，自然美之所以能够成为美，首先在于自然事物的"人化"。车尔尼雪夫斯基说："构成自然界的美的是使我们想起人来（或者预示人格）的东西，自然界的美的事物，只有作为人的一种暗示才有美的意义。"[③] 还以香山红叶为例，这种观点认为香山红叶的美不只因为红叶本身的色彩、形状等自然属性，也不只因为欣赏红叶的人的主观情感，而是因为红叶本身的自然属性暗示了人们如火如荼的热烈生活情感和欢欣鼓舞的精神状态，所以人们才会感觉红叶很美。这种观点可以说接近了自然美的实质。

我们认为，所谓自然美就是各种自然事物呈现的美，它是社会性与自然性的统一。它的社会性是指自然美的根源在于人类社会实践，它的自然性是指自然事物的某些属性和特征（如色彩、线条、形状、声音等）是形成自然美的必要条件。

二、自然美产生的根源

自然美的根源是人类社会实践和社会生活，是自然与社会生活的客观联系。也就是说，自然美是一定社会实践的产物。为什么这么说呢？因为从自然美产生和发展的过程来看，自然美的产生及自然美领域的逐渐扩大是和人类社会实践的发展进程密切联系在一起的。自然美归根结底是一定社会实践或社会生活的产物。

人类出现以前是否存在自然美？不存在。因为人类出现以前，自然事物都是自在之物，它们的物质属性虽然早已存在，但自然本身不能自觉为美，自然事物的美和丑是人对自然事物的认识、评价。没有人类，便没有把自然作为观照对象的主体。根据

[①] 王国维.人间词话//干春松，孟彦弘.王国维学术经典集：上下.南昌：江西人民出版社，1997：325.

[②] 杜甫.春望//林东海.唐人律诗精华.北京：人民文学出版社，2002.

[③] 北京大学哲学系美学教研室.西方美学家论美和美感.北京：商务印书馆，1982：244.

科学研究资料，从地球形成到现在约有 50 亿年的时间，考古学家推断人类至少有上百万年的历史。人类存在的历史同整个地球的漫长历史比较起来，真可以说是微不足道。在人类出现以前，蓝天、白云、青山、红日早已存在，它们的自然属性也早已存在。但在人类出现之前，自然界只是自在物本身，根本不存在美与不美的概念。甚至在原始人类社会初期，自然界是不美的、恐怖的。在原始社会初期，由于人类的生产实践和生活实践活动还非常简单，征服自然、改造自然的能力也十分有限，因此，对于原始人来说，自然界只是作为一种完全异己的、有无限威力和不可制服的力量与人们对立地存在着，人们不会认为这类自然事物是可以欣赏的、令人产生审美享受的美的事物。只有当原始人开始征服自然、利用自然、改造自然，同时也在劳动实践中使人类自身得到改造时，自然界对于人来说才开始成为美的。

美的起源和艺术的起源都离不开人类的社会实践活动，尤其是其中以制造劳动工具为代表的生产劳动实践。在社会实践中，一方面，人改造自然，使大自然逐渐成为与人有着密切关系的"人化"了的自然；另一方面，人自身也得到了改造，经过数百万年的生产劳动，人逐渐锻炼出了灵巧的双手和高度发达的大脑，形成了人所特有的感觉器官和感觉能力，以及人所独具的道德感和美感等高级情感。直到这个时候，自然界对于人来说，才开始成为审美的对象。

以太阳为例，在没有人类以前，太阳早已存在，但无所谓美与不美。在人类社会早期，太阳不仅不被认为是美的，反而是凶恶的。这一点可以从"羿射九日"的神话中看出。这则神话说明远古时期曾发生严重旱灾，人们认为造成旱灾的罪魁祸首是太阳，在同自然灾害顽强搏斗的过程中，人们渴望征服自然，战胜这个"罪魁祸首"。随着人类对自然的逐步认识和改造，人和自然的关系逐步发生变化，又出现了"夸父逐日"的神话。夸父是神话中的巨人，他因执着地追赶太阳而死。这则神话反映了远古人渴望认识和掌握太阳的愿望。此后，人们逐渐认识到万物生长离不开太阳，于是开始喜爱太阳火红的色彩和圆圆的形状，红色成为生命和光明的象征，圆形成为和谐、美满的象征。"夸父逐日"这则神话也成为人们追求光明的比喻。此时的太阳才变成审美客体，具有美的价值，成为人们歌颂和赞美的对象。所以我们说，自然美的产生离不开人类的社会实践。

自然美的领域也是随着人类社会实践的发展才逐渐扩大的，是随着人类改造自然的能力不断提高，在自然事物越来越多地能够为人服务、使人感到可亲的过程中不断扩展的。

对于以狩猎为生的原始部落来说，他们最初的审美对象都是和狩猎生活直接有关的东西，这些东西或者是狩猎的工具，或者是狩猎的对象，或者是狩猎的成果，他们在狩猎实践活动中产生了对动物及其造型的自然美的认识。这一点可以从已发现的西班牙阿尔塔米拉原始洞穴中的野牛、猎鹿壁画，原始人精制的劳动工具，用来装饰的兽皮、象牙等得到证明。虽然这些以狩猎为生的原始部落生活在四处是绿树、鲜花的环境里，但他们从来不用鲜花来装饰自己，更没有描绘绿树和鲜花的绘画作品。

从狩猎时代进入农业时代之后，种植业的发展使人们认识了花草树木、瓜果蔬菜及其造型的自然美。大量的植物图案出现在已出土的陶器上。到我国魏晋南北朝时期，作为人类生活环境的山水景物进入了人们的审美视野，出现了曹操的山水诗《观沧海》，隋朝时出现了展子虔的《游春图》等山水人物画，后来又出现了纯粹山水画。在17世纪，西方的荷兰也出现了雷斯达尔、霍贝玛等一批风景画家。随着生产力的不断提高，人类开始从事变荒山、沧海为良田的巨大工程，体现了人类的巨大力量和智慧，使人类产生了对崇山峻岭、海浪滔天等山水景观的美感。随着人类认识能力、抽象思维能力的提升，以及人类科技水平、文化水平的不断发展，人们对自然美的认识范围又向更为宏观和更为微观的两极延伸。现代人所认识的自然美的范围与原始人对自然美的认识范围相比，已不知扩大了多少倍。显然，自然美的出现和自然美领域的扩大，都与人类的社会实践发展密切相关。

总之，自然美产生的根源是人类社会实践，是实践把自然和人联系在一起，使自然美得以产生。随着社会实践和社会生活的发展，人类与自然的联系不断扩大：一方面，自然作为人的物质生活对象，范围在不断扩大；另一方面，自然作为精神生活的对象也在不断扩展。自然美的范围也随着人类社会的发展而不断扩大。

三、自然美的特征

自然美的特征，就在于它是人的本质力量在自然事物中的感性显现。

从前面的论述我们可以明确，大自然之所以美，就在于它和人类的实践与生活发生了直接或间接的关系。人类全部生产劳动的过程，就是一个"自然的人化"和"人的对象化"的漫长过程。所谓"自然的人化"，就是指随着人类社会的发展，随着人对自然的不断认识和掌握，自然与人的关系发生了根本变化，由与人为敌的自然或与人无关的自然变成了"人化的自然"。所谓"人的对象化"，就是指人在劳动实践中充分发挥自己的创造力，使人的劳动成为一种自由自觉的创造性活动，人通过劳动不仅可以得到物质上的满足，而且还得到了精神上的愉悦和享受，在自己创造的劳动成果中看到了自己的智慧和才能，使人的本质力量在对象中体现出来。在自然美中，"人的本质力量"主要是通过自然本身的色彩、形状、质感、比例等感性形式显现的。在自然美中，"人的本质力量"体现为它的社会性，而"感性显现"就是它的自然性，自然美就是人的本质力量和物的自然属性的有机统一，或者说，是自然性与社会性的统一。对于自然美来说，一方面，人的本质力量通过这些自然属性在对象身上感性地显现出来；另一方面，对象自身的自然属性也由于人的本质力量凝聚到它们之中，从而具有美学意义。正是在这个意义上，马克思说"劳动创造了美"。

仍以香山红叶为例，当我们走近香山，看到层林尽染的红叶时，首先会被红叶本身那火红的色彩和漫山红遍的感性形式所吸引、所感动，或许我们会触景生情，联想到火热飞腾的生活、联想到各种喜庆的日子，或许什么都没想，一看到这景象就觉得高兴、兴奋。这是为什么？这种美感是怎么生成的？可以设想，50万年前的北京猿人面对香山红叶绝不会产生这样的美感。我们今天之所以能够欣赏香山红叶的自然美，乃是人类数十万年劳动实践使人与自然的关系发生根本变化的结果，是人类长期审美实践经验不断积淀的结果。只有当人类经过漫长的劳动实践和审美实践之后，人的社会性凝聚到、渗透到、积淀到自然性上，香山红叶才具有了美学意义，人们才能通过观赏红叶产生愉悦的美感。

综上所述，自然美是自然性与社会性的统一，自然美的本质特征在于它是人的本质力量在自然事物中的"感性显现"。

具体来说，与其他美学形态相比，自然美还具有以下几个主要特点：

第一，构成自然美的先决条件是自然事物本身的色彩、形状、质感等自然特征。没有这些自然属性，也就没有自然美。马克思在《政治经济学批判》中谈到金和银两种自然物时说：它们可以说表现为从地下世界中发掘出来的天然的光芒，银反射出一切光线的自然的混合，金则专门反射出最强的色彩红色，而色彩的感觉是一般美感中最大众化的形式。金银本身发光的质地就是它们成为自然美的条件和基础。

第二，自然美偏重于形式。一般来说，美的事物总是体现为内容与形式两方面的统一，但不同的美侧重的方面有所不同。自然美主要表现在形式方面。自然美的内容往往是朦胧的、不确定的，而自然美的形式是具体的、可直接引发美感的，因此形式在自然美中占据突出和显要的地位。例如，王维的诗句"大漠孤烟直，长河落日圆"，描绘的是一幅自然景象，并没有写出具体的内容，但直接激发了人的无限感慨，勾起人的无限遐思，使人生发出说不清、道不明的强烈美感，那种跃然纸上的肃穆、雄浑、辽阔、寂寥，完全是由诗中描写的自然景象生发出来的。自然美这种偏重形式的特点，有时造成美与善的背离。例如，蟾蜍是消灭害虫的能手，但因为它形象难看，被人叫作"癞蛤蟆"，当成丑的典型代表。鹤因为吃植物的根茎、种子、嫩芽，在人类生产力低下时期，曾经被认为是一种害鸟，但因为它的长腿、细嘴、高脖子、洁白的羽毛和轻盈的步态等，受到了人们的喜爱，被誉为"仙鹤"，更有许多美丽传说与诗文赞美它。

第三，自然美具有联想性。自然物之所以给人美感，往往与人们由此产生的联想有关，而且联想越丰富、越奇妙，这种美感就越浓烈。例如，茅盾的《白杨礼赞》，赞美的是西北平原上的白杨树，普普通通的白杨树之所以在作者的心中激发美感，是因为作者通过白杨树展开了丰富的联想，他赞美白杨树的挺拔不屈、团结向上，实际上是赞美他所联想到的团结一致、英勇抗日的革命军民。自古以来，我国的仁人志士以松、竹、梅、兰、菊等为美，也是因为从这些自然事物的自然属性联想到人的高尚品德。

第四，自然美具有变易性。自然美的变易性是指自然美具有变化不居的特点。许多自然物的形态不是固定不变的，人们对自然物的观赏角度也是可以变化的，这就产生了自然美的变易性。宋代诗人苏轼在咏庐山的《题西林壁》中写道"横看成岭侧成峰，远近高低各不同"，反映的就是自然美"移步易景"的特性。再如郭熙在《林泉高致·山水训》中写道："春山淡冶而如笑，夏山苍翠而如滴，秋山明净而如妆，冬山惨淡而如睡"，写的就是自然物在不同时节的不同形态变化，表现出自然美的变易性。北宋著名文学家范仲淹在《岳阳楼记》中写道，洞庭湖"衔远山，吞长江，浩浩汤汤，横无际涯。朝晖夕阴，气象万千……若夫淫雨霏霏，连月不开，阴风怒号，浊浪排空，日星隐曜，山岳潜形……至若春和景明，波澜不惊，上下天光，一碧万顷，沙鸥翔集，锦鳞游泳，岸芷汀兰，郁郁青青"，更是生动地描绘了在岳阳楼上观赏到的洞庭湖之美的鲜明的变易性。

此外，同一个事物有时也会因欣赏主体审美取向的不同，因为欣赏者的生活状态、思想状况、情感状态的不同而发生变易。例如，车尔尼雪夫斯基说："蛙的形状就使人不愉快，何况这动物身上还覆盖着尸体上常有的那种冰冷的黏液；因此蛙就变得更加讨厌了。"然而，在齐白石老人的笔下，青蛙与蝌蚪在水中嬉戏，青蛙是那么敏捷、轻快、可爱。我们通常也把最基本的一种泳姿叫作"蛙泳"，小孩儿像青蛙一样在泳池中游泳的样子也很可爱。这是因为我们和车尔尼雪夫斯基的审美取向不同，所以看重的青蛙的自然属性特征也不同。

四、自然美的种类

自然美的现象包括以下两大类：

第一类，经过劳动改造的自然景物。它们凝聚着人的劳动，打上了劳动创造的印记，是人类改造自然的直接现实。例如，都江堰、葛洲坝、三峡工程产生的景观，华北平原一望无际的麦田，江南水乡阡陌纵横的水田，"三北"防护林工程的绿化林带，等等，这些自然美与人类实践的关系非常明显，直接体现了人的本质力量。高尔基在谈到这类自然美时说："打动我的并非山野风光中所形成的一堆堆的东西，而是人类想象力赋予它们的壮观。令我赞赏的是人如何轻易地与如何伟大地改变了自然。"[①]这类自然美，还包括人类专门培育出来供人观赏的自然事物，如盆景、花卉、金鱼等。花卉原本都是野生的植物，在魏晋时期，人们开始欣赏菊花，后来梅花、兰花等逐渐进入人们的审美视野，到现代，人们培育出各种观赏花卉，专门供人们欣赏。金鱼原本是鲤科的野生鱼类，在10世纪左右，人们发现鲤科金鱼有野生变色的现象，于是开始进行人工饲养和培育，终于形成了专供人们欣赏的色彩斑斓、品种繁多的金鱼。所以，这些人类改造过的、专门作为人类审美对象存在的自然事物，充分体现了人的智慧，体现了人的本质力量。

第二类，未经劳动改造的自然景物。我们可以说碧绿的农田、金黄的麦浪等自然美是凝聚了人的本质力量的自然美，然而，未经人类改造的高山流水、日月星辰之类的自然景观又是如何体现人的本质力量对象化的呢？它们之所以能够成为人们的审美对象，其根源也在于人的社会实践，但它们和人的本质力量之间的联系不是直接的，而是间接的、曲折的。这类自然事物虽然没有直接打上人的意志、智慧和才能的烙印，但它们之所以成为审美对象，仍然是因为它们直接或间接地与人的社会实践和生活发生联系。这类联系包括以下几种情况：第一种，自然事物作为人的生活环境出现，或者是为人们提供生活资料的来源，它们是人类生活、劳动所不可缺少的东西。如太阳为人类生活提供光和热，有史以来，人们在阳光照耀下，伴着蓝天、白云、花草、树木、高山、流水等一同生活，天空、陆地、海洋以及存在于其中的许许多多自然事物，构成了人类生活环境的必要组成成分，也是人类赖以生存的必要条件。人类对构成生活条件的这些自然事物产生美感，主要因其具有社会功利性，它们是美与善的统一。从另一个角度讲，这些自然事物之所以成为美的，是因为它们已经被人类所利用，是"人化"了的自然。第二种，自然事物与社会生活发生以形式美为中介的间接联系。由

---

① 高尔基.苏联的文学 // 王朝闻.美学概论.北京：人民出版社，1981：43.

于人们在审美活动中直接感受的是美的形式，经过千百次的重复，人们仅仅看到美的事物的形式而不必去考虑它的内容便能引起美感。于是，人们看到那些与美的事物具有相同或相似形式的事物时，也能产生美感。换句话说，有些未经劳动改造的自然景观是通过形式因素这个中介间接地与人的本质力量发生联系的，是经过长期的审美经验的积淀之后，通过形式因素直接引起人的美感的。这种通过感性形式直接引起的美感，叫作形式美。千百年来的人类审美实践，积淀出了人们对形式美的反映规律，即形式美法则，其主要包括单纯齐一、对称均衡、调和对比、比例关系、节奏韵律、多样统一等，只要符合形式美法则的自然事物形象，都会激发人的美感。第三种，自然美的某些特征（包括经过劳动改造的和未经劳动改造的自然美）与人的某些性格品质相似。人在认识自然和改造自然的过程中，发现了自然事物的某些特征与人的品质、个性具有相似之处，于是常常赋予客观对象以人的某些特性，借以激发斗志，抒发情怀，寄托理想、情思，从而使自然事物具有了美感。例如，梅、兰、竹、菊等自然事物就是如此使人产生美感的。

五、自然美的审美意义

社会越发达，人类对自然美的审美需求越强烈，人类越从功利的人向审美的人转化。例如，现代人的环境保护意识大大加强了，各国都纷纷建立了自然保护区，并将许多著名的自然美景点列为人类文化遗产，如我国的长城、泰山、黄山、张家界等景点，越来越多的人能够在参观游览这些自然美景点的过程中感受到丰富的审美情趣。概括起来讲，自然美的审美意义主要体现在以下四方面。

（一）欣赏祖国大自然的美，可以激发人们热爱祖国的情感

热爱祖国的情感不是凭空产生的，而是在人们在祖国的生活经历、所见所闻以及对周围生活环境与日俱增的亲切感的基础上产生的。对周围环境以及人和事的切身感受、对祖国历史的了解、对祖国文化的深刻理解，都能够激发我们对祖国的热爱。如果我们不走出家门去饱览祖国风光，就无从产生对祖国河山的热爱。因此，对自然美的欣赏是进行爱国主义教育的重要形式之一。

从古至今，对祖国大好河山的赞美和眷恋，都是爱国志士表达热爱祖国之情的重要形式。例如，唐朝诗人王之涣的"白日依山尽，黄河入海流。欲穷千里目，更上一层楼"。再如，方志敏烈士英勇就义前，在狱中写下了著名散文《可爱的中国》，其中

写道："至于说到中国天然风景的美丽，我可以说，不但是雄巍的峨眉，妩媚的西湖，幽雅的雁荡，与秀丽甲天下的桂林山水，可以傲睨一世，令人称羡；其实中国是无地不美，到处皆景，自城市以至乡村，一山一水，一丘一壑，只要稍加修饰和培植，都可以成流连难舍的胜景；这好像我们的母亲，她是一个天姿玉质的美人，她的身体的每一部分，都有令人爱慕之美。"可见，美丽的大自然是爱国主义教育的大课堂，通过热爱一山一水、一草一木的自然之美，激励人们心灵深处的爱国主义热情，从而激发人们建设祖国、保卫祖国的决心和力量，这是进行美育的一个重要方面。

（二）对自然美的欣赏，能够唤起人们对生活的热爱之情

生活是多方面的，生活中充满喜怒哀乐，自然美的根源在于人的社会生活。人从自然美中看到自身的本质力量，获得自信；人从自然美中得到生活的启示，豁然开朗；人从自然美中看到理想，变得愉悦；人从自然美中产生情趣，丰富生活内容；人从自然美中得到消遣，变得轻松。法国著名雕塑家罗丹说："自然总是美的。"[1]春夏秋冬，四时交替，大自然总是以它千姿百态的美丽景色，来唤起人们对世界的热爱之情、对生命的热爱之情。在对自然美的欣赏中，人们无比真切地感受到，人本来就来自大自然，是大自然的一部分，与大自然和谐相处是生活的一部分。也正是人与自然的这种亲密关系，使得自然美特别能够吸引人、打动人，深深触动人的心灵。

万象纷呈的大自然，本身就充满了勃勃生机。春天柳丝吐绿，小草发芽，万物萌生；夏天百花盛开、争奇斗艳，生机盎然；秋天果实累累，麦浪金黄，一派丰收景象；冬天银装素裹，天高云淡，气象万千。大自然以其旺盛的生命力，呼唤着人们的生命热情，让人们珍惜生命，热爱生活，激励人们用自己的勤劳和智慧，创造更加美好的生活。自然美的独特作用，在于它能够使人赏心悦目、怡情悦性。在美丽的大自然的怀抱中，人能够得到充分的休息，消除紧张学习和工作后的疲劳，恢复精力。我国当代国画大师刘海粟曾先后十多次上黄山游览作画，他说：黄山的"一泉一石，一松一壑，不仅触发你的诗思，惠你画稿，提供无限美境，或使你心旷神怡，或使你无言对坐，寝食皆废，终日忘饥，以至阔别数十年后，仍能保持极深印象，一朝念及，回忆便如飞流倾泻，纵然白发垂耳，心情也贴近生命的春天！""昔日黄山是我师，今日我是黄山友。"[2]恩格斯也非常钟爱自然美，他从青年时代起，就特别迷恋自然美。20岁

---

① 北京大学哲学系美学教研室.西方美学家论美和美感.北京：商务印书馆，1982：269.
② 沈虎.刘海粟艺术随笔.上海：上海文艺出版社，2001：152.

时，他从德国出发前往荷兰、英国等地做了一次长途旅行，沿途被大自然的美景所吸引，以富有诗意的笔调描绘了美丽的自然风光，表达了自己心旷神怡的审美感受。他称英国铁路两旁的景色是富有诗意的神奇图画，就是这些普普通通的丘陵、田野、牧场、村庄，显示出安详、宁静的自然美，形成了千万幅优美的风景画，尤其是"田野上零散的和成片的树木显得异常美丽，使得整个这块地区就像一座花园"[1]。恩格斯对于自然美的这种陶醉和热爱，一直保持到他的晚年。马克思也总是在繁忙、紧张的工作中抽出时间和家人去郊外领略大自然的风光。他在伦敦居住的时候，每逢星期天，就步行一个半小时去汉普斯泰——一个长满小树丛和开满金雀花的小山幽谷游玩，以恢复精力。

对现代人来说，欣赏自然美显得尤为重要。大城市中拥挤的人流、嘈杂的声音、喧嚣的街道，极容易使人产生紧张和不安的情绪。在工作、学习的余暇，呼朋唤友，登山涉水，投身到大自然的怀抱中，尽情享受美好的自然风光，不仅是非常惬意的事情，能够使你的身心得到放松，消除疲劳和烦恼，而且会使你得到许多人生的感悟和生活的启示，使你更加珍惜生活、热爱生活。王安石在游览杭州北高峰塔顶时，极目眺望，千里风光尽收眼底，激发了豪迈、乐观的情感，于是写诗抒怀："飞来山上千寻塔，闻说鸡鸣见日升。不畏浮云遮望眼，自缘身在最高层。"（《登飞来峰》）

（三）自然美能够陶冶人的性情，培养人的高尚情操

我国古代的思想家早就注意到自然美对于陶冶人的性情、培养人的高尚情操的巨大作用。例如，两千多年前孔子就说过："知者乐水，仁者乐山。"[2]孔子认为，智者是有智慧的人，他像清澈的流水一样明智，并且喜欢探究事物的无穷变化，世界上的事物就像川流不息的江河那样不停地发展变化，智者对事物的把握和探索也随之不断发展变化；而仁者是品德高尚的人，他使人感到稳重可敬，犹如山峰一样巍然屹立，又像高山蕴藏着丰富的山林、甘泉一样，总是施惠于人。我国著名画家李可染喜欢画牛，这是因为他总是能够通过牛的形象寄寓人优秀的品质和高尚的情操。他的绘画作品中的牛或者倔强不屈，或者踏实稳重，他更多的是赞美牛的勤恳劳作，只求奉献、不求回报的品格，"吃的是草，挤出的是奶"。徐悲鸿一生最爱画马，他画的奔马大多神骏而壮美，活力四射的形象表现了坚毅、敏捷、勇往直前的品格。1939年，徐悲鸿应邀

---

[1] 马克思，恩格斯.马克思恩格斯全集：第41卷.中共中央马克思恩格斯列宁斯大林著作编译局，译.北京：人民出版社，1982：97.

[2] 钱穆.论语新解.成都：巴蜀书社，1985：148–149.

到印度国际大学讲学、举办画展，并随印度大诗人泰戈尔游历了喜马拉雅山的大吉岭，在那里他看到了许多罕见的高颈、长腿、宽胸、皮毛闪亮的骏马。访问期间，他还经常骑着这些骏马远游，从而使他更加了解了马的剽悍、勇猛以及驯良、耐劳、忠实的双重性格，进一步掌握了马的最美的神气和姿态。[①] 这之后，他笔下的马充分表现了他对马的审美观赏中的感悟，他也在这种审美活动中进一步陶冶了个人的情操，成为一个刚直不阿的画家、一个奋笔为人民作画的画家、一个忠诚爱国的画家。自然美之所以具有陶冶性情和情操的作用，是因为人在欣赏自然美时，总会产生丰富的联想或者触景生情，将自然景物同人的美好情感、理想、品格、品质联系起来，从而对人产生潜移默化的影响。

（四）对自然美的欣赏能够使人开阔视野、增长知识

人们观赏自然美，不仅可以激发对祖国的热爱，培养高尚的情操，还可以增长有关地理、历史、文化、生物、物理等多方面的知识，开阔视野，启迪智慧，深化对客观世界的理解和认识。

明末清初的著名学者顾炎武总结出学有所成的一条经验是：读万卷书，行万里路。游历和读书同样重要，它们都是增长知识和才能的重要途径。历史上的许多著名人物，都有过畅游祖国名山大川，开阔自己的眼界与胸怀，增长自己的胆识与阅历的经历。例如，西汉伟大的历史学家、文学家司马迁，从 20 岁起就壮游天下，走遍了汉朝大半江山，到朝廷做官后，又游历了更多地方，足迹几乎遍及全国。在游历的过程中，他探访古迹，采集传说，考察风土人情，积累了丰富的史料，为后来创作《史记》打下了坚实的基础。[②] 俄国著名诗人普希金在被流放时被俄国南方优美的自然景色和哥萨克的风土人情所深深吸引，这些生活经历也丰富了他的创造，使他的作品被别林斯基誉为"俄罗斯生活的百科全书"。[③]

自然美如此丰富，对自然美的欣赏无疑会增长我们的见识。自然景观的美不仅涉及事物的许多自然属性，而且涉及许多人文知识，因为许多自然景观是和人文景观合而为一的。比如，当我们登临泰山时，既会欣赏它的自然之美，如山势的巍峨、挺拔、稳重、雄伟，以及奇峰、怪石、云海、日出，也会欣赏遍布于泰山的人文景观，如泰山封禅的历史遗迹，历代留下的石刻、碑刻、书画题记等。我们还会不由自主地联想

---

① 韩其楼.借马抒情寄托信念.香港文汇报，2003-09-25（9）.

② 李长之.司马迁之人格与风格.北京：生活·读书·新知三联书店，1984：69-84.

③ 张铁夫，等.普希金的生活与创作.北京：北京燕山出版社，1997.

到关于泰山的成语、佳句和艺术作品："稳如泰山""孔子登东山而小鲁，登泰山而小天下"（《孟子·尽心上》），"会当凌绝顶，一览众山小"（杜甫《望岳》），"凭崖望八极，目尽长空闲"（李白《游泰山六首》）。

人只有眼界开阔，才能心胸开阔；人只有拥有丰富的知识，才能够拥有无穷的创造力。欣赏自然美，是我们开阔视野、增长知识的一条重要途径。

六、怎样欣赏自然美

自然美是丰富多彩、千姿百态的，是时时刻刻存在于我们身边的。学会在生活中欣赏自然美，能够增加我们的生活情趣、丰富我们的精神生活，有益于提高我们对人生意义的理解，有助于我们身心的健康。通过学习美学理论，我们应该明确，自然美的根源在于人的社会实践。人之所以能够从自然中体验到美感，是因为自然特征中蕴含着人生哲理和社会生活的某种特质。因此，只有用心体验生活的人，才能够欣赏自然美；越是具有丰富生活阅历、勤于思考的人，越能够欣赏自然美。同时，具有一定文化修养、知识修养的人更能领略自然景观的深刻内涵。因此，我们要注意从以下几方面培养和提高欣赏自然美的能力。

第一，树立健康向上的人生观，热爱生活、热爱生命、热爱大自然。只有热爱生活的人，才能不断追求美、创造美，才善于捕捉自然与社会生活的联系，感受大自然的美。生命对于人只有一次，我们要珍惜它，让有限的生命创造出尽可能多的美好事物，让每天的生活更有意义。一个经常以乐观向上的态度用心体会生命和生活意义的人，会发现周围有许许多多自然景物能够引发人的美好情感，给人精神上的审美愉悦。清晨日出朝霞、傍晚落日余晖、平日街头小景、大学校园的宁静、青山绿水、公路桥梁、花草树木，都是我们审美的对象，都蕴含着美感——只要我们去发现。会生活的人，能够从欣赏自然美中得到享受、休息、慰藉、力量、勇气，同时，欣赏自然美也能反过来促使人形成达观、乐观的生活态度。

第二，从多方面丰富自己的想象力。自然美是以其鲜明的自然特征引起人的美感的，欣赏自然美时，我们首先注意的是自然事物的自然属性和感性形式。但面对同一自然事物，有时甚至是面对世界著名的名胜古迹，有的人能够引发出丰富的想象，从而产生极大的审美愉悦，有些人却无动于衷，这是为什么呢？因为自然美的根源在于社会实践、在于社会生活。只有当人赋予自然事物以人类特性和社会内容时，才能引发人的美感。对于那些生活阅历很浅或生活内容贫乏、缺乏基本知识和修养的人来说，故宫只是过去皇家住的地方，不过是一个较大的院子里有一些房子，天坛就是有一个回音壁和祈年殿的公园，圆明园里只剩下几根残梁断柱，没什么可看的了。当他们参观这些地方时，不会引起美感，也不可能得到审美享受。对于生活阅历丰富、文化知识和修养较高的人来说，他们或者能够透过这些名胜古迹看到历史的沧桑巨变，看见斑斓的历史文化；或者能够感悟人生的种种境界，引发影响自己精神和生活态度的情感和理性思索；或者能够发现体现劳动者智慧与高超技艺的美的精华，从中得到进行美的创造的启示。总之，他们能够通过观赏得到极大的审美享受。

因此，丰富欣赏自然美的想象力的基础是不断学习、掌握历史文化知识，提升艺术修养和美学理论修养，并在生活中不断积累生活经验；提高想象力的关键是在实践中把握自然事物与生活体验的联系，多观察、勤思索，学会发现自然事物中与人类生活情理相关或类似之处，学会与自然事物"交流"，牢记作为生活环境存在的大自然是人类生活的一部分，学会在自然事物中发现我们的"朋友"——具有自然美特质的事物，并尽可能地"拜访"它们，与它们进行情感、思想上的"交流"。

此外，还有一个提高想象力的方面，就是在游览名胜古迹、参观自然景观时，注意阅读导游材料，增强对自然景观的了解和认识，通过借鉴别人的想象，体会审美感受，领悟如何通过想象欣赏自然美。

第二节　社会美

现实世界包括自然事物和人类社会两大部分。构成人类社会的主体是人、人所创造的社会事物，以及在人的社会生活中产生的体现人与人之间、人与社会事物之间、社会事物与社会事物之间种种复杂关系的社会现象。本节所讲的内容主要是人类社会生活中的美。与生活美相对的还有艺术美。艺术也是人所创造的社会事物，但因为它是更加集中地体现人的审美意识、审美创造的特殊形态，艺术美在美学中具有特殊的地位，所以我们留待下一章专门讲述。

一、什么是社会美

社会美是社会事物、社会现象、社会生活的美，它经常表现为各种积极肯定的生活形象。比如，红军长征的英雄事迹，大公无私、助人为乐的雷锋，不畏生死奋战在抗击新型冠状肺炎病毒一线的医护人员和志愿者，家庭和美、夫妻恩爱、尊老爱幼、团结友爱等的人际关系，各种各样的好人好事等，都是社会美的体现。

社会美的实质是人的本质力量在各种社会活动中的感性显现。社会美是人的本质力量的最直接的体现，是美的最主要的、核心的部分。虽然自然美的根源在于人类的社会生活，自然美的存在与发展也依赖人类社会的存在和发展，艺术美也是由人创造的，人创造艺术美的客观基础也是现实的社会生活，但是自然美和艺术美都没有像社会美那样直接体现人的本质力量。

社会美根源于社会实践，是社会实践的直接体现。"生产劳动是人类社会活动的最基本的内容，是决定其他一切活动的东西。"[①] 人的本质力量——自由自觉的创造活动和才能、智慧、品格、意志、情感等最直接、最集中地表现在生产活动之中，社会美也自然集中地体现在生产活动之中。原始人从他们的生产活动本身和生产的产品、制造的劳动工具当中直观到自身的本质力量，从而产生愉悦的美感。随着人类智慧的进步和生产力的不断提高，人的本质力量得到更加充分的体现。古代中国的万里长城、古埃及的金字塔让人们无比自豪，各种精美的手工制品、工业制品、体现现代人智慧的电子产品和现代建筑等，都让我们直观到人类自身的自由创造的力量，让我们不断产生新的美感。

除了生产活动之外，人的社会实践还包括社会交往、产品交换、日常生活、休闲娱乐等许多其他领域。随着人类进入现代化、信息化社会的进程，人类社会生活的内容正在发生巨大变化。由于社会分工越来越细、越来越专业化，每个人的社会实践活动内容也有了明显差异，但有一个领域是每个人都可参与进行社会实践的，那就是日常生活实践。家庭生活、人际交往是每个人都参与的实践活动，这也是近年来"生活美学"地位提高的原因之一。在日常生活中，凡是能显示出健康生命活力和本质力量的事物，就是美的。纯洁、热烈的爱情，真挚的友情，温暖的亲情，都是美的。

由此可见，社会美存在于人类社会生活的一切领域，从人类最基本的生产实践到其他社会实践，再到人类日常生活，都显现着美的光辉。概括起来讲，社会美主要包括人的美和生活环境的美两个大的方面，其中，人的美是社会美的核心。

二、人的美

人既是自然界长期发展的产物，也是在长期社会劳动中产生和不断发展的。因此，

---

① 毛泽东.实践论//毛泽东.毛泽东选集：第 1 卷.北京：人民出版社，1966：259.

在人身上，既有自然美的因素，也有社会美的因素。具体而言，人的美包括人的外在美和内在美两方面。人的外在美主要包括形貌美、服饰美、风度美，内在美主要包括人的精神美和性格美。

（一）人的外在美

人的外在美是通过直观的外在形象体现的，能够给人直观的美感。外在美是人物美的一个重要方面，但不是具有决定性的方面。人的美的决定性因素是内在美。然而，理想的人物美应该是内在美与外在美的完美统一，外在美在增加人的美感方面发挥着重要作用。同时，内在美和外在美也不是截然分开的，内在美时常显现为外在美，有些外在美本身就是内在美的生动体现。

具体而言，人的外在美体现在以下三方面：

1. 形貌美

形貌美是指人的身材、相貌的美，属于静态美。形貌美是自然美与社会美的统一，它既是自然界长期进化发展的结果，也是人类社会意识和观念不断发展的结果。不同的民族、不同的时代对身材美、相貌美的具体观念不同，但人对身材美、相貌美的一般观念是对健康成长发育的、具有劳动创造能力的人体形象的积极肯定。它们都要求在形式上比例匀称，符合形式美法则。

大体上讲，人体的形貌是否美，可以从面貌、肌肤、人体各部分的比例与配合、内在活力四方面来衡量和判断。

第一，人体美首先体现为五官端正、位置适中。美国得克萨斯州立大学奥斯汀分校心理学教授朗洛伊丝，自20世纪80年代末以来，孜孜不倦地探问一个难题：人们是如何判断美的？她研究的材料非常普通，就是人的脸，而她探问的集中问题就是：什么样的脸才是美的？她利用计算机图像合成技术，随机选择了该大学96位男生和96位女生的照片，将这些照片各分成3组，每组32张。之后把这些学生的照片在5个算数级数上进行计算机合成，即分别用2张、4张、8张、16张、32张照片合成一张人像照片。最后，她邀请300人对这些合成之后的人像从美的程度上评级打分。统计结果令人惊奇：算术级数越高的合成人像越具有吸引力，越被认为是美的。这个试验表明，人们在视觉上普遍认为美的人脸，实际上是一种常规状态或常模，它集合了人的诸多特征而具有某种普遍性。在此基础上，朗洛伊丝把在媒体上经常亮相的模特的脸与经过合成的人脸进行比较，经过计算机分析进一步发现，大凡被认为美（漂亮）的脸，往往都非常接近 32 张照片合成的人像。这就是说，在日常生活中被人们视为美的人脸往往接近平均数、接近常模。[①] 我国自古以来对"英俊"男子和"美貌"女子的面貌描写，实际上也是一种常模，如男性浓眉大眼、鼻若悬胆、充满阳刚之气的国字脸和井字脸，女性眉清目秀、樱桃小口、线条柔美的椭圆形脸和圆形脸。如果人的相貌是眼睛大小不一、眼距过远或过近、鼻梁低或蒜头鼻、三角脸等，就会影响人体美。

第二，美的肌肤也是人体美的一个重要方面，美的肌肤必须光洁饱满，富有活力。如果肌肤不饱满，或皮包骨头，或肥脂松坠，或皮肤粗糙、干涩，都会影响人体美。

第三，美的人体各组成部分之间比例得当，配合协调。头大、身材瘦小或相反、上身瘦长而下身粗短、两肩歪斜不对称等，都是影响人体美的不良因素。例如，挑选舞蹈演员的标准常常是"三长一小"，即腿长、脖子长、胳膊长、头小，也就是高挑、瘦长身材。

第四，美的人体必须健康，是健与美的统一。美的人体应该体现人的活力，有的人虽然五官和身材都很匀称，但整天睡眼蒙眬、萎靡不振，或满脸病态，也不能给人带来美感。

以上四方面是构成人体美的基本因素。

2. 服饰美

服饰美是指人通过着装、修饰等产生的美感效果。形貌是人的自然资质，服饰则是人的文化生成。选择服饰是每个人每天都要做的"功课"，人们选择每天要穿戴的服饰，不仅为了保暖，而且为了美观。服饰在人物美中具有重要作用。人的相貌是不易改变的，而服饰是可以随时变化的；人的形体是唯一的，服饰却是丰富多样的。俗话说："人靠衣裳马靠鞍""人是桩桩，全靠衣裳"，又说："三分人才，七分打扮"，讲的都是服饰对人物美的重要作用。服饰可以使人的形貌扬长避短，化丑为美。比如，身材过于瘦长的人可以选择横条纹和颜色较浅的衣服，使身材显得丰满一些；身材过于粗胖的人则可以选择窄竖条纹、颜色较深的衣服，使身材显得瘦长一些。自然景色本身有四时变换，春花飘香，夏木繁荫，秋霜高洁，冬雪舞絮。人也因其服饰而与大自然争奇斗艳。春装、夏装、秋装、冬装，四时不同，人们的着装选择也不同，使人们在一年四季显示出不同的风采。此外，服饰也能体现人的个性，传达人的精神面貌。"她是有 / 丁香一样的颜色 / 丁香一样的芬芳 / 丁香一样的忧愁 / 在雨中哀怨 / 哀怨又彷徨。"（戴望舒《雨巷》），诗人正是透过"她"的服饰看到她的精神。

---

① 周宪．美学是什么．北京：北京大学出版社，2002：5-7.

服饰美主要体现在以下几方面：

第一，服饰造型与人的形体、气质和谐统一。每个人的气质个性、文化修养、身份地位等不同，与之相应的服饰选择也不同，能够衬托人物美的服装才是美的。只有选择那些能够突出个性的服饰造型，使之与自己的个性和谐一致，才能使服装衬托人物的内在美，形成整体美的人物形象。服装与人体的和谐搭配，主要体现在增强形体美感、修饰形体不足之处等方面。[①]

第二，服饰造型与所处的环境和谐统一。不仅各种人有各种风格的着装，同一个人也要根据所处的环境不同选择适宜的个性化服装。比如，西装是现代人，尤其是男性喜欢的服装款式，出席正式会议、礼宾活动、典礼的时候穿着一套做工考究、剪裁得体的西装，会增加你的气度，衬托整体气氛，增加人物美感；而在不恰当的场合、时间、环境穿着考究的西装，则不利于产生人物美感，有时不仅失去了穿着西装的意义，而且会因为与整体环境的不协调影响人物的美感。比如，在休闲的郊游、朋友聚会、日常活动中穿着西装，会使人显得拘谨、呆板，影响人的个性。

第三，服饰色彩的谐调。服饰本身配色的基本原则是谐调，即服装的两种或两种以上颜色在相互配合时应产生鲜明、和谐、悦目的视觉效果。着装时首先要确定整套服装的主色，之后按照配色目标（要达到什么样的着装效果和追求什么情调）适当地选取其他陪衬色及装饰色。例如，蓝色是中国人黄肤色的补色，所以几乎适合所有中国人将它作为着装的主色调，但每个人也可以根据自己需要的着装效果进行服装配色。一般来讲，彩度较低的白色、红色、绿色、黄色都能与蓝色搭配，纯度较高的深蓝也能与淡蓝搭配出清雅的色调。

第四，服饰配色与环境色的谐调。人们生活的自然环境和社会环境是人展现服饰美的大背景，着装配色一定要考虑到与这个背景和谐一致，这样才有助于人们对着装的人产生美感。

3. 风度美

风度美是指人的风采和气度的美，主要通过人的言谈举止来体现。风度是一个人的精神世界、文化修养、性格气质的外在反映。言谈举止作为人的精神的表现，是体现人物美的一个重要方面。

言为心声。语言能够传达人的爱心、情感、知识等，能够显示人的机智、敏锐、风趣、憨厚等性格。语言幽默风趣、亲切、热情、诚恳、富有感召力等，都是构成人

---

① 杨辛，甘霖.美学原理新编.北京：北京大学出版社，1996：70-72.

的美的主要因素。

举止美也叫姿态美，是指人体的各部分在空间活动中表现出来的自然协调的姿态、神采动人的仪表，是人体在动态过程中所呈现出来的美。在生活中，我们有时会遇到这种现象：偶尔遇到一个人，当他（她）保持静态时，你会觉得他（她）很美；但当他（她）一说话、一走路或做出其他动作、姿态时，美感立刻消失。因为这个人的动作、姿态让人感觉不自然、不协调，违反了美的规律。人们在实践中总结了站、坐、行、卧的良好姿态规律，如所谓"站如松，坐如钟，行如风，卧如弓"。动态的姿态美主要体现在动作、神态的得体、适度上。培根说："相貌的美高于色泽的美，而秀雅合适的动作的美，又高于相貌的美。这是美的精华。"[①] 动作就是人的举止。人的一站、一坐、一举手、一投足，都能表现其内在的精神气质。

（二）人的内在美

内在美是指人的内在品质、性格的美，是人的美的决定因素。内在美是抽象的、无形的，是看不见、摸不着的，它必须通过外在的言行来体现，内在美的感性形式是人的各种实践活动。听其言，观其行，而后能窥见其思想境界和精神面貌。作为一种社会美，人的美是有深刻的社会内涵的，人的内在品质的社会价值是判断人的美的重要尺度。因此，内在美不像自然美那样重在形式，一目了然，而是重在内容，常常需要一个认识过程。

具体而言，人的内在美主要包括人的精神美和性格美。

1. 精神美

精神美主要是指人的精神世界的美，包括人的崇高的理想、高尚的道德品质和情操、丰富的美好情感、智慧、渊博的学识和良好的修养等。

第一，人的美和崇高的理想有非常紧密的关系。这里所讲的理想就是人们在头脑中预想的、希望实现的目标。在美的理想中，充满了对未来生活图景的富有激情的想象，它既是人们在头脑中创造的新世界的蓝图，也是人的精神美的集中体现。在社会历史领域内进行活动的人，都是具有意识的、经过思虑或凭激情行动的、追求某种目的的人；任何事情的发生都不是没有自觉的意图，没有预期的目的的。每个人在现实生活中的所作所为都是在一定的理想支配下进行的。只是不同的人的理想性质有所不同，有的人认为生活的目的就是追求私利，因此他的理想就永远是有"利"可"想"的，他希望得到的前途就是有"钱"可"图"的。在这样的人的心目中，人生的目的

---

① 北京大学哲学系美学教研室.西方美学家论美和美感.北京：商务印书馆，1982：77.

就是享乐。抱有这种生活目的的人实际上已经失去人的自由创造的特性，把人降低到动物的水平。科学家爱因斯坦曾批评这种卑下的生活"理想"是"猪栏的理想"。具有崇高理想的人与此相反，他们胸怀全人类未来幸福生活的图景，这种生活理想集中反映了真和善，体现了社会发展的客观规律和全人类的利益。他们的所作所为是为了实现这样的理想，他们的人生目标和做每件事的目标都是和这样的最终理想保持同一方向的，因此，在他们的精神世界和现实行动中，一直闪现着理想的光辉。伟大的目的之所以产生伟大的力量，就是因为它包含了真理和最广大人民的利益。在崇高的理想支配下的行动，是自觉、自由的创造活动，是美的活动。具有崇高理想的人，在为实现理想而奋斗的过程中感受到愉悦和人生的意义，而不会时刻计较个人物质利益的得失。

第二，人的精神美还体现为人在现实中所表现出来的优秀的道德品质和情操。美好的道德品质是善与美的统一。好的道德品质就是善的道德品质，是对社会进步和发展具有功利性的道德品质。比如，我们一直提倡的求真务实、勤劳朴实、刚直不阿、不屈不挠、助人为乐、团结友爱、虚心好学、自强不息、宽以待人、严于律己等，都是良好道德品质和情操的具体表现。这些品质都是人的美的决定因素。

第三，具有丰富的美好情感。美好的情感是人格美的主要体现，对人类生活和生命的热爱之情、对美好事物的憧憬之情、真挚的爱情、真诚的友情、令人感到温暖的亲情等，都是人物美的重要构成成分。在现实生活中无私地奉献爱心，具有丰富的美好情感，是人性的光辉。

第四，聪明、智慧，渊博的学识，也有助于增强人的美感。人的智慧和渊博的学识是提高人的自由创造能力的基础，因而也是人的内在美的构成要素。聪明睿智、博学多闻能够增强人的美感。广博的文化修养、丰富的艺术修养，都是形成人的内在美的重要组成部分。

理想、情操、情感、智慧、学识修养是人的内在精神的多种素质，没有这些修养，人的形貌就是一具空壳，人缺乏修养，就会显得空虚、无聊、茫然。

2. 性格美

性格美主要是指人的性格特征的美。性格是指对现实的稳定态度以及与之相适应的习惯行为方式。性格是一种普遍可察觉的东西，不一定人人都有渊博的学识，不一定人人都有良好的道德修养，但每个人一定有自己独特的性格。性格是在人的生理基础上，经过长期社会实践活动逐步形成的，是神经系统的先天特征与后天社会环境作用的"合金"，通过后天的社会实践和有意识地培养，先天性格中的不良因素可以得到改善。性格决定人的活动方向和心理风貌，具有鲜明的个性特征。性格使人的精神具备了个性的感性特征。性格是人的内在美的重要方面。人生的意义在于自由创造，社会生活的本质是实践。因此，人们总是对热爱生活、积极向上、富有创造活力的人物形象给予积极的肯定。人们关于性格美的观念也是这样的。性格美的表现是热情、稳重、刚强、真诚、坚强等，与此相对的不良性格特征是冷漠、暴躁、怯懦、虚伪、软弱等。许多文学作品中的典型人物都有鲜明的性格特征，其中有些典型人物的性格具有鲜明的美感，比如电影《李双双》中的李双双、电视连续剧《三国演义》中的诸葛亮和《渴望》中的刘慧芳等。

（三）人物美是内在美与外在美的统一

人物美的构成要素不是截然分开的，而是互相包容、交互在一起的。比如，风度美往往是内在美的外在体现，服饰美与人的内在精神和气质密切相关，形貌美和其他外在美、内在美的因素也是密切联系的。所以，人的美是多种因素的相互统一，是我们对某个人的整体感受。前面我们已经讲过人的外在美是多种因素的有机统一，是人物外在形象的整体呈现，这里我们重点谈一谈外在美与内在美的相互统一问题。

1. 人的美是内在美和外在美的统一

人的美是内在美和外在美的统一，内在美是人的美的决定因素，或者说，人的美侧重于美的内容，而不是美的形式。为什么呢？

第一，因为人的美是一种社会美，它具有功利性，也就是说，人的美是以善为前提的。人的本质力量、人的自由创造能力在内在美中得到最充分、最直接的体现。俗话说，"情人眼里出西施""人因为可爱而美丽"，都是说人的美不是由外在美决定的，而是由内在品质决定的。因为她的品质善良、性格可爱，你就会忽视她的外在特征的某些缺陷，觉得她很美丽；反之，如果一个人的相貌特征符合形式美法则，但内心空虚或道德品质败坏，性格乖张孤僻或暴戾，那么这个人的一言一行只会扭曲天生的外在美特征，不仅没有美感，而且会让人觉得很丑恶。

第二，外在美往往是人的内在美的显现形式。人的表情、神态、动作、言谈总是不自觉地表现人的内心世界，所以有些人因为缺乏良好的内在品质，虽然雇有专业的人物形象设计团队，为其设计在公众场合的言谈举止，但依然没有好的风度表现。有的人因为具备极好的人品、修养、性格，所以并不刻意追求外在的言谈举止，却依然显得很有风度，或令人肃然起敬，或令人心向往之。

第三，人的内在美具有持久性，不因人的年龄增长而衰减。罗丹说："真正的青春，贞洁妙龄的青春，周身充满了新的血液，体态轻盈而不可侵犯的青春，这个时期只有几个月。"[1]歌德说："外貌美只能取悦于一时，内心美方能经久不衰。"莎士比亚说："没有德行的美貌是转瞬即逝的，可因为在您的美貌中有一颗美好的灵魂，所以您的美丽是永存的。"[2]人的天生丽质是会随着年华的流逝而消失的，但人的精神和性格的美是可以通过主观努力历久弥新、长存不灭的。

2. 人的外在美和内在美的统一是多样化的

人物美的各个要素在每个人身上的具体体现是各不相同的。每个人的美都是个性化的，这就构成了多种多样的人物美。不仅不同年龄、不同职业、不同时代的人物形象会体现出这种美的差异，相同年龄、职业、时代的每个人也因美的因素的组合形式不同而各有特色。

在现实中，受先天条件和后天环境的影响和制约，很难有人在内在美和外在美的各个要素方面都达到尽善尽美，更多的人具有"有缺陷的"美，如外在形象差一些，但内在美突出一些，或者外在美或内在美的某些要素差一些。仅就形貌而言，也是具有一般形貌的人较多，不是这里有点儿不足，就是那里不太完美，鼻子不够高挺，眉毛略为稀少，皮肤有些雀斑，手脚略显粗大……那些天生丽质、倾国倾城者，又可能拙于言谈，或举止不甚优雅，或精神较为贫乏。总之，在现实中，人的美难以尽善尽美，而是各有所长，在日常生活中注意彰显自己的特长之处，有助于增强人物美感。比如，马三立，人长得瘦弱，五官也并不十分美观，却是人们非常爱戴的相声大师，因为他通过创作和表演相声艺术，充分展现了他的幽默、机智、渊博的学识和修养，又以其执着地探索相声艺术的一生经历和朴实无华的人品赢得了人们的尊敬。当人们听着、看着他说相声的时候，当人们谈起他的时候，自然忽略了他的外在美的不足之处。由此可见，人物美是一种对人的整体评价，它不仅是人们对人的外在整体形象的直观感受，而且包括人们对一个人内在品质的理解和判断。

概括地讲，人物美的外在美与内在美的统一结合形式主要有以下三种类型：

第一种，内在美与外在美的统一。内在美与外在美的和谐统一是人们对人的美的理想。俄国文学家契诃夫在他的作品《万尼亚舅舅》中说："人的一切都应该是美的：容貌、衣裳、心灵、思想。"虽然在现实生活中，真正的完美并不多见，但我们应该追求完美，既努力培养内在美的精神和气质，又重视外在美的修饰和展现，力求达到内在美和外在美的完美统一，让自己的一生很精彩。

第二种，内在美与外在丑的结合。在日常生活中，我们经常会有这样的体会：乍

---

① 杨辛，甘霖. 美学原理新编. 北京：北京大学出版社，1996：67.

② 同①.

一看某个人，觉得他（她）长得很丑或比较难看，但接触久了，觉得这个人其实并不丑，因为他（她）有优秀品质和令人喜爱的个性。到这种时候，我们甚至会将他在形貌上的某些缺点看作美的特征，比如眼睛小本来是缺点，但因为这个人机智、幽默，为人正直、善良，他看着你说话的时候，发亮的目光总是让你感觉他充满睿智，这时你会称他有一双"聪明睿智的眼睛"。罗曼·罗兰在他写的《贝多芬传》中真实地描写了贝多芬的形貌，说他的眼睛"又细小又深陷"，说他的鼻子"又短又方"，嘴唇则是"下唇常有比上唇前突的倾向"，下巴还"有一个深陷的小窝，使他的脸显得古怪地不对称"。但是，贝多芬是一个伟大的音乐家、作曲家，他充满热情，富有英雄气概，他能够通过音乐让人们的精神迸发火花，具有充实的内在美。所以，在后世人们对他的印象中，他的形象依然是美的，那些雕塑家雕刻的贝多芬像，没有一个着力刻画他的形貌缺陷，而是写意地通过他的形貌特征表现他的热情性格和充满激情的心灵。

第三种，外在美与内在丑的结合。在现实生活中，我们也会遇到这样的人物形象：有些人天生形貌端正，也很注意外在美的修饰，从面部美容到着装、举止，都刻意追求美观。但他们的理想是追求个人享乐，心里极端自私，为人狡猾、虚伪、阴险，甚至狠毒。这些人一遇到触及个人利益的事情，就表现得斤斤计较或贪图私利，对他人漠不关心，冷酷无情，或口蜜腹剑。这样的人就是外在美与内在丑的结合。许多著名的艺术作品也成功地塑造了这样的典型人物，如《巴黎圣母院》中的卫队长菲比思，《杜十娘怒沉百宝箱》里的李甲等。这样的人终究是不美的。

从以上分析我们不难看出，人物美侧重于内在美，内在美是人物美的核心。

三、生活环境的美

每个人都生活在一定的物质环境和人文环境之中。物质环境包括人所处的自然环境、社区环境和居室环境。人文环境主要是指社会风尚。

（一）物质环境的美

生活环境的第一表现形式是物质环境，物质环境是人赖以生存的环境。从本质上说，美的物质环境也是人的自由创造的形象体现，是人按照自己的理想和自然规律利用自然、改造自然的结果。物质环境的美可以大致划分为自然环境的美、社区环境的美和居室环境的美三方面。

1. 自然环境的美

自然环境不仅因地域的不同而不同，而且伴随着漫长的人类社会实践活动发展变成了"人化"的自然，打上了生活在这个地域的人类的生活烙印，尤其是经过人类劳动改造过的自然环境，更是体现了人类对环境美的追求。例如，"三北"防护林和北京周边植树造林的工程，改变了以往北京城内每到春冬季节风沙肆虐的状况；世界各地规模不同、风格各异的城市园林和郊野公园为人们增添了无数美景；著名大学城剑桥的河流、绿地、道路、街区的合理布局构成了优美的城市景观（如图3-1所示）。自然环境直接影响人们的社会生活质量，因而近一个世纪以来，人们的环保意识不断增强，对水、森林、大气等资源的保护意识得到了提高。自然环境的美在很大程度上与自然美是统一的，前一章已经谈到，自然美的潜在功利性主要体现在自然环境对人类社会的有用性和有益性方面。因此，关于自然环境的美在这里不再赘述。

图3-1　剑桥大学

2.社区环境的美

社区环境是指一个社会群体所处的区域的物质条件、设施、服务状况等。如果说自然环境是指人们生活的宏观环境，居室环境是物质环境中的微观环境，那么社区环境就是中观环境。社区是一个社会群体的居所和活动场所，社区环境的美突出体现为实用性与观赏性的统一、功能性与审美性的统一。概括起来讲，社区环境的美主要包括以下内涵：

第一，清洁、卫生。社区环境的清洁、卫生是社区环境美的最基本要素，它既是社区环境功能性的基本要求，也是社区环境审美性的基本要求。社区环境不卫生、不清洁，本身就是一种不文明的表现，是对美好生活的一种否定。试想，如果一个城市或社区垃圾遍地、尘土飞扬，到处是污水臭沟、苍蝇蚊虫，人们怎么会愿意在这样的环境下生活？怎么会对这样的环境产生美感？相反，如果一个城市的街道整洁，道路两旁绿树成荫，房前屋后到处是鲜花绿草，宽阔的广场上地面清洁无比、喷泉晶莹剔透，清澈见底的小河从城区蜿蜒穿过，鸟儿和蝴蝶在河边草木中嬉戏，人们或在河水两岸的人行小道上漫步，或在错落有致地摆放在河边的舒适长椅上休憩……这样的社区环境怎不让人备感舒适、身心愉悦、心旷神怡？

第二，交通便利，服务设施齐备。也有学者把这一点称为"可达性"，即社区的交通设施完善，道路通畅，便于居民出行和参加各种社区活动；商店、银行、邮局、影剧院、运动场等服务设施完善，能够满足人们对丰富多样的社会生活的需求。如果一个社区是封闭的，人们不能便利地进出，就像被三山围困的愚公的家一样，或者社区内部没有便利出行的交通手段，或者没有齐备的服务设施，人们进行社会交往、开展各种社会活动就会很困难。从功能上来说，这样的社区环境不能满足人们的社会生活需要，而社区环境的美作为社会美的一部分，其功利性是十分明显的，社会美是以"善"为基础的，"合功利性"与"合目的性"是社区环境美的决定因素，因此，美的社区环境必须能够充分满足生活于该社区的人们最基本的日常生活需要。

第三，美观，有地方特色。任何一个美的社区，其街道布局、建筑园林等都应该是美观的、符合美的形式规律的，既是整洁的，又是多样化的。同时，一个美的社区环境还应该能体现当地的风土人情、文化底蕴。

例如，我们说中国首都北京是一座美丽的城市，因为它既是一座文明古都，又是一座现代化的大都市。经过政府和全市人民的共同努力，今天的北京城整洁、繁华、壮美。宽阔的长安街华灯异彩，西单文化广场整洁明亮，王府井大街整修一新，数十个风格各异、景色优美的皇家园林和人民公园镶嵌在东西南北城区内外；绕城的五环公路日夜繁忙，地铁、城铁和通往各地的铁路、公路、航线四通八达，各种现代化的通信网络设施为人们提供了最快捷的信息服务；购物、娱乐、文化活动场所和设施遍布每个社区；庄严的紫禁城、雄伟的长城等历史名胜凸显着这座文化古都的深厚底蕴，形成了鲜明的城市特色。同时，我们说英国的剑桥小城也是美的，徐志摩早在20世纪30年代写下的《再别康桥》让无数中国青年怀想这个美丽的地方，因为这里有一条美丽的康河，康河两岸是如茵的绿草和具有几百年历史、涌现出数名诺贝尔奖得主、现在依然聚居着众多来自世界各地优秀学子的著名的剑桥大学学府。这是一个被一望无垠的草地包围的、具有深厚文化底蕴的、秀美的大学城，虽然其道路不宽，但交通设施完善，加上各种现代化的服务创造了极好的学习、工作和生活环境。这里的建筑大多是有200年以上历史的古建筑，约500年前建造的众多哥特式教堂错落有致地分布在城区，它们和31个剑桥大学学院构成了剑桥鲜明的地方特色和文化特色。

3. 居室环境的美

居室是人们居住、生活和休息的场所。居室环境是指人们居住的室内环境。居室环境的美主要包括以下内涵：

第一，空间布局合理，舒适、实用。居室的主要功能是居住和休闲，因此，居室的空间布局是否合理，主要体现在是否能够满足人们日常家居生活的各种需要。首先要在有限的居室空间中进行明晰的功能划分，要区分就寝、洗浴、梳妆、阅读书写、视听娱乐、待客、炊事、用餐等空间，以及供摆放各种器物的空间等，还要留出一定的活动空间。其次要以舒适、实用为原则，综合考虑各种因素，合理地摆放各种家具用品，合理地使用灯光、通风设施设备，做到物为人用、物得其所。

第二，美观、协调。舒适、实用重在强调居室的功能美，美观、协调重在强调居室的形式美。居家时不仅要用着舒心，还要看着舒心。这就要求我们在选择和摆放室内物品、进行室内装饰时注意以美观、协调为原则，按照形式美的规律组合搭配家居用品。

第三，情趣独特。室内的空间布局、家居用品的选择和组合、室内装饰用品的选择与放置等，都能够体现主人的独特爱好、情趣和精神境界。居室环境的美的独特性往往集中体现在居室的独特情趣方面。

居室环境的美是多种多样的，居室布置可简可繁，简要避陋，繁要忌乱，可以首先确定居室美的立意，之后适当突出某些装饰品的艺术格调，力求去掉多余的或不和谐的东西。例如，立意要追求古朴美，传达中国文化的历史感和中国人的精神气质，可选择暖、沉稳、协调的色调，如砖红、乳白、土黄、棕、黑、明黄、古铜等色；家具可选择仿明式或竹、藤家具，或简练、庄重的现代式样织物、素色丝织物或略显中国传统纹样的提花织物；装饰品可选择文人写意画、草书条幅或白描花卉、彩陶、青铜器、陶俑或民间泥玩具（贵精不贵多）。又如，立意要追求恬淡美，表现人生观的豁达或物欲的淡泊，可选择明亮的色调，如各种材质的白色、木材本色、少量淡雅的点缀色。家具可选择浅色木材，饰物可选择本色白羊毛织物面料或白色丝麻织物、淡雅色调的沙发靠垫。装饰品可选择高影调的黑白艺术照片、草编工艺品、透明的玻璃花钵、浅色鲜花或涤纶花等。

（二）人文环境的美

从广义上说，人文环境是指由一定的政治、经济、文化等构成的社会人文环境；从狭义上说，人文环境是特指由一定社会群体的生活方式、生活风尚构成的社会氛围。人文环境的美是进步社会形态的表现。虽然在不同的历史时期，人们对人文环境美的具体要求有所不同，但从根本上讲，人文环境美是进步的政治、经济、文化的体现，是先进的文明生活方式的体现，是人类美好的社会人文理想的体现。

1.广义人文环境的美

从广义上说，构成人文环境美的要素包括先进的生产力和进步的政治制度、法律制度、经济制度和繁荣的文化事业等。在人类漫长的历史发展进程中，每个国家都经历过黑暗的暴力统治时期和昌明盛世时期，人们一直向往物质极大丰富和人尽其才、自由平等的社会。回顾历史，饥饿、战争、暴力统治、文字狱、宗教迫害等造成了无数个反人类文明的、恶劣的人文环境，和平、发展、先进的社会制度和管理体制带来了一个又一个太平盛世。我们记忆犹新的是"文化大革命"时期社会秩序混乱、法律秩序瘫痪、人人自危、生产力发展停滞的恶劣的社会环境；我们切身感受到的是今天社会民主政治制度日益健全、法治社会正在形成和得到完善、生产力迅速发展、文化生活日益丰富、人们安居乐业的良好的社会环境。两相对比，我们不难发现，前者是阻碍社会进步的、不良的人文环境，后者是促进社会进步的、美的人文环境。

2.生活方式的美

所谓生活方式，就是人们在生活领域的活动方式。一定生活方式的美与丑也是相对的，其具体内涵是随着社会发展而逐渐变化的。从根本上说，美的生活方式应该是与社会进步相适应的文明、健康、科学的生活方式。

首先，生活方式的文明表现为人们的物质生活与精神生活的高度统一，以及精神生活内容的极大丰富。在文明的生活方式中，人超越了对物质生活的单纯需求，将动物式的本能欲求提升到了人的层面，并赋予其精神内容。比如，同是吃饭，不仅要求果腹，而且讲究情趣，要求色、香、味俱佳；同是穿衣，不仅要遮体御寒，而且追求美观、舒适、大方。男女关系不仅有性爱，而且有情爱，纯真的爱情赋予性以人性的内容，使之变得高尚而美丽。总之，在文明的生活方式中，衣、食、住、行不仅要满足人的生理需求，而且还应该满足人的精神需求（如审美的需求、交往的需求等）。此外，在文明的生活方式中，精神生活占有重要的地位，对真、善、美的执着追求成为生活中的主旋律。"人活一口气""人穷志不短""宁为玉碎，不为瓦全"等表现的都是对真、善、美追求的坚定信念，当物质需求与对真、善、美的追求发生矛盾时，文明的生活方式坚持后者、舍弃前者。在日常生活中，家庭成员相亲相爱，邻里之间和睦相处，同事之间相互尊重，朋友之间真诚相助，都是文明生活方式的表现；在工作中，对工作的热情投入、认真负责，高尚的敬业精神和职业道德，都是文明生活方式的表现；在闲暇时，发展陶冶性情的业余爱好，或欣赏名歌、名曲、名著，或与朋友高谈阔论、郊外踏青等，也都是文明生活方式的表现。总之，在文明的生活方式中，人们努力使自己的精神生活充实、和谐、丰富多彩。

其次，美的生活方式还是一种健康的生活方式。所谓健康的生活方式，就是指有利于人的身心健康的活动方式。一方面，健康的生活方式应该做到一张一弛，劳逸结合，有利于人的身体健康；另一方面，健康的生活方式还应该有利于人的心理健康，使人乐观向上、积极进取、豁达开朗，保持良好的心态，避免各种心理疾病的发生，防止各种不健康的思想和欲念的侵扰。

最后，美的生活方式是科学的。所谓科学的生活方式，就是要按照科学的规律生活。要做到这一点，就要求我们必须不断努力学习，不断丰富各种科学知识，提高对人类生活规律的认识。20 世纪以来，人类进入了一个迅速发展的时期，人们对客观世界的认识在迅速提高，各种科学技术的发展也非常迅速，我们要跟上社会的发展，只有更好地利用已有的科技成果，才能创造更加美好的生活。因此，21 世纪的社会比任何时候都更加强调学习的重要性，有人把当今社会称为"学习型社会"，"活到老学到老"的古话在今天演化成"终身学习"的概念，今天的社会是"终身学习"的社会，这也鲜明地体现了当今文明生活方式的特征是人的素质和能力不断提高。

生活方式既体现为个人的活动方式，也体现为社会群体的活动方式。当一定的生活方式被一定的社会群体认为是美的时，就会在这个社会当中流行开来，形成社会风尚。从这个意义上说，人创造了人文环境，人文环境又反作用于人。"昔孟母，择邻处"是为了选择有利于孟子成长的较好的人文环境；当代社会，人口不断向社会经济、文化发达地区流动，向人口素质较高、社会风尚较好的社区流动，也反映了人们对美好的人文环境的追求。

四、社会美的主要特征

与自然美相比，社会美主要有以下特征：

第一，社会美的本质特征在于它是人的本质力量在社会事物中的直接体现。社会美和人类实践具有明显的直接联系，是在人的实践活动中直接产生的。人的实践活动具有十分丰富的内涵，人的审美活动本身也是人的实践活动的一部分。人的实践活动领域不断扩大，人的审美领域也在不断扩大，社会美的内涵也在不断丰富。

第二，社会美突出地体现为美与善的统一，它与一定的社会功利性密切相关，社会美重在内容。如果一个社会事物徒有诱人的外观，却没有美与善的内核，那么就不能被认为是美的。社会美的内容主要指社会事物的功利性，即"善"。对于社会事物来说，判断其美丑的主要标准是看它是否有益于人类社会的进步，是否有益于促进人类生活幸福。劳动自古以来就被认为是美的，原始舞蹈大多是模仿狩猎、耕作的劳动活动。勤劳的人物形象也被认为是美的，这是因为劳动创造了人类赖以生存和发展的生活资料，人在劳动中发展了自身的智慧和创造力。劳动产品之所以是美的，不仅因为它的外观，而且在于它对人类有用、有利。某些社会活动、生活方式被认为是美的，是因为它们包含合理的社会关系、社会理想。因为社会美重在内容，所以社会美不能单凭感觉器官进行审美感知，还必须通过审美理解等心理因素进行理性分析。

第三，社会美具有实在性、稳定性。认识社会美，主要不是通过对某一社会事物的联想去把握它的社会意义，而是通过社会事物本身去感受其固有的社会意义。而且，社会事物本身所具有的社会意义是明确的、稳定的，不像自然美的事物一样，具有朦胧不定的社会意义。

第四，社会美同一定的政治理想、道德观念等相联系，政治立场、伦理道德观念影响对社会事物的审美判断。正如鲁迅所说：贾府的焦大不会认为林妹妹是美的，尽管贾宝玉认为林黛玉是"天上掉下来"的仙女。

五、社会美的审美意义

如上所述，社会美有着十分丰富的内涵，它涉及社会生活的方方面面，因此，它具有很高的审美价值。概括起来讲，社会美的审美意义主要表现在以下几方面：

第一，社会美能够培养人正确的人生观和世界观，培养人的尊严意识和高尚情操。通过对人的美的认识和审美感受，我们潜移默化地按照美的理想去生活。社会美集中体现为人的美。人的形貌、学识、风度、情感、心灵，无不充满着人性的光辉，面对一个内在美与外在美完美结合的人，我们会发出和哈姆雷特同样的赞叹："人类是一件多么了不得的杰作！多么高贵的理性！多么伟大的力量！多么优美的仪表！多么文雅的举动！在行为上它多么像一个天使！在智慧上多么像一个天神！"不仅如此，人的穿衣打扮，人所处的优美的环境，人的文明、健康、科学的生活方式，都能强化我们对人的尊严和高尚的感受，使我们像一个真正的人那样去生活，而不是像动物那样生活。

第二，社会美能够赋予人一双善于发现生活之美的眼睛。在生活中，美无处不有、无时不在，但并不是每个人都能发现它。有的人盲目追求穿着打扮时髦、居室豪华奢侈、饮食娱乐高档消费，却不知生活中美的真谛。那么，怎样才能提高在社会生活中发现、欣赏、创造美的能力呢？最好的方法就是自觉加强对社会美的理解和认识，加强正确欣赏社会美的实践，经常接受社会美的熏陶，久而久之，欣赏社会美的能力就会提高。

第三，对社会美的欣赏使人更加热爱生活。社会美能够激励人去积极地追求、创造美的生活，树立乐观的生活态度。社会美向人们揭示社会生活中各种各样的美好事物，揭示人生的丰富意义，从而激发人们对生活和生命的热爱，使人们树立积极乐观的生活态度，并促使人们去想象、创造更加美好的生活。

本章注释与参考资料

1. 本章配合电视录像课程第三讲和第四讲，涉及的音像图形资料主要有：

（1）著名国画大师徐悲鸿的作品《奔马》。

（2）著名国画大师李可染的作品《柳荫浴牛》。

（3）著名国画大师齐白石的作品《虾戏》。

（4）法国影片《巴黎圣母院》（1957 年）。

（5）美国影片《乱世佳人》（1939 年）。

（6）美国影片《瑞典女王》（1933 年）。

（7）中国电视连续剧《渴望》（1990 年）。

（8）中国电视连续剧《三国演义》（1994 年）。

（9）中国电视连续剧《水浒》（1997 年）。

2. 中国日报网环球在线 2007 年 4 月 11 日报道，德国心理学家布劳恩和格林德尔等正在进行一个名为"美丽检测"的课题研究。他们先分别拍摄了 96 名男青年和 96 名女青年的照片，然后分 7 个阶段进行试验。心理学家通过计算机合成，将其中最美丽照片中最重要的特点集中在一起，最后合成世界上最完美的男人和女人的脸。

第四章 艺术美

本章要点提示

◎艺术美与现实生活、现实美的关系

◎艺术美的主要特征

◎绘画、雕塑、摄影、书法艺术等造型艺术的基本审美特征

◎建筑、园林、工艺美术等实用艺术的基本审美特征

◎音乐和舞蹈等表情艺术的基本审美特征

◎语言艺术的基本审美特征

◎戏剧、电影、电视等综合艺术的基本审美特征

本章学习目标

1. 了解艺术美与现实美的联系和区别；

2. 理解并掌握艺术美的形象性、主体性和审美性；

3. 理解并掌握造型艺术、实用艺术、表情艺术、语言艺术、综合艺术的基本种类及其基本审美特征。

如果从原始艺术算起，人类的艺术活动已有近十万年的历史。可以说，人类的艺术史同人类的文化史一样古老。随着人类社会的不断发展，人类的艺术活动越来越丰富，人类的艺术实践领域越来越广泛，中外艺术史上涌现出数不胜数的杰出艺术家与优秀的艺术作品。正是在人类艺术宝库中的优秀的作品之中凝聚着艺术美。

第一节　艺术美的特点

一、艺术美与现实美的联系和区别

一方面，从根本上讲，任何艺术作品都是艺术家在客观现实生活的基础上进行艺术创造的产物。正因为如此，艺术美来源于现实生活，艺术美离不开现实生活。另一方面，艺术美作为艺术家创造性劳动的产物，具有更加感人的艺术魅力，从这个意义上讲，艺术美高于现实美。所以，齐白石先生笔下的虾、徐悲鸿先生画中的马，已经不同于现实生活中的虾和马，它们不仅是客体美的再现，而且是艺术家主体美的表现，作为艺术形象的虾和马已经凝聚着两位国画大师的创造性劳动，体现出他们独特的审美意识和审美情感。

所以，一方面，我们强调艺术美离不开现实生活，社会生活是艺术创作的源泉和基础。艺术形象虽然是艺术家创造的，但它也是现实美的创造性再现。就这方面，中外历代艺术家有着许多深切的感受和体会。例如，唐代画家张璪有一句名言"外师造化，中得心源"，就是强调画家要向大自然学习，这也是对于绘画创作中主客体关系的一个精辟独到的概括。清代绘画大师石涛也有一句名言："搜尽奇峰打草稿"，石涛本人正是在数十年艺术生涯中遍游祖国的名山大川，将现实中的秀美河山，通过画家创造性的劳动熔铸为独具特色的山水画。如果石涛不是一生游遍祖国的山山水水，就不可能在自己的画中如此神奇地把握大自然的神韵和律动，他也不可能成为承先启后的一代绘画大师。与此同时，社会生活对于作为创作主体的艺术家来讲，不仅影响了他的思想情感和创作风格，而且可以启发艺术家的创作灵感、激发艺术家的创作冲动。例如，罗中立创作的《父亲》就是画家本人深入生活的结晶。为了创作这幅油画，罗中立深入四川农村和农民朝夕相处，深入田间地头为他们画了大量的素描和速写，在这个过程中他深刻认识到正是这些含辛茹苦、勤劳朴实的农民养育了自己，从而产生了创作的灵感和冲动。据他自己讲，他是顶着酷暑、光着上身、着了迷似地完成了这幅杰作。可见，社会生活作为艺术创作客体，为艺术家提供了创作的素材和灵感，也对艺术家的思想情感和创作风格产生了深刻的影响。从这个意义上讲，艺术家和社会生活结下了不解之缘，艺术美离不开社会生活。

另一方面，我们更强调艺术美高于现实美。艺术美是源于现实美、高于现实美的美的典型形态。从一定意义上讲，自然美、社会美等现实美，是现实生活中的美，属于社会存在范畴，是第一性的；艺术美则是艺术家创造性劳动的产物，属于社会意识范畴，是第二性的。因此，黑格尔认为："艺术美高于自然。因为艺术美是由心灵产生和再生的美，心灵和它的产品比自然和它的现象高多少，艺术美也就比自然美高多少。"[①] 在中外艺术史上，这样的例子不胜枚举。例如，唐代画家韩干擅长画马，唐玄宗曾命他跟随宫中另一位画马名家学习，韩干没有应允，回答道："臣自有师，陛下内厩之马，皆臣之师也。"韩干画马时不仅观察马的形状、毛色，尤其注重马的神态、特征，他的《照夜白图》（如图 4-1 所示）就是一幅公认的传神之作。"照夜白"是唐玄宗的一匹爱马的名字，韩干在这幅画中只用了很少的笔墨，就描绘出这匹马的硕大身躯和不安静的四蹄，给人以栩栩如生、跃跃欲动的感觉。韩干画的马极有特色，匹匹肥大，以至于唐代大诗人杜甫批评他"干惟画马不画骨"。当然，杜甫的这一评价在后来引起了极大的争议，唐代美术理论家张彦远在他的《历代名画记》中就提出了不同看法。但不管怎样，韩干画马的独特风格已为世人所公认，这是因为通过艺术家的创造性劳动，画作体现了艺术家独特的审美情趣与审美追求，而这正是艺术美高于现实美的关键。因为在艺术美中，我们更能体会到艺术家自由自觉的创造，体会到艺术家将人的本质力量对象化到艺术作品之中。

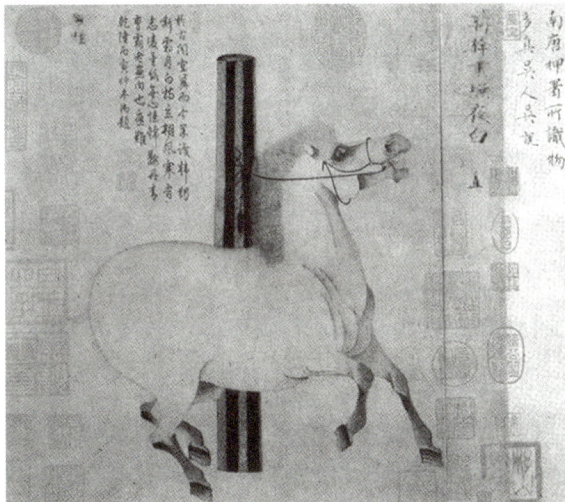

图 4-1　韩干《照夜白图》

---

① 黑格尔．美学：第 1 卷．朱光潜，译．北京：商务印书馆，1979：4.

二、艺术美的主要特征

艺术是审美主客体统一的最高形式，艺术美包含两方面的内容：一方面，艺术是对客观社会生活的反映；另一方面，艺术又凝聚着艺术家主观的审美理想和情感愿望。也就是说，艺术美既有客观的因素，又有主观的因素，两方面通过艺术家的创造性劳动互相渗透、彼此融合，并物化为具有艺术形象的艺术作品。因此，艺术美的主要特征便集中表现为形象性、主体性、审美性等。

（一）艺术美的形象性

艺术美的主要特征之一是形象性。或者换句话说，艺术形象是艺术反映生活的特殊形式。所谓形象性，是指任何艺术作品都必须具有生动、具体、有一定观赏价值的艺术形象。普列汉诺夫讲过，"艺术既表现人们的感情，也表现人们的思想，但是并非抽象的表现，而是用生动的形象来表现。这就是艺术的最主要的特点"[①]。各个具体的艺术门类，它们所塑造的形象具有各自不同的特点，如绘画、雕塑、摄影、书法等塑造视觉形象，音乐塑造听觉形象，戏剧、影视塑造综合形象，语言艺术塑造需要凭借想象去感受的文学形象，等等。但无论如何，形象性是任何艺术种类都不可缺少的，是艺术美的主要特征之一。

艺术形象是内容与形式的统一。艺术美应当具有深刻的思想内涵和完美的艺术形式，二者只有有机统一才能具有令人惊叹的艺术魅力。19世纪末，法国著名雕塑家罗丹应邀为去世的大文豪巴尔扎克创作雕像。罗丹为此亲自到巴尔扎克的故乡采访，翻阅了大量有关资料，甚至专程去找当年为巴尔扎克制衣的裁缝。经过这样艰苦的创作准备，罗丹终于有了创作的冲动和灵感。他选择了巴尔扎克在深夜穿着睡袍写作的形象作为雕像的外形轮廓，摒弃了一切细枝末节，将大文豪的手和脚都掩盖在长袍之中，使观众的注意力集中到雕像的头部，尤其是巴尔扎克那双炯炯有神、气宇不凡的眼睛，突出表现了这位伟大的批判现实主义作家与众不同的气质。罗丹的《巴尔扎克像》（如图4-2所示）以朴实、简洁的艺术手法，突出了这位大文豪内在的精神气质，通过内容与形式的完美统一，真正在形似的基础上达到了神似的高峰，使这座雕像成为世界名作。

艺术形象是个性与共性的统一。综观中外艺术宝库中浩如烟海的艺术作品，凡是

---

① 普列汉诺夫.没有地址的信：艺术与社会生活.曹葆华，译.北京：人民文学出版社，1962：4.

成功的艺术形象，无不具有鲜明而独特的个性，同时又具有丰富而广泛的共性，从而使得艺术美具有不朽的生命力。艺术美中这种个性与共性的统一，最集中地体现为艺术典型。所谓艺术典型，就是艺术家运用典型化的方法创造出来的具有鲜明个性和普遍意义的典型形象。例如，鲁迅先生塑造的阿Q这一艺术形象，就是中国现代文学宝库中一个不可多得的艺术典型。阿Q这个人物不仅具有活生生的个性，而且反映出他所处的特定时代中整个民族的国民性特点。在阿Q这个典型人物形象面前，任何人都不可能无动于衷，他使人震惊、使人猛醒。

（二）艺术美的主体性

图 4-2　罗丹《巴尔扎克像》

艺术美还有一个主要特征，就是主体性。如前所述，艺术作为一种特殊的社会意识形态，艺术生产作为一种特殊的精神生产，决定了艺术美必然具有主体性的特征。毫无疑问，艺术美来源于现实生活，并反映现实生活，但这种反映绝不是简单的"模仿"或"再现"，而是融入了创作主体乃至欣赏主体的思想情感，体现出十分鲜明的创造性和创新性。所以，主体性作为艺术美的基本特征之一，不仅体现在艺术创作上，而且体现在艺术欣赏中。

一方面，艺术创作具有主体性特点。艺术生产是一种特殊的精神生产，艺术创作更是一种创造性的劳动，艺术家作为创作主体对于艺术创作起着决定性的作用。艺术创作的主体性，集中体现在艺术家的创作活动中便是能动性和独创性。艺术家面对大千世界浩瀚的生活素材，必须进行选择、提炼、加工、改造，并且将自己强烈的思想、情感、愿望、理想等主观因素"物化"到自己的艺术作品之中。正是艺术创作的这种能动性，使得每件艺术作品必然打上艺术家作为创作主体的烙印。艺术创作更具有独创性的特点，任何优秀的艺术作品都应当是独一无二、不可重复的。或许这正是艺术生产的产品和物质生产的产品二者之间最根本的区别。每件优秀的作品，总是凝聚着艺术家个人的主观色彩和独特的艺术追求，体现出艺术家鲜明的创作风格和艺术个性，具有强烈的创造性与创新性。由于艺术的独创性，甚至面对同一题材，文学家、艺术家也完全可以创作出不同的作品。20世纪20年代，朱自清和俞平伯两位散文家同游秦淮河之后，各自写出一篇同名散文《桨声灯影里的秦淮河》，这两篇散文不仅取材范围相同，而且命题也完全相同，这两篇散文却具有各自鲜明的艺术特色，都成为中国现代散文的名篇。正是由于两位散文家面对同一景物时，主体的审美感受不同，对艺术风格的追求不同，才使得这两篇打上了创作主体烙印的散文具有各自不同的艺术特色。

另一方面，艺术欣赏也具有主体性特点。美感既有共同性，又有差异性，既有社会功利性，又有个人直觉性，具有千差万别的个性特征。尤其是艺术鉴赏，它不是消极、被动地接受，而是欣赏者对作品展开的一种积极、主动的审美再创造活动。欣赏者的生活经验与人生阅历不同，审美能力和艺术修养不同，使得审美感受形成鲜明的个性差异，使艺术欣赏也打上了欣赏主体的烙印。正因为如此，西方人常说"有一千个读者，就有一千个哈姆雷特"，我们经常说"有一千个读者，就有一千个林黛玉"。

（三）艺术美的审美性

艺术美的第三个主要特征就是审美性。从艺术生产的角度来看，任何艺术作品都必须具有以下两个条件：①它必须是人类艺术生产的产品；②它必须具有审美价值，即审美性。正是这两点，使得艺术品与其他一切非艺术品区分开来，也使得艺术美与自然美区分开来。

艺术美作为艺术家创造性劳动的产物，比现实生活中的美更加集中、更加典型，能够更加充分地满足人的审美需求。艺术美注重形式，但并不脱离内容，艺术的审美性是内容美与形式美的有机统一。艺术贵在创新，随着艺术实践的不断发展，形式美法则也在不断变化和发展，然而，不管怎么变化和发展，艺术的形式美都不能脱离艺术的内容美，因为艺术的形式美就在于它鲜明生动地体现出内容。就拿举世闻名的悉尼歌剧院来讲，这座历时15年、耗资巨大的建筑，设计十分独特，刻意追求形式美和造型美。它远看像是一支迎风扬帆的船队，近看又像一组巨大的贝壳，从空中望下去又像是一朵巨大的白荷花，的确具有独特的形式美和别具匠心的造型美。与此同时，作为当代艺术与现代科技相结合的产物，悉尼歌剧院又体现出具有当代色彩的建筑理念，成为著名的环境艺术和有机建筑的典型作品。它的设计师丹麦建筑学家约恩·伍重认为，现代建筑应当从属于自然环境，推崇"有机建筑"理论，建筑应与周围环境有机地融合在一起，仿佛是自然而然地"生长"出来的。在海滩上设计建造的悉尼歌剧院，无论像帆船、贝壳，还是像白荷花，都与大海的万顷波涛融为一体，展现出"有机建筑"的魅力。悉尼歌剧院这个例子充分证明，艺术的审美性是内容美与形式美的有机统一。

　　与此同时，艺术美的审美性又体现为真、善、美的结晶。艺术美之所以高于现实美，正是由于艺术家通过创造性劳动，把现实生活中的真、善、美凝聚到艺术作品中。艺术中的"真"并不等于生活真实。艺术家通过创造性劳动，通过提炼和加工，使生活真实升华为艺术真实，也就是"化真为美"。艺术中的"善"更不是道德说教，而是要通过有血有肉的艺术形象来以情感人、以情动人，也就是"化善为美"。电影《泰坦尼克号》并不拘泥于生活中真实发生的冰海沉船事件，而是将在巨型游轮上邂逅的一对青年男女之间的爱情作为主要线索，重点表现在即将沉船之时，男主人公将生的希望留给了恋人，而自己不幸遇难的故事。这部影片正是通过爱情片与灾难片的结合，并且充分运用了现代高科技的成果，努力打动人们的心灵深处对于真、善、美的渴求，从而在全世界赢得了亿万观众，取得了巨大的票房收益。显而易见，艺术的审美性是艺术作品具有巨大魅力的根源。

　　经过长期的人类艺术活动实践，人类创造了多种多样的艺术形式和丰富无比的艺术作品。中外许多美学家、艺术理论家等都对艺术进行了体裁和分类研究，根据当时的艺术实践，提出了各种各样的分类原则或具体分类。例如，中国古代文论《毛诗序》将中国古典艺术区分为诗、歌、舞三个艺术种类，古希腊的亚里士多德根据艺术的媒介、对象、方式的不同区分了绘画与音乐、悲剧与喜剧、史诗与戏剧等。到近现代，艺术分类理论已较为成熟，形成了不同角度、不同目的的艺术分类体系。我们认为，从本质上讲，艺术作品就是以物态化的方式传达出艺术家的审美经验和审美意识，因此，根据艺术分类的美学原则，应当把艺术形态的物质存在方式与审美意识物态化的内容特征作为区分的根本依据。据此我们可以将艺术分为五大类别，即造型艺术（绘画、雕塑、摄影、书法）、实用艺术（建筑、园林、工艺美术）、表情艺术（音乐、舞蹈）、语言艺术（诗歌、散文、小说）和综合艺术（戏剧、戏曲、电影、电视）。下面我们分别探讨这五大类艺术的审美特征。

第二节　造型艺术的审美特征

　　造型艺术是指运用一定的物质材料（如颜料、纸张、泥石、木料等），通过塑造静态的视觉形象来反映社会生活、表现艺术家思想情感的一种空间艺术，也是一种静态的视觉艺术。造型艺术主要包括绘画艺术、雕塑艺术、摄影艺术、书法艺术等。

一、绘画艺术

绘画艺术是运用一定的物质材料和线条、色彩、块面等艺术语言，通过构图、造型和调色等手段，在平面（二度空间）里创造出静态的视觉形象的艺术。绘画在造型艺术中处于基础地位。

（一）绘画艺术的基本种类

根据使用材料的不同，绘画艺术可分为中国画、油画、版画、水彩画、水粉画等；根据表现对象的不同，绘画艺术可分为肖像画、风俗画、风景画、静物画、历史画等；根据作品形式的不同，绘画艺术可分为壁画、年画、连环画、宣传画、漫画等。

中国画，简称国画，在世界美术领域中自成体系，独具特色，是东方绘画的主流。中国画有以下主要特点：

（1）画家一般使用中国特制的毛笔、墨和颜料等工具材料，在宣纸或绢帛上作画。由于采用特制的毛笔来作画，"笔墨"成为中国画技法和理论中的重要术语。所谓"笔"，是指勾、勒、皴、点等运用毛笔的不同技巧和方法，不同的用笔方法表现出变化无穷的中国画意趣；所谓"墨"，是指用墨的方法，中国画以墨代色，运用烘、染、泼、积等墨法，使墨色产生丰富而细微的色度变化，也就是常讲的墨分"五彩"（指墨色的焦、浓、重、淡、清五种不同的色度）或"六彩"（上述"五彩"再加上宣纸的白色），使得以墨代色的中国画具有独特而丰富的艺术表现力。

（2）中国画的另一个重要特点，是在构图方法上不受焦点透视的束缚，多采用散点透视法（即可移动的远近法），使得构图灵活自由，画面视野不受焦点透视的局限。如北宋画家张择端的著名风俗画长卷《清明上河图》（如图4-3所示），更是以散点透视法把汴河两岸数十里的繁华景象描绘在一个完整的画面中，以全景方式展现了北宋都城汴京从城郊农村到城内街市热闹的情景。中国画在构图时，还可以将不同时间和不同空间的事物安排在一个画面中，犹如一组运动镜头把不同的场面集中到一起。例如，五代南唐画家顾闳中的不朽名作《韩熙载夜宴图》，就是将五段连续的画面构成一幅长卷，韩熙载这个人物在不同的画面中多次出现。

（3）中国画将绘画与诗文、书法、篆刻有机地结合在一起，讲究诗、书、画、印四者的结合，形成了中国画独特的内容美和形式美。传统中国画充分体现出其深深扎根于民族传统文化的丰厚土壤中。现存的许多传统中国画都有题画诗或款书，将画意、诗情、书法融为一体。题画诗常是画家本人或其他人所题之诗，大多出现在画幅的边角空白处，其内容或指明画意，或增加画趣，或抒发观感，或品论画艺，真是诗中有画、画中有诗，具有独特的艺术魅力。中国画中的款书，一般包括作画的时间、地点和画家的姓名、字号，以及标题、诗文、印章等，形成中国传统绘画特有的民族形式。尤其是文人画兴起后，一些著名的画家往往是诗人和书法家，他们将诗、书、画、印的结合推向完美的艺术境界。从根本上讲，中国画的特点源于中华民族悠久的传统文化和丰富的美学思想。

图 4-3　张择端《清明上河图》(局部)

中国画又可分为工笔画和写意画。前者用笔细致工整，结构严谨，无论人物，还是景物都刻画得细致入微；后者笔墨简练，高度概括，洒脱地表现物象的形神和作者的主观情思。然而，不论是工笔画，还是写意画，在处理形神关系时都要求"神形兼备"，在造型和意境的表达上都要求"气韵生动"。虽然中国画有许多分科，从基本画科来看包括人物、山水、花鸟、界画等，但无不追求"气韵生动"和"神形兼备"，追求"传神"或"意境"。在画人物画时，画家能使人物传神，生动地表现出人物的神气，即人物的精神气质和性格特征，就是面对无生命的山水和无意识的花鸟时，画家也可以寓情于景或寓情于物，赋予它们人格化的精神气质，赋予它们活泼的生命与灵气。正是这种植根于民族文化的美学理想，形成了中国画的基本特征和艺术特色。

油画是西方传统绘画的代表，具有极高的表现力，是西洋画的主要画种，对世界绘画的发展产生了极大的影响。油画因使用油质颜料而得名，油画作品是用油质颜料在布、木板或厚纸板上画成的，其特点是色彩丰富，具有强烈的色调层次、光线、质感和空间感，能够充分表现物体的质感，能真实生动地描绘一切有形事物，具有很强的艺术表现力。油画的传统是重视对自然的忠实摹仿。油画颜料有较强的覆盖力，易于修改，为画家提供了艺术创作的便利条件。

油画在13—16世纪文艺复兴时期达到高峰。意大利文艺复兴初期的著名画家、雕塑家乔托，创作了许多具有现实生活气息的宗教画，他被认为是欧洲绘画之父和现实主义画派的鼻祖。文艺复兴时期的"画坛三杰"——米开朗琪罗、达·芬奇和拉斐尔，分别创作了《创世纪》《最后的晚餐》《西斯廷圣母》等不朽杰作。17—18世纪，欧洲绘画进一步摆脱了宗教的束缚，肖像画、风景画、风俗画、静物画、动物画都获得了极大的发展，涌现出一批杰出的画家，如荷兰的伦勃朗（作品有《夜巡》《自画像》等）、尼德兰的鲁本斯（作品有《阿马松之战》等）、西班牙的委拉斯贵支（作品有《教皇英诺森十世肖像》等）、法国的夏尔丹（作品有《饭前祈祷》等）、英国的透纳（作品有《战舰归航》等）。18—19世纪涌现出许多美术流派和著名画家，其中有法国新古典主义的代表人物雅克·路易·大卫（作品有《马拉之死》等），法国浪漫主义的代表人物籍里柯（作品有《梅杜萨之筏》等）和德拉克洛瓦（作品有《自由领导人民》等），法国批判现实主义的代表人物库尔贝（作品有《石工》等）和米勒（作品有《拾穗者》等），法国印象主义的代表人物莫奈（作品有《日出·印象》《草垛》等）和雷诺阿（作品有《浴女》《包厢》等），以及法国后印象主义的代表人物塞尚（作品有《苹果和橘子》等）和高更（作品有《塔希提的妇女》等）。英国、美国、瑞典、丹麦都出现了一批优秀的艺术家，特别是俄国"巡回画派"集中了一批杰出的画家，其中最著名的是列宾（作品有《伏尔加河纤夫》《不期而至》等）和苏里柯夫（作品有《近卫军临刑的早晨》《女贵族莫洛佐娃》等）。随着19世纪后期印象派的出现，画家的绘画观念发生了变化，强调个人印象的表现，在形体和色彩方面具有更多主观因素。20世纪以来，西方画坛出现了现代主义美术的各种思潮和流派，其中包括野兽派、未来派、立体派、表现主义、抽象主义、超现实主义、构成主义、超前卫艺术、波普艺术等。表现主义更加追求主观情感意念的表现，把形象的客观真实性降低到无足轻重的地步。抽象主义则完全抛弃具体形象，追求纯粹的色彩、线条的抽象组合。

版画也是一个重要的画种。版画的特点是艺术家采用笔画和刀刻的方法，在不同材料的版面上进行刻画，然后印制出多份原作。根据所用的版面材料和性质不同，版画可分为三大类，即木刻和麻胶版画的"凸版"类，铜版画等的"凹版"类，以及石版画等的"平版"类。木刻和麻胶版画的"凸版"类在木板或麻胶版上刻制而成；铜版画等的"凹版"类，则是用酸性液体腐蚀铜版形成各种凹线，从而构成具有独特艺术效果的画面；石版画等的"平版"类在石印术基础上采用特殊药墨制成。

水彩画大约产生于15世纪末文艺复兴时期，18世纪起在英国发展为独立画种。水彩颜料是用胶水调制而成的，颜料透明而单纯，画家在作画时用水溶解颜料于纸上，利用画纸的白地和水分颜料的相互融合、渗透，表现出一种特殊的透明感觉，以及滋润晕化等效果。水彩画虽然较难构成鸿篇大作，但工具材料使用轻便，能充分发挥水分淋漓酣畅、善于晕化渲染之特点，作品具有明快柔和、轻松抒情等独特的艺术魅力。

水粉画同水彩画一样，都是用水调和颜料作画，但水彩颜料非常透明，没有覆盖力，水粉颜料则一般不透明，不同程度地含有粉质，具有一定的覆盖力。这样，如果运用得当，水粉画作品就能兼有油画的厚重感和水彩画明朗轻快的透明感，加之绘画过程比较短，制作较为方便，水粉画在宣传活动中被运用得最为广泛。我们一般看到的宣传画基本上是用水粉颜料绘制的。

除以上画种之外，还有用铅笔、木炭、钢笔作画的素描等。

（二）绘画艺术的基本审美特征

绘画艺术的基本审美特征可以概括为以下几方面：

第一，追求视觉形式。绘画是一种具有直观性的视觉艺术形式，在绘画中，一切精神性的内涵都需要通过独具个性的视觉形式来表现。在绘画中，形式总是确定的，而内容可以是不确定的，形式可以有其相对的独立性，除了形式外，绘画就不复存在了。文学、戏剧、影视等单纯追求形式是没有意义的，视觉艺术却能够相对独立地呈现形式美。无论是中国画还是油画的发展，都是形式变幻的历史。当然，绘画的形式也要有意味，要符合形式美法则。中国绘画艺术总结出用线的18种描法、绘制山水画时的几十种皴法，以及各种运用水墨的技巧，如泼墨法、积墨法、焦墨法、没骨法等，此外还有行笔的快慢、轻重、顺逆、侧正等方法。欧洲绘画艺术历经数千年，也在形式创造方面形成了明暗法、色彩学、艺术解剖学、透视学等，其目的都在于努力表现事物的本质特征，以求造型与写意的完美。

第二，具有瞬间延展性。绘画艺术的语言是线条、色彩和形体块面，由它们构成的艺术形象是静态的，但绘画艺术常常以这种瞬间的、凝固不动的形象来表现丰富的内涵，使观赏者从绘画所表现的瞬间，联想到瞬间前后延续的情节、情感等。绘画表现动作时必须"寓动于静"，也就是选取动作发展的某一瞬间，而最佳的一瞬间应当是最能让想象自由活动的那一刻，能使人想象出更多东西的一瞬间。俄国19世纪"巡回画派"重要成员列宾的代表作品《不期而至》，画的是从流放地逃亡回来的一个革命者回到家中的情景。画家选择了革命者刚刚踏入家门的一刹那，母亲惊呆地站起来凝视儿子，坐在钢琴旁的妻子不敢相信自己的眼睛，革命者的儿子站起来准备扑向父亲，新雇佣的女仆满脸厌烦地望着这个不速之客。画家对这一瞬间每个人物的不同神态表情的描绘，将主人公不期而至的情景表达得淋漓尽致，并且使欣赏者想象出这一刹那前后的许多情景。

第三，形神兼备性。绘画艺术总是通过可见的艺术形象表现丰富的精神内涵。绘画既有再现性和写实性的一面，也有写意和表情的一面。因为绘画只能从广阔的社会历史和现实中择取瞬间，使之成为一幅静态的画面，所以，绘画的"形"往往不能像文学、影视那样多层次、多角度、全方位地体现客体世界，但绘画作品中的艺术形象能够充分地、深层地渗入哲学、经济、政治、伦理、宗教、科学的内涵中。绘画的丰富意味还表现为对艺术家的思想情感和审美理想的传达。黑格尔认为："艺术作品比起任何未经心灵渗透的自然产品要高一层。例如一幅风景画是根据艺术家的情感和识见描绘出来的，因此，这样出自心灵的作品就要高于本来的自然风景。"[1]如中国画提倡"以形写神""形神兼备"，提倡"传神""神似"，强调在创作中把握对象的精神特征，表现人物的性格气质，乃至于扩大到花、鸟、虫、鱼的传神。南宋著名人物画家梁楷的《太白行吟图》，全画只用寥寥数笔就画出了人物的精神气质，将李白那种傲岸不驯、才华横溢的风度和神韵描绘得活灵活现。郑板桥画竹以体现其高风亮节。后期印象派画家凡·高的静物画《向日葵》用变化丰富的黄色突出欢快的调子，寄托着饱经人间苦难的画家对生命的热爱。高更的代表作品《我们从哪里来？我们是什么？我们往哪里去？》用土黄色构成整幅画面的主体色彩，充满了原始神秘的情调，这实际上是画家本人极其苦闷的内心世界的反映。

二、雕塑艺术

雕塑艺术是一种重要的造型艺术，是一种立体（三度空间）的空间艺术和视觉艺术。雕塑作品是用一定的物质材料制作出来的具有实体形象的艺术品，由于制作方法主要是雕刻和塑造两大类，因此称作雕塑。雕塑的定义可以概括为：雕塑是一门直接利用物质材料，运用雕刻或塑造的方法，在立体（三度空间）中创造出具有实体形象艺术品的艺术。

---

① 黑格尔.美学：第 1 卷.朱光潜，译.北京：商务印书馆，1979：37.

（一）雕塑艺术的基本种类

从表现手法和形式来区分，雕塑主要分为圆雕、浮雕两类。圆雕，又称"浑雕"，是不附在任何背景上，可以从四面观赏的立体雕塑，是立于空间中的实体形象。在创作时必须考虑它的体积感与厚重感，在塑造形象时还必须照顾到人们从不同的角度进行观赏。浮雕，又称"凸雕"，是在平面上雕出凸起的艺术形象。根据表面凸起程度的不同，浮雕又分为高浮雕（高低起伏大，凸起程度大）和浅浮雕（高低起伏小，凸起程度小）。

此外，雕塑还可以从其他方面进行分类，如从制作工艺来区分，雕塑又可以分为雕和塑两大类。雕，有石雕、木雕、玉雕等；塑，有泥塑、陶塑等。从体裁来区分，雕塑又可以分为纪念性雕塑、城市园林雕塑、宗教雕塑、陈列性雕塑等。从样式来区分，雕塑还可以分为头像、胸像、半身像、全身像、群像等。

（二）雕塑艺术的基本审美特征

第一，雕塑材料直接影响艺术形象的美感。雕塑对物质媒介具有较强的依赖性。物质材质对于雕塑具有很强的艺术规定性，在较大程度上制约着作品的审美效果。传统的雕塑材料有石、木、金属、石膏、黏土、象牙、贝壳等，在现代，一些新型的材料也开始用于雕塑。在雕塑艺术中，材料本身构成艺术形象的一部分，有时甚至是具有相对独立的审美意义的一部分。雕塑家在创作中常常需要充分考虑材质是否满足特定创作的需求，保持物质材料原有的质素和特征，利用材料本身的特点传达艺术内容。木类不如石类材质坚硬和光洁，但木类线条流畅，且易于加工。同是石类，大理石显得高洁华贵、细腻典雅，花岗岩则显得粗犷坚硬、庄重敦厚。有的石料适于表现崇高，有的适于呈现悲壮，有的则适于营造和谐之美。要在物质材料的基础上创作出优秀的雕塑作品，雕塑者还必须精心挑选材料，把握其特性，运用各种工具潜心造型，其中既要有与绘画相通的艺术功力，也要有制作方面的技术能力。材料与技艺的有机统一是从事雕塑艺术最基本的条件。从我国殷商时代的《人面方鼎》、战国时代的"青铜器物架"、秦始皇陵的兵马俑，到我国魏晋南北朝、隋唐以后的各种石窟塑像等都能充分体现这一特点。

第二，以单纯的造型表现丰富的内涵。雕塑艺术是对事物的瞬间性形象的凝固造型，这种造型是凝练的、单纯的。一些不以表现人的形象为主题或抽象的雕塑品，在造型上更加凝练和单纯。雕塑的这一特性虽然决定了它难以对形象进行多层面的复杂表现，却能够给人以深刻、恒久的印象。雕塑在其凝练的造型中，可以通过洗练的构图和轮廓显现出节奏和韵律，凝聚特定的寓意和象征意味，可以通过造型体量或体积的变化，以及观赏距离、角度的设置，产生丰富的艺术表现力。高度凝练的雕塑造型虽然不可能蕴含系统的观念，但其可以而且应该具有比较深刻的观念性和精神性因素。事实上，一件优秀的雕塑品，在其将生动、传神的形象凝定于瞬间之时，同时也就将深刻的精神内涵孕育其中了。雕塑作品之所以能够传世、给人以永恒的精神震撼和美的启迪，不仅在于其扣人心弦的造型，而且在于这一形象蕴含的社会和历史的精神，以及人生的哲理与审美理想。例如，埃及金字塔附近的《狮身人面像》是造型与观念的统一，人面代表法老，狮身代表沙漠中的权威。米开朗琪罗的《大卫像》是当时意大利市民反侵略的象征，19世纪下半叶出现的罗丹的名作《思想者》《巴尔扎克像》等，之所以令无数人的心灵为之震颤，除了其精湛的造型外，雕塑形象凝聚的深刻意蕴是更为重要的因素。

三、摄影艺术

摄影艺术是指采用摄影手段塑造可视画面、反映现实生活、表现主体审美情感的艺术。摄影艺术特别注重纪实性，其主要造型手段是画面构图、光线和影调。

（一）摄影艺术的基本种类

摄影艺术是一门现代的造型艺术。艺术家将照相机作为基本工具，根据创作构思将人物或景物拍摄下来，再经过暗房工艺处理，塑造出可视的艺术形象，摄影作品往往反映社会生活与自然现象，并表达艺术家的思想情感。

摄影是现代科技发展的产物。自从1839年法国人达盖尔发明摄影技术以来，摄影在技术与艺术两方面都有了迅速的发展，逐渐成为一门科学与艺术相结合的独立的艺术门类。作为一门实用技术，摄影被广泛地应用于人类现代生活的各个领域，如科学实验、太空探险、新闻报道和教育卫生等，而摄影艺术将技术性与艺术性结合起来，不是为了实用的目的，而是为了审美的需要。

摄影艺术的种类繁多。按感光材料和画面颜色来分，它可分为黑白摄影和彩色摄影；按摄影器材和技术来分，它可分为航空摄影、水下摄影、全息摄影、红外线摄影等；按题材来分，它可分为新闻摄影、人像摄影、风光摄影、舞台摄影、生活摄影、建筑摄影等。

新闻摄影是重要的摄影类型之一。它以及时地反映和报道现实生活中的重要事件为基本任务，把生活中真实、直观的景象呈现在人们眼前，具有很强的说服力和感染力。新闻摄影以图像为传播媒介，突破了文字的障碍，成为世界性的语言，在社会生活中发挥着重大作用。凡是具有新闻价值的事物都可以作为新闻摄影的题材。新闻摄影的重要原则是真实性，必须由摄影者在具有新闻价值的现场进行实地"抓拍"。可称为摄影艺术作品的新闻摄影作品，是指那些具有深刻思想、典型形象和充沛情感的作品，这些作品不仅记录和揭示了生活中的重要事件，具有现实意义和长远的历史价值，而且具有较高的审美价值。

人像摄影，又称人物摄影，是以表现人物形象为主的摄影形式，包括特写镜头、头像、半身像、全身像和群像等。人像摄影一般通过人物的姿态、动作、外貌和面部表情，揭示人物的思想感情、性格特征和精神气质。人像摄影可以通过抢拍和摆拍等不同方式来完成。

风光摄影，是指以自然风光为拍摄对象的摄影形式，其主要特点是将自然美转化为艺术美，它不能仅仅停留于再现自然景物，而是必须寓情于景，使作品情景交融、意趣盎然，在富有诗情画意的自然风光中，表现艺术家的思想情感和美学追求。例如，我国著名摄影家陈复礼从民族文化宝库中吸取了丰富的创作灵感和构思，将唐诗宋词与自然风光结合起来，创造出美的画面与诗的意境，展示了独特的文化品格和艺术表现力。

舞台摄影，是指以舞台演出为拍摄对象的一种摄影形式。它一般需要摄影师具备较高的摄影造型技术，还需要摄影师对所拍摄的艺术表演有较全面的了解，能充分掌握舞台演出的风格样式、艺术特征，以及演员的表演特色，充分展现舞台艺术的风采和演员高超的表演水平。

生活摄影，是指以人们的日常生活为题材，广泛、深入地反映人们的生存状态、精神面貌、风俗习惯、趣味和情操的摄影形式。这类作品具有很高的欣赏价值和认识价值，并能对不同地域之间思想文化的沟通交流发挥重要的作用，这类作品还具有社会学和民俗学的意义。

建筑摄影，也是摄影艺术的一种，它是摄影师运用一定的摄影技术和手段，专门拍摄精心挑选出来的建筑物，将摄影美和建筑美结合起来的一种摄影形式。建筑摄影需要摄影师懂得建筑艺术的基本规律和历史，认真观察和研究建筑物的特点，选择最理想的拍摄位置、角度和光线，通过建筑物的形体、质感和色调等特征，充分体现建筑物特有的社会文化内涵和科学技术水平，形象地展现建筑美。

虽然摄影艺术自诞生以来仅有一百多年历史，但它发展迅速，在世界各国出现了各种不同的风格和流派，其中最主要的有绘画主义摄影、纪实主义摄影、印象主义摄影、超现实主义摄影等。绘画主义摄影于19世纪中叶起源于英国，很快传遍世界各国，成为摄影艺术史上最早形成、影响最广的一个流派。它在创作上追求绘画效果，作品形式从构图布局到用光影调都有严谨的法则，该派曾风行一时。纪实主义摄影至今仍是摄影艺术中最重要的一个流派，它强调摄影的纪实性，注重直接而逼真地再现客观现实生活，崇尚质朴无华的艺术风格。印象主义摄影是美术上的印象主义思潮在摄影艺术领域的反映，主张摄影艺术应当表现摄影者的瞬间印象和独特感受，讲究形式美和装饰性，追求在摄影作品中达到一种朦胧的画意效果，尤其注重色彩与光线的表现。超现实主义摄影是现代主义摄影流派之一，其美学思想与超现实主义绘画基本相同，在创作时常以剪贴和暗房技术为主要造型手段，采用叠印叠放、多重曝光、怪诞变形、任意夸张等技术和手法，将"超现实的神秘世界"作为表现对象。除此之外，西方现代派摄影还有抽象派摄影、前卫派摄影等。

（二）摄影艺术的基本审美特征

第一，直观纪实性。摄影艺术运用科学技术手段，直接面对被摄对象进行现场拍摄，反映现实生活中实际存在的事物，如实地将被摄对象再现出来，给人以亲眼看到的直观感觉。

第二，光影造型性。摄影用光简称用光，指拍摄时采用各种光源对被摄对象进行照明，以达到理想的光影造型效果。摄影用光包括正面光、侧面光、逆光、顶光、脚光等，具体拍摄时或变换拍摄角度，或灵活地运用人工光源，加强画面的空间感和立体感，创造氛围，烘托主题，使作品具有感人的魅力。影调和色调是摄影艺术的一个重要造型手段。影调是指黑白照片上所表现的明暗层次，色调是指彩色照片上色彩的对比与和谐。影调和色调通过艺术处理可以产生影调层次、影调对比、影调变化和色彩变化、色彩反差、色彩和谐等艺术效果，使摄影作品具有浓郁的情感色彩和丰富的表现力。摄影的艺术性还表现在摄影师主观情感的熔铸方面，摄影作品应当通过光、色、影来体现艺术家的思想情感和艺术创造力，因此摄影师对拍摄的人物和景物必须满怀深情，充满创作的激情，只有这样拍摄出来的作品才能具有感人的艺术魅力。

四、书法艺术

书法艺术主要指通过用笔用墨、点画结构、行次章法等进行文字书写，结合字义造型，表现人的气质、品格和审美情操。书法艺术的基本技法和表现形式主要是用笔、用墨、结构、章法、韵律、风格等几方面。书法的"用笔"是指行笔的方式、方法及其所产生的效果。中国传统书法艺术主要用尖锋毛笔在宣纸上进行创作，书写时，执笔和运笔的方法稍有不同，书写的效果就会呈现明显差异。执笔的高低、轻重，运笔的急缓、方圆，笔锋的藏露、顺逆，点画的长短、粗细，笔法的力感、质感，等等，都需要书法艺术家以精湛的技艺加以掌控，这样才能创作出理想的书法艺术作品。书法的"用墨"，指墨的着色程度，如浓淡、枯润等，墨色富有变化，可表达不同的情感色彩。书法的"结构"，包括字的结构以及每个字的大小、疏密、斜正、呼应对比等。书法家风格不同，书法字体不同，因而书法结构也变化无穷。但无论何种风格或字体，其结构都应当合乎比例，遵循平衡、对称等基本规律。书法的"章法"，是指作品的总体布局，即整幅字在行次布局中应当错综变化、疏密有致，具有节奏韵律，从而体现出整幅作品的神韵。书法的"韵律"，主要指笔画和线条的动静、起伏、枯润等变化，这种韵律来自书法作品中线条整体形成的生动气韵。书法的"风格"，则是指作品整体的艺术特征，以及由此表现出来的书法家不同的艺术追求，它是由用笔、用墨、结构、章法、韵律等共同形成的艺术效果。书法艺术的风格类型多种多样、不胜枚举，包括含蓄、古朴、豪放、雄浑、秀丽、稚拙等多种风格。人们常说的"颜筋柳骨"，就是对唐代著名书法家颜真卿书法作品（如图4-4所示）、柳公权书法作品（如图4-5所示）不同风格的评价。前者笔画刚直、浑厚丰筋，具有整齐大度的美；后者结构紧凑、骨力劲健，具有刚健有力的美。

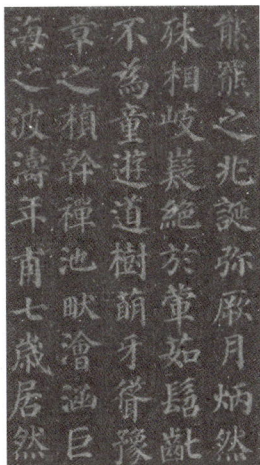

图4-4　颜真卿《多宝塔碑》（局部）

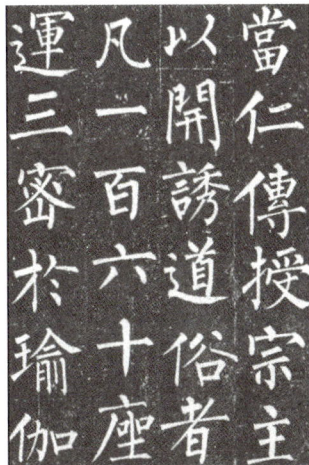

图4-5　柳公权《玄秘塔碑》（局部）

（一）书法艺术的基本种类

书法艺术既是中华民族源远流长的一种传统艺术形式，也是一种东方艺术。中、日、韩等国家和地区的书法艺术都是在汉字字形的基础上发展变化的。据考证，早在三千多年前的殷代，刻在龟甲、兽骨上的甲骨文就是以象形为基础的汉字，它奠定了书法艺术的一些基本要意。

人们一般把各种书法艺术大致区分为篆书、隶书、楷书、行书和草书五种书体。

篆书，又有大篆、小篆的区分。广义的大篆指甲骨文、金文、籀文；小篆又叫"秦篆"，秦统一天下后在全国推行，小篆字形整齐，转角处多呈弧形。

隶书，汉代时由篆书简化演变而成，隶书横笔首尾方中带圆，转角处多呈方折。所见作品有泰山、琅琊、碣石、会稽等地的刻石以及竹简、刻符等。

楷书，也叫正楷或正书，最早出现于魏晋时期，特点是字形方正，笔画平直，风格古雅，整齐端庄。唐朝时，楷书的成就达到高峰。

行书，在魏晋时期得以完善，其特点是字形流畅飞动，刚柔相济，富有很强的表现力。其中，侧重于楷法的行书叫"行楷"，侧重于草法的行书叫"行草"。

草书，始于汉代，最早是由隶书演变而成的"章草"，后来又发展为一般所指的草书，即"今草"。唐代张旭、怀素更创造了独具风格的"狂草"。

（二）书法艺术的基本审美特征

作为一门独立的艺术，书法具有自己特殊的艺术形式和艺术规律，但它与文学、绘画、音乐、舞蹈、建筑等其他艺术门类又有密切的联系。书法与文学有密切的关系，各种诗文常常是书法的主要书写对象和内容，因而书法家必须具有很高的文学修养，历史上许多著名的书法家同时也是著名的文学家。书法与绘画也有极密切的关系，人们常讲"书画同源"，正说明了二者之间这种血缘的联系，加之书法与中国画都用毛笔进行线条造型，更有许多相通之处。书法像音乐一样，具有鲜明的节奏和韵律，具有音乐的美感。书法像舞蹈一样，千姿百态、飞舞跳跃，它的线条和形体犹如优美的舞蹈。传说唐代大书法家、"草圣"张旭从公孙大娘的剑舞中悟出笔法意趣，这说明了书法同舞蹈的内在联系。书法像建筑一样，具有丰富多样的形体和造型，具有整体的力度和气势，它们都属于表现性的空间艺术。人们普遍认为，书法艺术对陶冶人的情趣具有巨大的作用。确实，创作或欣赏书法作品，不仅能给人带来愉悦和满足，而且常常使人们潜移默化地受到熏陶，使审美情趣得到陶冶与提高。概括而言，书法艺术主要有以下基本审美特征：

第一，造型的规定性与创造性。书法艺术是一种造型艺术，其造型会受到汉字形状、结构的制约，但创作主体可以在规定性的基础上，创造出独具个性的艺术形象。

第二，形象意义的规定性与独创性。书法艺术的形象本身具有固定的字面意义，同时，在创造主体通过独特的艺术造型创造的具体书法形象中，又融会了创造主体的特殊情感和意义，体现了书法家个人的独到见解和思想情感。书法艺术不同于实际的文字书写的根本原因，在于书法中充满了作者的主观情感和创造精神。书法创作是书法家运用这一特定的表现形式，将自己的思想情感、精神气质外化到作品中的实践过程。人们常说"书如其人"，就是因为以文字为表现对象的书法艺术将形式和内容结合在一起，可以比其他艺术更充分地表现人的精神面貌。颜真卿的行书《祭侄文稿》，是他为追祭以身殉国的侄子所写的一篇祭文，对亲人的悲痛哀思、对奸臣的愤慨怒斥，形成了这篇书法作品特有的艺术风格。王羲之的《兰亭集序》（如图4-6所示）被称为"天下第一行书"，体现出鲜明的自然天性和人格风采，具有浓郁的魏晋风度，笔势流畅，神态飞扬，淋漓畅快，含蓄有味，给人以变幻莫测而有法度、清俊典雅而又活泼的美感，真正将艺术家人格的风韵与书法的风韵融为一体。书法家还通过线条的长短与粗细、走势刚柔、节奏急缓，以及着墨的浓淡、结构的变幻等抒发浓烈的主观情感。同时，书法家通过对字体、字形的精心加工和演化，使书法作品成为书法家内心世界的象征，蕴含丰富的情趣和意境。正如汉代文学家扬雄所说的"书者，心画也"，这就是讲书法艺术作为写意的艺术，应当在作品中表现出书法家的情感、情绪和审美理想。因此，"笔意"应当是书法艺术的灵魂。所谓"笔法"，则是指用笔的方法，包括正确的执笔和运笔的方法，尤其是表现笔意的具体手法。只有掌握精到的笔法，才能真正传达和表现出书法家独到的风格、气质和笔墨情趣。例如，清代"扬州八怪"中郑板桥、金农、黄慎三人的书法形式与风格都极端个性化。在艺术旨趣上，他们都提倡写真人、真情、真事，反对温柔、敦厚的文风和书风，崇尚个性，有意惊世骇俗，主张标新立异。同时，他们又都兼通诗、书、画三艺，能融会贯通，从而赋予他们的书法创作更多的活水。他们既有画家特有的造型能力，又有诗人特有的情趣天真，使得他们的书法作品别具风采，开拓了书法的表现领域。

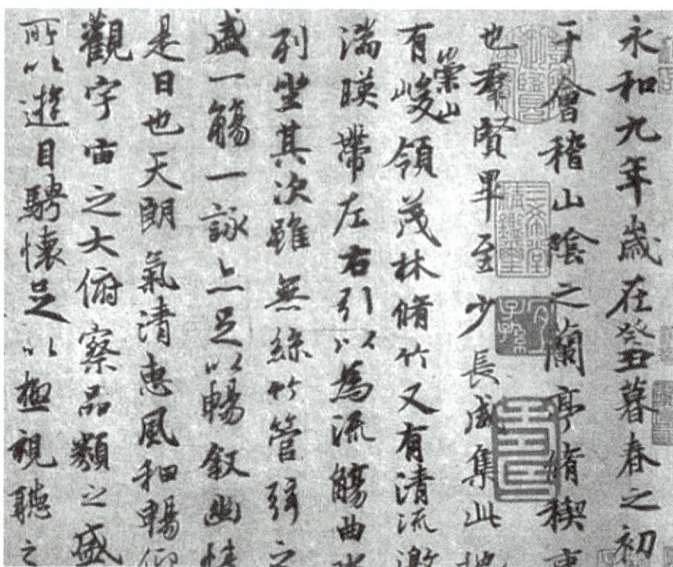

图 4-6 王羲之《兰亭集序》(局部)

第三节 实用艺术的审美特征

所谓实用艺术,是指以实用为目的,同时又具有较强的审美性的艺术种类。实用艺术是人类文化史上古老的艺术种类之一。中国原始社会遗留下来的大批彩陶,古希腊与古罗马遗留下来的巨大建筑,如雅典卫城和罗马大斗兽场等都证明,早在古代,人类在其创造活动中,就不仅使其作品具有直接的用途,而且也将创造性才能对象化,使这些作品成为具有一定审美意义的艺术品。也就是说,实用艺术品具有实用和审美双重功能。

实用艺术是所有艺术种类中最普及、最常见的一大类别,与人们的衣、食、住、行等日常生活关系最为密切。实用艺术与其他艺术的重要区别之一,就在于它不仅能够满足人们在精神上的审美需要,而且还能在一定程度上满足人们在物质上的实用需要。实用艺术最基本的特征就是实用原则与美观原则相结合。实用艺术不注重模仿客观事物,而是注重表现艺术家的审美理想或美学追求,因此,它不强调再现性,而强调表现性,从而形成了实用艺术表现性的特点。

实用艺术与造型艺术二者之间既有联系又有区别。从联系上讲,它们都属于空间艺术,并且都是以平面或立体的方式,运用物质材料创造出静态的艺术形象,使人们凭借视觉感官就可以直接感受到。由于二者的联系如此紧密，有时人们又把它们归为一类。从区别上讲，造型艺术（绘画、雕塑、摄影、书法）主要具有审美功能，满足观赏者的精神需要；而实用艺术兼有实用功能与审美功能，同时满足人们的实用需求和审美需求。

实用艺术主要包括建筑艺术、园林艺术和工艺美术等。

一、建筑艺术

建筑，是建筑物和构筑物的通称，是人类用物质材料修建或构筑的居住和活动场所。建筑（architecture）这个词在拉丁文中原来的含义是"巨大的工艺"，说明建筑的技术与艺术密不可分。建筑艺术的主要特点是按照美的规律，运用形体、节奏、色彩、质感、空间组合等独特的艺术语言，使建筑形象具有文化价值和审美价值，具有象征性和形式美，体现出民族性和时代感。

（一）建筑艺术的基本种类

建筑可根据功能的不同，分为民用建筑、公共建筑、园林建筑、纪念性建筑等。民用建筑主要是为了满足人们的居住需要建造的，其建筑原则是实用、安全、舒适，同时，民用建筑也体现了特有的民族习惯、风俗和等级观念、宗教信仰等民族意识。公共建筑是为了满足人们公共生活的需要而建造的，体现不同时代、地域和社区的集体精神追求、民族精神等。园林建筑是人们将生活环境艺术化，并将其与建筑融为一体的产物，体现了人们对生活情趣的审美追求，同时凝聚了各种艺术的风采。纪念性建筑主要用于对重要事件和人物的纪念，具有强烈的人文意识和时代精神。

除了以上建筑艺术种类外，还有宫廷建筑、宗教建筑、陵墓建筑等。

（二）建筑艺术的基本审美特征

第一，追求以实用性为基础的空间美。早在两千年前，古罗马建筑师维特鲁威就提出了建筑的三条基本原则，即实用、坚固、美观。直到今天，它们仍然是建筑师遵循的基本规律。建筑首先应当具有实用性，人类历史上最早的建筑完全是出于防寒御兽、避雨遮风等实用目的而建造的。在人类社会发展到一定水平、生产力水平提高到一定程度，以及审美观念逐渐形成和发展之后，建筑才具有了审美的性质。也就是说，建筑的审美性是以实用性为基础的。

第二，以空间组合、形体、节奏、色彩、装饰等为艺术语言。建筑艺术的语言包括许多因素，空间组合是建筑的基本形式要素，建筑主要通过创造各种内外空间来满足人们的实用需求和审美需求。巧妙地处理空间，可以大大增强建筑艺术的表现力。如北京的天坛，其整体平面是正方形，中央的圜丘是白石砌成的三层圆台，通过这种空间组合，用有形的建筑实体来表现无形的天宇，以具象的造型来体现象征的意蕴，体现了古代"天圆地方"的观念。同时，耸立在地面上的圜丘坛与周围低矮的围墙形成鲜明对比，不仅扩展了祭祀空间，而且增添了崇高感和神秘感。形体主要是指建筑物的总体轮廓。例如，人民大会堂整个建筑的巨大形体，其外观给人的突出印象是雄伟端庄。节奏是指通过有规律的变化和排列，利用建筑物的墙、柱、门、窗等有秩序的重复出现，产生一种韵律美或节奏美。正是在这一点上，建筑和音乐具有内在的共同之处，因而人们把它们分别称作"凝固的音乐"和"流动的建筑"。例如，从天安门经过端门到午门，就有着明显的节奏感：两旁的柱子有节奏地排列，形成连续不断的空间序列。色彩也常常构成建筑特有的艺术形象，给人们带来独特的审美感受和难忘的印象。例如，故宫，总体色彩金碧辉煌，朱红色的围墙、白色的台基、金黄色的琉璃瓦顶、大红色的柱子和门窗，使这座皇宫的色彩别具一格。装饰作为建筑物的有机组成部分，对创造建筑美也有着不容忽视的作用，它可以起到为建筑物增辉添彩的作用。例如，中国传统建筑十分注意对屋顶的装饰，不仅在屋角处做出翘角飞檐，饰以各种雕刻彩绘，而且常常在屋脊上增加华丽的走兽装饰。总之，正是空间组合、形体、节奏、色彩、装饰等多种因素的协调统一，才形成了建筑艺术特有的空间造型美。建筑造型是构成建筑美感的核心。造型必须符合形式美法则，形式美中的统一、均衡、对称、对比、韵律、比例等法则在建筑造型及其构图中均有体现，其中，最重要的是统一和谐、节奏韵律等。和谐是一切美感的基础，建筑中的统一即和谐，即运用各种技术的和艺术手段，将各种造型因素进行组合，使之协调稳定、浑然一体。多种多样的形式美法则的运用，可以使建筑产生不同的艺术品格。

第三，体现时代精神和民族精神。建筑艺术作为民族文化的体现和时代精神的镜子，又总是以直观形象的方式反映出一定的社会意识形态和深刻的历史文化内涵，使这些建筑具有很高的审美价值和文化价值，人们可以通过通览人类遗留下来的各个时代的建筑，透视文化史和文明史。苏联美学家鲍列夫甚至认为："人们惯于把建筑称作世界的编年史；当歌曲和传说都已沉寂，已无任何东西能使人们回想一去不返的古代民族时，只有建筑还在说话。在'石书'的篇页上记载着人类历史的时代。"[1]建筑往

---

[1] 鲍列夫. 美学. 乔修业, 常谢枫, 译. 北京: 中国文联出版公司, 1986: 415.

往往具有突出的象征性意味，即通过建筑艺术手段来表现某种特定的精神内涵。建筑的象征性是建筑艺术追求的最高境界，一座充满象征意义的建筑物常常是一座历史的碑石，其巨大的精神感染力甚至会超过环境和造型。例如，建筑史上有名的"哥特式建筑"就反映了中世纪欧洲宗教的统治地位。最典型的哥特式建筑——巴黎圣母院（如图4-7所示），正面是一对高60多米的钟塔，靠近后面是一座高达90米的尖塔，它象征中世纪教会的无限权威高高地凌驾于整个城市之上。尤其是它的尖塔，那尖形的拱顶、那又高又细的柱子等都垂直向上，直刺青天，给整个教堂制造出一种上升、凌空、缥缈的艺术效果，目的是把那些饱尝人世痛苦的信徒的目光引向苍天，使他们忘却现实，憧憬天堂。古埃及人在建造金字塔时，在竭力增大建筑体量的同时，又赋予其自然力的表现，从而表明法老权威的至高无上。北京故宫建筑群，其格局纵横交织，前后左右对称，空间的严肃感、稳定性极强，充分体现了中国封建统治者对皇权至高无

上的彰显，以及对法度、秩序和礼仪的追求。中国园林建筑体现了对自然美的崇尚，又将诗、书、画、工艺、雕塑等融为一体，创造出情景交融的和谐景观，蕴含了创作者特有的思想感情和审美意趣。不论是北方皇家园林的华贵、典雅和大气，还是江南苏州园林的静谧、恬雅和变化有致，二者虽有审美观念与精神含量的不同，但都表达了人们追求和谐的审美情趣。悉尼歌剧院由几瓣支起的白色壳体覆盖，像白荷花、贝壳、帆船，但并没有确切的含义，其间蕴含着创作者丰富的情感，引发人们无限的遐思。

图 4-7　巴黎圣母院

二、园林艺术

园林艺术是指人类根据一定的审美观念和审美文化所创造的既具有实用功能又可供人休闲或观赏的自然景观，它利用一定的技术和艺术手段，凭借山水、花草、林木、建筑等组合而成。园林在广义上是建筑艺术的一种类型。

（一）园林艺术的基本种类

园林艺术的基本种类，从世界范围看主要有三种，即东方园林、欧洲园林、阿拉

伯园林。

与其他建筑艺术相比，园林艺术更注重观赏性，并且通过撷取自然美的精华，将自然美与建筑美融合在一起，形成富有情趣的园林美，因而也有人将它和建筑并列为实用艺术中不同的类型。

东方园林既发端于中国，也以中国园林为代表。中国园林最早产生于殷周时代，秦汉时的帝王宫苑已具有较大规模，形成了以湖水为中心、堆山建岛、修筑宫室的"一池三山"的传统中国园林格局。明、清两代在北京修建的北海、中南海，清代修建的颐和园、恭王府花园等，都依水而建。当代园林也多采用这种格局。中国园林的基本特点是崇尚自然，但又不是对自然的简单模仿，而是对自然的艺术再现。明代造园家计成在他的园林学专著《园冶》中说，园林的建造当是"虽由人作，宛自天开"，这是对中国园林基本特点的精当总结。"诗情画意"是中国园林设计的主导思想。造园家总是力求在有限的空间创造出深远的意境。中国园林又分北方园林与南方园林两大派系。北方园林以皇家园林为代表，南方园林以私家园林为代表。北方园林如颐和园，规模宏大，豪华富丽，利用自然地势进行建造。南方园林如拙政园、网师园、西园、留园等苏州园林，与家居相结合，在较小的空间内进行营造，设计精巧，布局自由，风格雅致。它叠石造山，以水石相映构成园中主景；再以亭榭廊门蜿蜒其间，辅以花卉竹木、借景隔墙等，更添情趣。日本园林在早期虽然受到中国的影响，但是在长期发展中形成了多种样式的庭园，有"筑山庭"园林、"平庭"园林、"池泉式"庭园、"枯山水"庭园等，具有独特的风格。

中国古典园林突出的特点是追求一种"诗情画意"的审美境界。无论是北方大型园林，还是南方小型园林，都是将自然美和建筑美有机地融合在一起，将山水、花木和亭、台、楼、阁、厅、堂、廊、榭等巧妙地结合起来，并且特别注意从诗词文赋中吸取精华，追求情景交融的意境美，从而形成了鲜明而独特的艺术风格。

欧洲园林以法国园林为代表。法国园林在17世纪形成了鲜明的特色，并且影响了欧洲许多国家。它崇尚"人工美"，要求结构布局均衡匀称、井然有序。当时著名的造园家勒诺特尔提出要"强迫自然接受均衡的法则"。他主持建造的凡尔赛宫园林就是一个典范。这种园林由规整性的几何图案构成，花坛、道路、水池、草坪和修剪过的矮树等互相配合，平坦开阔，一览无余。精美的雕像安放其中，更显富丽、高雅。欧洲园林也有其他一些不同的风格，其中地位比较重要的有意大利台地园和英国自然风景园。意大利园林一般与郊外别墅连在一起，建在坡地上，根据地形建成几层台地。整个园林分两部分：中心是花园，外围是林园。布局采用规则式，讲究对称与均衡，水池、矮树等组成几何形花纹图案，还特别利用水的效果，层层跌落的流水和喷泉是最为生动优美的景观。英国园林早先是模仿意大利风格。17 世纪之后，法国园林的模式又被英国上流社会仿效。到了 18 世纪，受到中国园林和欧洲风景画的启示，有人指出英国园林"不是顺应自然，而是喜欢尽量违背自然"的弊病，从此园林师开始热心地从自然风景汲取营养，追求牧歌式的自然景色，并形成了"自然风景学派"。

阿拉伯园林发端于古代巴比伦和波斯。当地因为干旱缺水，所以重视水的利用，波斯园林就形成了以十字形道路交叉处的水池为中心的格局。这种格局在阿拉伯地区被继承下来，成为一种传统，其影响遍及中东、北非和西班牙、印度等地。它的花圃为下沉式，低于地面，以利于保持水分。建筑物位于园地的一端。印度在 17 世纪修建的著名的泰姬·玛哈尔陵，就是这种园林的典型。十字形道路把园地整齐地分为四块，中央是水池和喷泉，陵墓建筑位于园地的一端，花圃原来也是下沉式的，后来被填平，改为草地。

（二）园林艺术的基本审美特征

第一，人化的自然美。园林是人们利用自然因素，融会人文因素，为改善和美化生活环境而创造和修建的场所，是人造的景观，是自然美的浓缩。如苏州四大古名园之一的拙政园，全园占地面积约 50 亩（1 亩≈ 666.67 平方米），其中水的面积约占 3/5，池水以土山分隔，形似两座小岛，山上林木葱翠，沿池垂柳依依，山径水廊起伏曲折，古木蔽日，波光倒影，使这些人工造就的自然美达到"虽由人作，宛自天开"的效果。

第二，综合的文化美。中国的园林艺术与中国绘画、中国诗词、中国戏剧等都有紧密的联系，具有文化、历史、美学等多方面的价值。此外，中国古典园林又非常讲究亭、台、楼、阁、廊、榭等建筑形式的美感，并且十分注意使这些建筑物与周围的环境融为一体。例如，扬州的何园（又名寄啸山庄），分东西两部分，有游廊相连接。东部有八角园门、楠木船厅、六柱亭、半月台等建筑物；西部有七间楼厅组成的一组建筑，像蝴蝶形状，通称蝴蝶厅。此外，在水池周围还有一组楼厅和复廊组成的建筑群，供游人登临鸟瞰。这些建筑物往往成为园林中的主要观赏点。尤其需要指出的是，中国园林艺术深深植根于民族文化的沃土，因而具有浓郁的民族风格和民族色彩。在中国古典园林中，大量采用楹联、匾额、碑刻等，包括具有重要历史价值和文化价值的古建筑物、书画题记等，有的还流传着许多为园林增添异彩的传说或典故，真可以说是将自然风景美、建筑艺术美和历史文化知识三者融为一体。例如，作为苏州四大古名园之一的留园（如图 4-8 所示），不仅建筑宏伟，内部陈设古朴典雅，而且有著名的长廊，廊壁上嵌有历代书法家石刻 300 余方，被称为"留园法帖"。另一座苏州四大古名园狮子林，嵌有《听雨楼帖》等书条石刻 60 余方，镌有宋代四大名家苏轼、黄庭坚、米芾、蔡襄的书法，以及文天祥的《梅花诗》等，尤其引人注目。

图 4-8 苏州留园"冠云峰"

第三，景观的意境美。在中国园林里，蕴藏着十分丰富的美学思想。颐和园采用了借景、分景、隔景等多种艺术手法来创造空间美感。宗白华先生认为："无论是借景、对景，还是隔景、分景，都是通过布置空间、组织空间、创造空间、扩大空间的种种手法，丰富美的感受，创造了艺术意境。"①园林的设计常常突出幽深曲折的特点，许多园林在入口处都有一座假山或照壁，挡住游览者的视线，绝不让游览者对园中风景一览无余，同时，还常常把全园分隔为若干个小园或景区，从而达到小中见大、变化多致的意境追求。整个园林的设计，往往也是有层次、有变化的，虚实相生，曲折含蓄，咫尺山林，韵味无穷，风景时而开朗、时而隐蔽，犹如一幅逐步展开的画卷，让人回味无穷，颇有"山重水复疑无路，柳暗花明又一村"的雅趣，其用意在于在有限的环境中创造出无限的意境。情景交融、借景抒情也是园林艺术创造意境的方式之一。例如，承德避暑山庄分为宫殿区与苑景区两大部分，苑景区又分为湖区、平原、山峦 3 个景区，包括康熙以 4 字题名的 26 景和乾隆以 3 字题名的 36 景，都是根据传统文化艺术的各种典故，取山、水、林、泉等不同自然景观而命名。其中水心榭北面的临湖建筑原是清帝书斋，建筑布局取北方四合院形式，康熙帝亲笔题额为"月色江声"，就

---

① 宗白华．美学与意境．北京：人民出版社，1987：409.

是取意于苏轼的《赤壁赋》。每当月上东山、万籁俱寂之时，只见满湖清光、波涛拍岸，充满诗情画意。避暑山庄正门有乾隆题额"丽正门"，也是取《易经》中"日月丽于天"之意。这些元素将园林的风景美、艺术美和文化美融为一体，创造出更加富有艺术魅力的意境。

三、工艺美术

工艺美术是指具有鲜明艺术创造性的产品制造活动。工艺美术作品（产品）是技术与艺术完美结合的产物。

（一）工艺美术的基本种类

工艺的范围极其广泛，几乎包括除建筑以外人类所有的日常生活用品的制造工艺。具体来讲，其主要包括以下三大类：第一类是经过艺术处理的日常生活用品，如漂亮的绣花枕套、精致的被面床单、美观的玻璃器皿等，这些用品多以实用为主、以装饰为辅，或者说，它们是在实用的基础上兼有观赏性。第二类是民间工艺美术品，如竹编器件、草编器件、蜡染织物、泥塑、木雕、剪纸等，它们采用的原材料一般比较普通，工艺比较简单，价格也比较便宜，既可供实用，又可供观赏。第三类是特种工艺美术品，如景泰蓝艺术陶瓷、象牙雕刻、玉雕、金银摆件等，它们采用的原材料比较珍贵，工艺非常精细，价格也比较昂贵，主要供观赏和珍藏之用，这些特种工艺美术品实际上已经不具有实用价值，而是主要具有审美价值和艺术价值。

考古材料证明，实用工艺是人类历史上古老的艺术种类之一。早在原始社会，人类的祖先就开始用兽皮、兽骨、象牙、羽毛来装饰自己。新石器时代出现的大量彩陶，已具有很高的审美价值。我国目前发现的年代最早、体积最大的"彩陶王"，是20世纪80年代初期在辽宁西部出土的具有红山文化特征的陶器，它是一件胎厚为1.3厘米的彩陶大器残片，从器身的弧度及胎厚推测，复原后是一件大口深腹、腹径为1米以上的彩陶镂空大器，是当时特制的祭祀用器，距今已有五千年历史。此外，大汶口出土了一件《红陶兽形壶》（如图4-9所示），整个彩陶造型犹如一只仰首、竖耳、狂吠的动物，动物的口就是倒水的瓶口，它的背就是陶器的把手，设计非常精巧独特，既实用又美观。又如，马家窑出土了一件尖底瓶，瓶上画有四方连续的旋纹，给人一种流动的韵律感。尖底瓶的这种造型不仅美观，而且实用，上重下轻是为了便于倾斜汲水。可见，原始社会的先民已经把实用和审美统一到工艺品的创造之中。

图 4-9　大汶口《红陶兽形壶》

特别需要指出的是，随着社会的发展和科技的进步，人民群众对物质生活与精神生活提出了越来越高的要求，不仅希望日常生活用品坚固实用，而且希望这些用品精致美观，甚至把美观放到越来越重要的位置。由此，实用工艺美术的范围和领域正在不断扩大。如室内设计、服装设计、家具设计等，在现代生活中占据着越来越重要的地位。尤其是 20 世纪迅速发展的工业设计（或称工业艺术设计），包括视觉设计、产品设计和环境设计等领域，正在对人类社会生活的许多领域产生越来越大的影响。工业设计将技术和艺术统一起来，努力使各项产品都达到适用、经济、美观的要求。工业设计产生于 20 世纪 30—40 年代，凡是按照工业模型完成的，同时能满足人的实用需要以及审美需要的成批产品，都是工业艺术的作品。由于现代化工业是大批量地生产，技术与艺术在产品中的完美统一必须通过工业设计才能体现出来，使产品能够既满足人的物质需要（实用功能），又满足人的精神需要（审美功能）。从这种意义上讲，工业设计是现代化大生产条件下对于传统实用工艺的重大发展，也是技术活动与审美活动和谐统一的社会实践的一种崭新形式，并扩展到了人类生产与生活的许多领域。可以预计，工业设计这门重要的新兴学科，在未来将发挥越来越重要的作用。

（二）工艺美术的基本审美特征

第一，实用与审美的统一。有些工艺品侧重实用，有些工艺品侧重审美，但从总体上讲，绝大部分工艺品都属于实用工艺品。实用工艺品首先应当具有实用性，审美性应当寓于实用性之中。因此，实用工艺品总是按照实际使用的要求来进行设计、选材、造型、色彩装饰等，艺术处理和加工等问题都要结合实用要求来考虑。一般来讲，实用工艺品应当适用、经济、美观。所谓适用，就是坚固耐用、使用方便。所谓经济，是指实用工艺品与其他艺术品不同，它本身还是商品，需要通过市场来销售，因而必须尽可能地省工省料、降低成本，这样才能适应人们的消费水平和经济能力，满足人民群众衣、食、住、行等多方面的需要；所谓美观，是指实用工艺品应当尽可能做到造型美、装饰美、色彩美和材料美，在满足人们物质需要的同时满足人们的精神需要，在具有实用功能的同时也具有审美功能。对于实用工艺品来讲，实用是基础，审美应当从属于实用、服务于实用。例如，陶瓷茶具、酒具以及竹编篮子、筐子等，都首先应当让人感到方便实用，然后才谈得上漂亮、美观。因此，人们在实用工艺品的设计制作过程中，常常都是首先考虑使用效果，然后根据实用特点来进行艺术处理与美化装饰。在这方面，我国古代的一些优秀工艺品堪称典范，如河北满城出土的西汉《长信宫灯》（如图4-10所示），它既是一件造型新颖独特的青铜工艺品，又是一件方便实用的生活用品。整个灯具是一个持灯宫女的造型，高48厘米，灯座上安有活动的环壁形灯罩，根据需要可以调整照射的方向，控制光线的强弱。此灯的各个部分都可以拆卸，以便擦拭和清理烟尘。尤为绝妙的是这位持灯宫女的右臂实际上就是此灯的烟尘通道，能使烟尘容纳于宫女的身体之内，这就保持了室内空气的清洁，真可以说是一具设计精巧、具有实用性与审美性的工艺珍品。

图4-10　河北满城《长信宫灯》

第二，技艺性与创造性的统一。工艺品既需要十分注重造型设计以及夸张、变形、均衡等多种艺术手法，来创造实用工艺品的艺术美，又特别直接地受到物质材料和生产技术的影响，需要高超的制作技巧。工艺美术活动是在科学技术和生产成就的基础上进行的，甚至从一定意义上讲，工艺美术生产的水平常常代表了那个时代生产力发展的水平，如我国现存最精致的金银错工艺品是河北定州出土的《狩猎纹车饰》，它是汉武帝时代的作品。所谓金银错是指一种金属工艺，它是将金银或其他金属丝、片嵌入银器表面，构成花纹，然后用错石（或磨石）错平磨光。这件汉代的《狩猎纹车饰》是车子的附件装饰，其花纹均是与狩猎有关的各种图像，如猎人骑马、猎犬逐鹿、拉弓射虎等，仅是人、禽、兽、畜就有123个之多，用来镶嵌的金银丝，色彩灿烂、细如毫发，是一件保存至今最精致的金银错工艺品，体现出早在汉代我国工艺美术的技巧就达到了高超的程度。为了实现造型美，工艺美术家总是尽可能地挖掘和发挥原材料的美，如充分利用木材天然纹理的美和紫砂的色泽、质感等。此外，工艺美术家还巧妙地利用原材料天然的色泽变化，有时甚至利用原材料的瑕疵或斑痕，通过精心构思，取得意想不到的艺术效果。例如，著名的玛瑙雕《虾盘》，原材料是一块淡青色的玛瑙，但当中有一处呈赭红色，工艺美术家便将整块玛瑙雕成一个淡青色的盘子，当中盛放着一只赭红色的"大虾"，造型独特，色彩协调，真可谓匠心独运。工艺美术品的装饰更是非常精致讲究，如当代最有名的核雕工艺品《夜游赤壁》，作者不仅在果核上雕刻了苏轼、黄庭坚等人乘舟夜游的情景，更奇妙的是在小船船首处还雕刻了一条锚链，它由40多个小如米粒、细如发丝的椭圆形小环联结而成，环环相扣，转动自如，可谓巧夺天工。两千年前我国先秦古籍中的科学文献《考工记》，就强调制作工艺品必须"材美工巧"，认为只有将优质的材料和精湛的工艺结合起来才能创造出精美的工艺品。

在中华民族灿烂的文化宝库中，工艺美术品是重要的组成部分，它们具有鲜明的民族风格和时代特色。从仰韶文化时期的彩陶，到奴隶制社会时期的青铜器，从战国、秦、汉时期的漆器，到唐代的丝绸制品和"唐三彩"，从宋代精美的陶瓷工艺品，到明代简洁古朴的木器和清代富丽华贵的景泰蓝，都形象地展现了中国五千年悠久辉煌的历史文化，它们犹如一部生动的百科全书，提供给人们历史、文化、社会、科技、伦理、生活、民俗等多方面的知识，具有很高的审美价值，是进行爱国主义教育和审美教育的形象生动的教材。

现代设计（design），从狭义上讲，也称作工业设计或工业美术，是从传统的工艺美术事业中发展起来的。"它是工业革命后，从包豪斯到现在国际上广泛兴起的一门交叉性应用学科，既区别于手工业品制作也不同于纯艺术品创作，它是在现代大工业生产基础上产生的工业产品创新的社会实践形态。"[1]现代设计或工业设计，是在 20 世纪中叶迅速发展起来的，它几乎包括一切现代工业产品的造型设计，涉及范围十分广泛。

从总体上讲，现代设计或工业设计大致包括以下三方面的内容：

第一，产品设计（product design），从家具、餐具、服装等日常生活用品到汽车、飞机、计算机等高新技术产品，它们都属于产品设计的范畴。产品设计最突出的特点，是将造型艺术与工业产品结合起来，使工业产品艺术化。产品设计也称作狭义的工业产品设计，其本质是追求功效与审美、功能与形式、技术与艺术的完美统一。"这意味着，在当今社会中，设计产品正在迅速地与艺术产品靠拢，设计过程正在与艺术创造接近。人们正在证明或已经证明，'设计应该被认为是一个技术的或艺术的活动，而不

---

① 李泽厚，汝信.美学百科全书.北京：社会科学文献出版社，1990：154.

是一个科学的活动'。'设计……似乎可以变成过去各自单方面发展的科学技术和人文文化之间一个基本的和必要的链条或第三要素。'总之，设计与艺术之间的界限正在消失。"① 产品设计的范围非常广泛，包括家具设计、服装设计、家用物品设计、办公用品设计，以及范围极广的工业产品设计（包括汽车设计、飞机设计、电器设计等）。

第二，环境设计（environment design），是指人类对于各种自然环境因素和人工环境因素加以改造和组织，对物质环境进行空间设计，使之符合人的行为需要和审美需要。"环境设计包括室内设计、庭园设计、建筑设计、城市设计和国土设计等，它是以整个社会和人类为基础，以对空间进行规划为中心的创造性活动。"② 近年来，随着人们的物质文化与精神文化水平的不断提高，环境设计越来越引起人们的重视，在此基础上的环境艺术也越来越普及。环境艺术就是要对人们生存活动的场所进行艺术化处理，从而为人类社会创造出舒适、优美的生存环境。它包括以自然风景和名胜古迹为主的景观环境，以城镇街区和建筑组群为主的空间序列环境，以陈设、小品和人工绿化为主的日常生活环境。

第三，视觉设计（visual design），是指人们为了传递信息或使用标记所进行的视觉形象设计。从狭义上讲，视觉设计又称作平面设计。视觉设计的范围十分广泛，包括装帧设计、印刷设计、包装设计、展示陈列设计、视觉形象设计、广告设计等。尤其是随着现代科技的发展，视觉设计已经不再局限于平面设计，而是充分调动了光、色、文字、图形、运动等多种手段，扩展到电视、计算机等领域。正如英国皇家艺术学院的彼得·多默博士所指出的："自从 1945 年以来，平面设计领域已经扩宽而且发生了变化。它的产品已经彻底改变了西方及西方型文化的每一个人的精神生活和想象力。科技媒介的参与和增多使平面设计产生了更有力的影响。当代电视和电影的广告片，成为紧凑编辑而成的视觉戏剧，这些戏剧能在 45 秒内用暗示和直接叙述的方式传达出一个故事。消费者的成熟意味着：走在大街上的人都变成了熟练处理视觉隐喻和平面双关语的能手，且遍及广播、新闻印刷品、杂志和广告媒体中。"③

综上可知，现代设计或工业设计与传统的工艺美术有了根本的区别。现代设计或工业设计的本质是：现代化的工业生产必须通过设计才能在产品中体现出技术与艺术的完美统一，使产品既能够满足人的物质需要（实用功能），又能满足人的精神需要

---

① 贝利，加纳.20 世纪风格与设计.罗筠筠，译.成都：四川人民出版社，2000：3.

② 李泽厚，汝信.美学百科全书.北京：社会科学文献出版社，1990：155.

③ 多默.1945 年以来的设计.梁梅，译.成都：四川人民出版社，1998：114.

（审美功能）。随着社会的进步、科技的发展，以及人们物质文化与精神文化水平的不断提高，现代设计或工业设计这一门新兴学科将发挥出越来越重要的作用。

第四节　表情艺术的审美特征

　　表情艺术，是指通过一定的艺术形式来直接表现人的情感，间接反映社会生活的艺术种类，主要包括音乐、舞蹈两门艺术。表情艺术是人类历史上最古老的艺术门类。远古时代原始人的狩猎活动和巫术活动中，就有了舞蹈与音乐。原始巫术仪式常常是原始人敲打着石器时代的原始工具，跳着模仿狩猎活动或者娱神的原始舞蹈来进行的。研究表明，当原始人类还处于野蛮时代时，原始舞蹈就已获得重要的发展，而原始音乐往往是伴随着原始舞蹈发展的。表情艺术也是当代人们生活中最普及、最广泛的艺术门类。与其他艺术种类相比，音乐和舞蹈或许是除艺术家以外的普通人直接参与最多的艺术形式。人们或者唱歌，或者练习乐器，或者跳交际舞，使得音乐和舞蹈具有广泛的群众性。与此同时，专业的音乐艺术家和舞蹈艺术家又常常需要经过长期的、艰苦的、严格的训练和培养，这说明音乐和舞蹈又是两门具有高度科学性和技艺性的艺术种类。表情艺术最基本的美学特征就是抒情性和表现性。音乐和舞蹈能够最直接和最强烈地抒发人的情感和情绪，无须通过其他任何中间环节，直接撼动听众或观众的心灵。与此同时，音乐和舞蹈这两门表情艺术又总是需要通过表演这个二度创作的过程，才能创造出可供人们欣赏的音乐形象或舞蹈形象，因此，表演性构成了表情艺术另一个重要的美学特征。此外，音乐和舞蹈这两门艺术还有一个鲜明的美学特征，这就是它们都具有强烈的节奏和韵律。

一、音乐艺术

　　音乐艺术是以人声或乐器声音为材料，通过有组织的乐音在时间上的流动来创造审美情境的表现性艺术。

　　音乐艺术的艺术语言和表现手段非常丰富，主要包括旋律、节奏、和声等。其中，旋律是音乐最主要的表现手段，它把高低、长短不同的乐音按照一定的节奏、节拍，以及调式、调性关系等组织起来，塑造音乐形象，表现特定的内容和情感。旋律具有很强的艺术表现力，它可以表现出音乐的内容、风格、体裁，甚至可以体现出音乐的民族特色和地域特征，因此，人们常把旋律称作音乐的灵魂。节奏也是音乐最基本的表现手段，是指音响的长短、强弱、轻重等有规律的组合，它既是旋律的骨干，也是乐曲结构的主要因素，使乐曲体现出情感的波动起伏，能增强音乐的表现力。和声同样是音乐最基本的表现手段，它是指多声部音乐按照一定关系构成重叠复合的音响现象，使音乐具有结构感、色彩感和立体感。此外，复调、曲式、调式、调性以及速度、力度等音乐语言和表现手段，也都是通过有规律的变化与组合，共同将乐音在时间中展开来塑造音乐形象的。

（一）音乐艺术的基本种类

音乐艺术可分为声乐和器乐两大类。声乐是指以人声歌唱为主的音乐，可分为男声、女声和童声三类。男声、女声和童声又分别可以分为高音、中音和低音。器乐是指用乐器发声来演奏的音乐，可分为弦乐、管乐、打击乐和弹拨乐四种。歌曲可分为颂歌、抒情歌曲、叙事歌曲、进行曲等。器乐作品有序曲（如《威廉·退尔》序曲）、协奏曲（如贝多芬的《D大调小提琴协奏曲》）、奏鸣曲（如贝多芬的《春天奏鸣曲》）、交响曲（如贝多芬的《英雄交响曲》）等。在演奏（唱）方式上有独奏（唱）、合奏（唱）、重奏（唱）、齐奏（唱）等。近年来，我国声乐又被划分为民族唱法、美声唱法和通俗唱法三大类。所谓民族唱法，还可以细分为汉族民歌与少数民族民歌，在演唱方法上大多比较自然质朴，具有浓郁的民族风格和地方特色。所谓美声唱法，源于意大利，它追求声音效果，讲究发声方法，注意运用华彩和装饰唱法。所谓通俗唱法，是现代工业社会电子传播技术广泛运用后出现的一种歌曲演唱法，它往往需要演唱者手持话筒进行演唱，对演唱者本人的声乐训练没有太多严格的要求。

音乐是人类历史上十分古老的艺术种类之一。人类学家和历史学家认为，原始的歌唱或许在远古的野蛮时代就出现了。这些原始音乐已经随着时间的流逝而消逝，无从考察。唯有少量古老的乐器被保存下来，从这些残存的原始乐器可以窥见音乐漫长的发展历史。迄今为止已经发现的最古老的乐器是在乌克兰境内原始人遗址中找到的6支用长毛象骨骼制成的乐器，每支都能发出不同的声音。我国迄今发现的最早乐器，是在距今7 000余年的浙江余姚河姆渡遗址发现的骨哨和陶埙。骨哨是用禽兽肢骨制成的，原始人类最早可能是通过骨哨发出的声音来诱捕禽鸟，由此骨哨发展成原始社会的吹奏乐器。由我国古代的哨发展而来的陶埙上有吹孔，它也是一种原始的吹奏乐器。我国先秦时代相继出现了众多著名的音乐家，如伯牙、师旷、晏婴等。西周还专门设立了掌管音乐和音乐教育的乐官，出现了由周王朝制定的"雅乐"和流行于民间的俗乐"郑、卫之音"。先秦时期的乐器也有了更大的发展，1978年在湖北省随县曾侯乙墓出土了举世闻名的编钟。编钟堪称我国古代最庞大的乐器，共64件，重达2500千克以上，经测定，其音色明亮，音域宽广，全部音域贯穿5个八度组，高音、低音明显，并已构成完整的半音阶，它的出土被认为是世界音乐史上的重大发现。汉魏时期则是我国古代音乐史上的一个重要发展时期，当时北方的"相和歌"与南方的"清商乐"取得了很高的艺术成就。汉武帝时还正式建立了乐府这种音乐机构，该机构大量采集民歌民谣、制定乐谱、配乐演唱、培训乐工等。隋唐时期由于社会经济的发展变化与各民族文化的交流融合，在大量吸收西域音乐的基础上，出现了新俗乐（燕乐）和众多曲目。唐代的教坊成为当时天下音乐、舞蹈精英的荟萃之地，长安的乐工曾经多达万人以上，隋唐的音乐专著多达400多卷。宋、元、明、清时期，民间音乐有了较快的发展，元杂剧、南北曲、昆曲中蕴藏着中国传统音乐文化的宝贵财富。我国近现代音乐史奠基人之一萧友梅于20世纪20年代在北京大学音乐传习所任教，1927年，在时任南京政府大学院（后改为教育部）院长蔡元培的支持下，政府通过了萧友梅提出的创立国立音乐学院计划。同年10月底，我国第一所音乐学校——上海国立音乐院开始招生。在现代音乐史上，还涌现出了刘天华、华彦钧（阿炳）、聂耳、冼星海等著名的音乐家，以及众多蜚声中外的优秀音乐作品。

西方音乐文化在古希腊时期就达到了相当高的水平，许多思想家都非常重视音乐理论与音乐的教化功能。毕达哥拉斯学派从音乐与数学的关系出发，强调音乐是和谐的表现。柏拉图更是认为音乐的节奏与曲调有最强烈的力量，能浸入人的心灵的最深处，通过音乐美的浸润能使人的心灵得到美化，因而他强调音乐教育比其他教育都重要。亚里士多德也认为音乐是一种最令人愉快的艺术，他认为音乐具有教育作用、净化作用以及精神享受的作用。欧洲中世纪在教会的控制下，民间音乐与世俗音乐遭到限制和扼杀，而教会则利用宗教音乐来宣传教义、扩大影响，宗教音乐中的赞美歌、多声部合唱等均有了较大的发展。16世纪末叶起，器乐取得了相当大的发展，特别是诞生了歌剧这一综合了音乐、戏剧、美术等艺术门类的新型艺术形式。也是从这个时期开始，西方音乐涌现出许多著名的音乐家和各种不同的音乐流派，创作出许多优秀的音乐作品。这个时期最重要的音乐流派主要有古典乐派、浪漫乐派和民族乐派。古典乐派是从18世纪下半叶至19世纪初在维也纳形成的以古典风格为创作标志的音乐流派，以海顿、莫扎特和贝多芬3人为主要代表。这个流派推崇理性和情感的统一，追求艺术形式的严谨和完美，在创作手法上注重戏剧的对比、冲突和发展，成为当时的典范。浪漫乐派是19世纪在欧洲兴起的音乐流派，浪漫乐派音乐最大的特点就是强调激情，强调抒发主观情感，强调表现个性。前期浪漫乐派的代表人物是德国作曲家舒伯特和舒曼、匈牙利的李斯特、波兰的肖邦、法国的柏辽兹等人，后期浪漫乐派的代表人物是德国音乐家瓦格纳和勃拉姆斯、俄国音乐家柴可夫斯基等。与此同时，19世纪中叶以后，在欧洲各国又兴起和发展了民族乐派，民族乐派主张音乐应当具有鲜明的民族风格和民族特色，注意采用本国的民间音乐作为创作素材，将传统音乐成果与本民族音乐密切地结合起来。民族乐派的主要代表人物包括挪威的格里格（管弦乐组曲《培尔·金特》）、捷克的德沃夏克（《新世界交响曲》），以及俄国"强力集团"的一批著名音乐家如穆索尔斯基（交响音画《荒山之夜》）、里姆斯基－科萨科夫（交响组曲《舍赫拉查德》）和鲍罗丁（交响音画《在亚细亚草原上》）等。20世纪西方音乐更是流派繁多，难以尽述，其中主要有以法国音乐家德彪西为代表的印象派音乐、以奥地利音乐家勋伯格为代表的表现派音乐、以意大利音乐家布梭尼为代表的新古典主义音乐等，并且相继出现了爵士乐、摇滚乐、电子音乐等，使西方现代音乐呈现出十分复杂的状况。

（二）音乐艺术的基本审美特征

1. 丰富的情感性

人们普遍认为，音乐是情感的艺术，表情性是音乐艺术的本质特征。《礼记·乐记》云："乐者，音之所由生也；其本在人心之感于物也。"黑格尔认为，"音乐所特有的因素是单纯的内心方面的因素，即本身无形的情感""音乐是心情的艺术，它直接针对着心情"。[①] 音乐中有组织的乐音，通过力度的强弱、节奏的快慢、幅度和能量的大小等多种方式，来表现人们繁复多样、深刻细腻的内心情感。正因为如此，我们可以感受到《二泉映月》的哀怨、《金蛇狂舞》的热烈、《春江花月夜》的恬静、《江河水》的悲泣，也可以感受到贝多芬作品的激情奔放、莫扎特作品的优美细腻、德彪西作品的朦胧伤感、柴可夫斯基作品的忧郁深沉。而且，它们不仅直接表现人类各种细微复杂的情感情绪，而且直接触及人的心灵的最深处，激发和宣泄人的激情。白居易在著名的《琵琶行》中写道，听完琵琶女如怨如诉的演奏后，"凄凄不似向前声，满座重闻皆掩泣。座中泣下谁最多，江州司马青衫湿"。列夫·托尔斯泰听到《如歌的行板》后，也禁不住流下了热泪。李斯特认为，音乐之所以被人们叫作最崇高的艺术，"那主要是因为音乐是不假任何外力，直接沁人心脾的最纯的感情的火焰；它是从口吸入的空

---

① 汪流，陈培伸，余秋雨，等. 艺术特征论. 北京：文化艺术出版社，1984：239，246.

气，它是生命的血管中流通着的血液""感情在音乐中独立存在，放射光芒"。[①]音乐的这种特殊性，根源于音乐特殊的物质媒介和表现手段，它以乐音为材料作用于人的听觉，可以直接传达和表现音乐家感情的起伏、变化和波动，就像黑格尔所说的那样，音乐作品透入人心与主体合而为一。显然，音乐最基本的艺术功能就是表现情感，即使少数描绘性的音乐作品也不例外。例如，我国著名的唢呐独奏曲《百鸟朝凤》以唢呐模拟布谷鸟、斑鸠、猫头鹰等各种鸟类的鸣叫声，富于浓厚的生活气息，但全曲从总体上讲仍然是通过万物生机勃勃、欣欣向荣的景象表现欢快、热烈的生活情趣和情感。在贝多芬的《田园交响曲》中，有器乐模拟和描绘的雷声、雨声、风声和鸟鸣声，但它们仍然是为了表现音乐家在生活中的感受，通过这种借景抒情或寓情于景的手法，来传达对于生活的情感体验。正如贝多芬本人所讲："田园交响曲不是绘画，而是表达乡间的乐趣在人心里所引起的感受，因而是描写对农村生活的一些感觉。"[②]

其实，音乐直接带给人们的，只是富有一定节奏、旋律、强度和音色的声音状态，而不是情感，只有当人们在接受声音的刺激时迅捷地、下意识地将自己的认知能力、审美意识与特有的声音状态相融合，才使声音状态在认知、评价和审美观照之下具有一定的情感色彩。这一特征也使得音乐作品的情感内涵往往还具有多义性和模糊性，欣赏者的个人经历、审美感知不同，引起的联想和想象也不同。关于贝多芬的钢琴奏鸣曲《月光》，据说是一位德国音乐批评家雷斯诺在贝多芬死后，根据他自己对这首奏鸣曲的体验和理解而命名的，但其他音乐理论家并不同意雷斯诺对这首乐曲的理解，很多人认为这首奏鸣曲主要表现了贝多芬对生活的幻想和探索，而且贝多芬本人也曾将这个作品叫作"幻想曲式的奏鸣曲"。从这个例子可以看出，不同的听众对同一首曲子完全可以产生不同的审美感受和情感体验。这从另外一个角度证明了音乐内容的非语义性，以及音乐表现情感的复杂性和模糊性，而这些朦胧或多义的情感常常是语言所难以表现的。

2. 意义的象征性

象征性是音乐艺术的一个重要审美特性。与其他艺术相比，音乐具有独特的意味。它以声音作为实现象征意义的媒介，人们以自身的听觉器官所感知到的声音与客体事物相互对应，从而实现独特意义的呈示，即象征性。音乐的象征性主要取决于声音的特有属性，如力度、音色、音高与音程的变化等。象征意义的实现最终也在于声音的特有属性与所表达的情绪情感之间的固定联系，这种固定联系是人们在长期审美实践

① 汪流，陈培仲，余秋雨，等．艺术特征论．北京：文化艺术出版社，1984：264.
② 同①255.

过程中积淀而成的。比如，人们常常用小号的声音象征光明、以铜管乐象征英雄凯旋等，这些均是乐器的声音属性与人的精神和情感自然吻合的例证。声音力度的变化具有很强的象征性，由弱到强和由强到弱的声音延宕，可以象征一场战斗的由起始到激烈和由惨烈到宁静，也可以象征队伍的由远及近和由近及远。音色的变化也是声音象征性的重要表现手段。音色是人声或乐器在音响上的特色，主要由其谐音的多寡及各谐音的相对强度所决定。音色与人的情感及客观物象并没有必然的联系，但由于一定的音色在其品质上可能与人的某种感情相吻合，因而便可以发生内在联系，并拥有一定的象征意义。不同的节奏也具有不同的表现作用。例如，进行曲一般都是偶数拍子，节奏鲜明，适用于行进场面，如《大刀进行曲》；而圆舞曲则旋律流畅、节奏明确，总是一种强弱弱的三拍结构，使得乐曲活泼欢快、富有朝气，如《多瑙河圆舞曲》。朱光潜先生认为："节奏是主观与客观的统一，也是心理和生理的统一。"[①]一般来讲，节奏缓慢、沉重的音乐作品，传达给听众的情绪情感总是偏于忧郁、悲伤，如柴可夫斯基著名的《悲怆交响曲》第四章"缓慢的柔板"，该作品以缓慢沉重的节奏和不协和的和弦，表现出令人悲痛欲绝的剧烈哀伤，使听众产生强烈的情感共鸣。至于那些节奏轻快、急促的音乐作品，传达给听众的情绪情感总是偏于欢快、热烈，如贝多芬著名的钢琴奏鸣曲《黎明》，处处洋溢着朝气蓬勃的活力，明朗的曲调和清澈的音色体现出音乐家对大自然的热爱、对生活的赞美、对光明和幸福的向往。

3. 形象的模糊性

音乐形象看不见、摸不着，它需要欣赏者充分调动审美感受力，用心去体验、想象和联想，在内心唤起一定的情感意象，从而完成音乐形象的塑造。正因为如此，音乐形象不具有空间性，而具有时间性，它与舞蹈、绘画、雕塑等具体直观的艺术形象不同，不占有空间的位置。波兰音乐理论家丽莎曾经以生动的例子来说明："例如在听肖斯塔可维奇《第七交响曲》中希特勒匪徒进军的那段音乐时，我们听到了正在逼近的法西斯匪帮，感到它越来越近，甚至就在眼前，但是却没有一个听者会将这种逼近看成是正发生在他们听这部交响曲的音乐厅的空间里。同样，在听里姆斯基－科萨科夫的《席赫拉扎达》第一乐章时，人们清楚地感到由音乐展示出来的海浪的空间性，但是却没有一个人会把这种海浪看成是发生在音乐厅的空间里，或是发生在听收音机广播的自己房间里。"[②]音乐形象不是静止的直观形象，而是欣赏者在欣赏音乐的过程中

---

① 朱光潜.美学书简.上海：上海文艺出版社，1980：78.

② 丽莎.论音乐的特殊性.于润洋，译.上海：上海文艺出版社，1982：22.

想象而成的艺术形象。声音作为音乐艺术的物质媒介，不能呈现具体的艺术形象，只是提供激发想象的基本手段和元素。正是那些具有一定组织形式的乐音，伴随着创作者和欣赏者进入自由想象的空间，创造出一个自由想象的灵性世界。在音乐想象的空间中，由于声音媒介并不与现实世界的具体实物相对应，其组织形式也难以具体描述一个完整的事件，因而其情感或形象都是不确定的。但这并不表明音乐艺术对客体世界的表现是漫无边际的，事实上，特定的乐音组织形式必然与一定力度、强度和色彩模式的情感状况相联系，艺术家和欣赏者正是依据乐音组织形式所大体限定的情感模式展开想象的。

虽然音乐的想象依据的物质媒体材料——声音，不表现具体的概念和思想，但在音乐活动的某个地域和民族中，一定的乐音组织形式可以经过长期实践，在人们的审美心理中形成相对应的或比较贴近的情感模式，这是非常普遍的现象。艺术家和欣赏者的想象活动正是基于自身审美文化的特性，并受制于上述限定而展开的。即便如此，音乐家的想象空间和想象色彩仍是最为自由和丰富的，他的想象处在一种情感的世界，而不与客体世界的具体实物和概念直接对应，因此音乐家的想象享有更为广阔的自由度。不同的人欣赏同一首乐曲，由于各自不同的生活经历、文化修养和审美趣味，也经常会形成欣赏主体自由建构的艺术形象，听众的联想、想象和情感体验具有广阔的自由空间。

二、舞蹈艺术

舞蹈艺术是以规范化的人体动作及组织形式为主要表现手段，运用节奏、表情、构图、造型等要素来创造形象和表现情节与情感的艺术样式。

（一）舞蹈艺术的基本种类

舞蹈艺术是人类历史上非常古老的艺术形式之一。远古时代原始社会的先民们就开始了图腾舞蹈活动，并且把它作为图腾崇拜的一项重要内容。最早的舞蹈常常是歌、舞、乐三者合为一体的，既是巫术礼仪，又是歌舞活动。如我国商代的巫舞、周代的文舞与武舞、春秋战国的优舞以及汉代百戏中的舞蹈，均为歌、舞、乐三者合一的艺术。唐代除了豪华壮观的大型宫廷乐舞"立部伎"和精致典雅的小型宫廷宴乐"坐部伎"外，还有著名的"健舞"，如胡腾舞、胡旋舞、剑器舞，以及歌舞大曲，如著名的《霓裳羽衣舞》等。此外，唐代的民间舞蹈也十分普遍，逢年过节或丰收祭祀时都要举行舞蹈表演活动。宋代民间盛行的综合性表演形式"舞队"、明清时期戏曲中的舞蹈表演等，都具有十分浓郁的民族特色。欧洲舞蹈早已在宫廷和民间盛行，不少国家将舞蹈作为普遍的风尚。1581年意大利籍艺术家在法国宫廷排演了第一部真正的芭蕾《王后的喜剧芭蕾》后，芭蕾舞迅速在欧洲各国传播，在17世纪开设了第一批芭蕾舞学校后，出现了许多职业性的芭蕾舞蹈艺术家。19世纪更堪称芭蕾艺术的黄金时代，芭蕾舞的脚尖舞技巧和一整套的训练方法日臻完善，逐渐形成了芭蕾艺术的意大利学派、法国学派和俄罗斯学派，它们具有各自鲜明的艺术风格和民族特色，还出现了《吉赛尔》《天鹅湖》《睡美人》等一批闻名于世的优秀芭蕾作品。20世纪初以美国著名舞蹈家邓肯为先驱的现代舞，以自然的舞蹈动作打破了古典芭蕾传统的程式束缚，更加自由地表现了舞蹈者内心的情感。此外，世界各地区和民族也都有许多各具特色的舞蹈，如印度的古典舞、印度尼西亚的巴厘舞、日本的盆舞、斯里兰卡的象舞、墨西哥的踢踏舞、波兰的玛祖卡舞，以及非洲大量力度很强的民间舞，它们使世界舞蹈艺术灿烂多姿。

从总体上讲，舞蹈的品种有民族舞、民间舞、古典舞、现代舞等。按出场人物的数量划分，舞蹈可分为独舞（由一位演员表演的舞蹈样式，如芭蕾舞剧《天鹅湖》中就有白天鹅独舞与黑天鹅独舞）、双人舞（由两位演员，通常是一男一女合作表演的舞蹈样式，如我国舞剧《丝路花雨》中英娘和神笔张的双人舞）、三人舞（包括独立作品的三人舞，如《金山战鼓》，以及舞剧中的三人舞，如《天鹅湖》的大天鹅舞）、群舞（也称集体舞，指四人以上合作表演的舞蹈，如《红绸舞》）等。

（二）舞蹈艺术的基本审美特征

第一，人体造型性。舞蹈又叫作"活动的雕塑"，指的是舞蹈不仅具有雕塑般的造型效果，而且在运动中不断出现姿态造型，舞蹈在表演的空间和时间内，不断通过舞蹈者的动作和姿态以及色光造型等各方面的合理布局，形成舞蹈构图。舞蹈者或舞蹈队形的空间运动线具有很强的形式美感，斜线的延续和纵深感、圆弧线的流畅和匀称感、曲线的跳动和游弋感，均可给人以不同的情绪和感觉。舞蹈者的静态造型，即三角形的稳定和力度感、圆弧形的柔和与流畅感，也可产生不同的意味。但运动线和造型本身并不具有确切的含义，只有当舞蹈者根据作品主题的要求，对运动线和造型赋予一定的情感内涵，并将动作节奏与服饰、音乐、灯光、布景等整合为一体，在平衡、对称、动静、明暗等不断变化的运动性构图中实现整个作品的多样统一，才能使运动线和造型富有鲜活的生命灵气，创造艺术意象和艺术形象。舞蹈形象是指由人体的动作、姿态和造型，并借助其他艺术因素所构成的舞蹈思维的产物。除了一般人物形象外，还包括一切舞蹈的动态形象，如单一的舞蹈动作的姿态造型、舞蹈动作组合、舞蹈场面调度等，它们不囿于单纯的人物形象，而是超出人物形象的范围，重在表现那些具有一定舞蹈意象和意境的动态形象。比如，在舞蹈表演中通过群体的舞蹈动作形象所形成的如群山、大海、燃烧的火焰、奔腾的江河等，体现了具有丰富意象和深远意境的舞蹈形象。

第二，抒情性。舞蹈和音乐一样，以表现情感为主，但因为舞蹈是在空间与时间上的充分展示，且具有综合性艺术特色，所以与音乐相比，舞蹈在情感渲染和气氛烘托方面更为浓烈。这集中表现为其抒情与表现的统一。舞蹈艺术具有表达情感、表现情绪、表现意象和意境的特性，同时又是尽情抒发和渲染情感的艺术。《毛诗序》中说"情动于中而形于言，言之不足故嗟叹之；嗟叹之不足故永歌之；永歌之不足，不知手之舞之足之蹈之也"，将舞蹈置于情感抒发的最高层次。与音乐相比，舞蹈具有一定的再现性，舞蹈动作的虚拟化和程式化是介于表现和再现之间的艺术手段。随着舞蹈的发展，其表现性特色和精神性因素愈加突出。在现代舞蹈中，几乎找不到丝毫模拟或再现的痕迹。舞蹈与音乐类同，其艺术形式具有相对独立的意义，而艺术内容是丰富多样的，它表现一定的情感范围，但没有确定的形象和意义。在舞蹈表演中，舞者常常是以情带舞、以舞传情，凭借一系列能够表达审美情感的舞蹈动作、步伐、手势、姿态和表情等，将内心无形的情思，即意象，外化为具体、生动且富有美感的动态形象，从而完成舞蹈创作的基本使命。如果在舞蹈中过分强调其表现观念性或精神性的使命，实际上是勉为其难的。

第三，律动性。节奏是舞蹈艺术最基本的构成要素和表现手段。舞蹈节奏一般表现为人体的律动，即人体动作的力度强弱、速度快慢，以及动作幅度、强度的大小等，因此，舞蹈节奏常常体现为人体动作的韵律美。宇宙万物的运行都要遵循一定的规律，这种秩序即节奏。人们以自然形态的生活动作为基础，予以提炼、加工和美化，创造出舞蹈动作的节奏性。说到底，舞蹈节奏在根本上是人的生理与心理节奏的审美化表现。在人的机体内部，首先是人的生理机制本身具有规律性的运行节奏，这是维系人的生命活动的必要条件。与之相联系，人的心理机制也有一定的运行节奏。而当人的各种情绪情感发生变化时，便会使机体内部产生各种不同节奏的变化。舞蹈是一种情感性活动，其情感变化所导引的内在节奏变化又会通过舞蹈动作的节奏变化表现出来。舞蹈节奏通常表现在动作的力度、速度和幅度三方面，力度的强弱、速度的快慢、幅度的大小，均可与特有的情感色彩相联系。舞蹈节奏与舞蹈者面部、肢体表情因素相结合，加上音乐等因素的配合，更可以表现出较为复杂和丰富的情感内容。一般来说，旋转的动作可以表现人物激动的情感，旋转力度的渐弱和速度的渐慢，也就意味着激情的渐渐平复；跳跃的动作常常用来表现喜悦和欢快的情绪，幅度较大的跳跃动作更可以表现人物的豪迈与奔放。某些现代舞蹈的动作节奏时常体现出对人的生理节奏的超越，或者心理节奏的放逐甚至紊乱，其动作节奏也就时常出现超乎寻常的律动，这与特定的心理和情感因素恰恰是相吻合的。而某些怪诞或杂乱的舞蹈节奏，也正是表现了舞者心理和情感的失谐。舞蹈动作节奏的起伏变化，不仅可以表达一定的内容、传达一定的情感，而且可以形成舞蹈的韵律美。例如，大型民族舞剧《丝路花雨》以举世闻名的敦煌壁画与丝绸之路为背景，通过唐代画工神笔张和女儿英娘的经历，歌颂了中外人民源远流长的传统友谊。剧中女主人公英娘的一段独舞，从"反弹琵琶"的造型开始，动作节奏由缓到急，动作幅度由小到大，展现了人物情感的起伏变化，塑造出优美动人的舞蹈形象。在这种情景交融的境界中，观众深深感受到舞蹈的韵律美。在舞蹈艺术中，音乐发挥着重要作用，没有成功的音乐就没有完美的舞蹈，而节奏正是它们结合的纽带。富有韵律美的舞蹈动作，建立在音乐节奏的基础之上；而音乐的节奏，又需要通过优美的舞蹈动作来形象地展现。正是节奏将舞蹈、音乐以及舞蹈动作紧紧地联系在一起，创造出完美的舞蹈作品。

第五节　语言艺术（文学）

语言艺术，即文学，是以语言或其文字符号为表现媒介的一种艺术形式。语言艺术是重要的艺术种类之一，对人们的社会生活具有重要影响。

一、语言艺术的分类

语言艺术是一个庞大的艺术门类，它历史悠久，成就辉煌，具有自己系统的、独特的艺术规律和审美特征。诗歌、散文、小说、戏剧文学和影视文学是语言艺术的主要体裁。

诗歌是语言艺术的基本体裁之一，它是用有节奏、韵律的语言反映社会生活和表达思想感情的艺术。在艺术起源时期，诗歌与音乐、舞蹈三者常常融为一体。后来诗歌逐渐发展为一种独立的艺术形式。中国古代曾把不合乐者称为诗、合乐者称为歌，现在一般统称为诗歌。我国最早的一部诗歌总集是《诗经》，它产生的时代上自西周初期（公元前 11 世纪），下至春秋中期（公元前 6 世纪），最后于春秋时期汇编而成。我国文学史上第一位杰出诗人屈原，创作了古代最早的一篇长抒情诗《离骚》。前者成为我国现实主义诗歌的源头，后者则开创了我国浪漫主义诗歌的先河。西方流传至今最早的文学作品是诞生于公元前 8 世纪左右的古希腊"荷马史诗"，即《伊利亚特》和《奥德赛》两大著名史诗，它们对后来诗歌的发展产生了很大影响。诗歌作为历史最久、流行最广的文学体裁，在中外文学史上产生了难以计数的众多作品。诗歌分类方法多种多样，按照作品的性质和塑造形象的方式划分，诗歌可分为抒情诗和叙事诗；按照诗歌的历史发展和语言有无格律划分，诗歌可分为格律诗和自由诗。抒情诗作为诗歌的一种，用语言直接抒发作者的思想情感，袒露诗人的内心世界，间接地反映社会生活。它不追求人物刻画和情节描述，而是注重个人情思的抒发，注重表现诗人自己的感受与情绪。例如，唐代诗人张继的《枫桥夜泊》："月落乌啼霜满天，江枫渔火对愁眠。姑苏城外寒山寺，夜半钟声到客船。"这首诗中虽然也有对所见所闻的景物的描写，但诗人重在借景抒情，诗人浓郁的羁旅之情始终融会在夜泊之景中，诗人的情绪情感仿佛随着这静夜的悠扬钟声回荡不已。叙事诗则不同，它常常注重描述故事或塑造人物，间接地反映诗人对生活的认识、评价、愿望和理想。叙事诗通常不直接抒发诗人的情感，而是将诗人的主观感情融化在叙事之中。例如，著名的北朝民歌《木兰诗》叙述了木兰替父从军的故事，从木兰女扮男装参军到屡建战功返乡，在写人叙事中融会了作者对木兰的敬佩、赞誉之情，使这首长篇叙事诗具有浓厚的抒情意味。格律诗又称旧诗，是指按照一定的字句格式和音韵规律写出的诗歌作品。无论中国还是外国，格律诗都是古代形成的诗体。如中国古典诗歌中的五绝、七绝、五律、七律等，都是格律诗，每首诗的对仗、平仄、押韵等都有严格的规定，甚至每句诗的字数也有严格的限制。又如，欧洲古典诗歌中的十四行诗也是格律诗，莎士比亚就写过 154 首十四行诗。自由诗又称新诗，是与格律诗相对而言的，指那些只求节奏韵律和谐的诗歌作品，它们在句式、行数、字数、音韵上没有严格固定的限制和要求。一般认为，美国 19 世纪诗人惠特曼是自由诗的创始者，他的代表作是诗集《草叶集》。五四运动前后，自由诗开始在我国流行，郭沫若、胡适、刘半农、徐志摩等在此期间创作了大量新诗。

　　散文也是文学的基本体裁之一，散文随着文学形态的发展演变，在各个历史时期有着不同的内涵和内容。我国古代的散文范围很广泛，主要是指一种与韵文、骈文相对立的文体，包括经、史、传等各种散体文章。随着文学的发展，散文后来被专门用来泛指除诗歌以外的一切文学体裁，包括杂文、传记、小说等都被容纳在里面。近现代的散文，则是从狭义上来理解的，专指与诗歌、小说、剧本并列的一种文学体裁，包括杂文、随笔、特写等。这是五四运动以来人们较为认同的现代散文的含义。我们这里所讲的散文也是从这种意义上来定义的。散文是一种自由灵活、不受拘束的文学样式，能够迅速地表现作者的生活感受，真实地反映社会生活，选材范围广泛，表现手法多样，结构自由多样，以形散而神不散的艺术特长来集中而凝练地体现主题思想。散文的种类丰富多样，一般分为抒情散文、叙事散文和议论散文三大类。抒情散文，注重在叙事写人时表现作者主观的感受与情绪，通过托物言志或借景抒情，抒发作者微妙复杂的独特情感，将浓郁的思想感情融会在动人的生活画面之中，如现代作家朱自清的《荷塘月色》、冰心的《往事》。叙事散文，包括报告文学、特写、速写、传记文学、游记等，侧重叙述人物、景物或事件，尤其是现实生活中的真人真事，并且将作者的主观情感蕴藏在对于人物和事件的叙述之中，如东晋陶渊明的《桃花源记》、唐代柳宗元的山水游记《小石潭记》和《钴鉧潭西小丘记》、现代朱自清的《背影》等。议论散文，主要是指杂文，它将政论性和文学性结合在一起，运用形象生动的语言，以及比喻、反语等手法乃至以幽默、讽刺等为锐利的武器，进行精辟深刻的说理和妙趣横生的议论，是一种相对独立的文学样式，具有以理服人的理论说服力和以情感人的艺术感染力。作为议论性散文的杂文，在我国有着悠久的历史，战国时代诸子百家的著作就具备了杂文的特征。在现代文学中，鲁迅的杂文更具有鲜明的政论性和强烈的战斗性，以思想性和艺术性的高度统一成为现代杂文的典范。

小说是一种以叙述故事、塑造人物形象为主的文学体裁，它的特点是在生活素材的基础上用虚构的方式来再现生活，因此，人物、情节和环境是小说不可缺少的三个基本要素。人物在小说中是最基本的构成要素，创造鲜明生动的人物形象历来是小说的首要任务，也是小说最重要的特征。小说运用语言作为媒介，通过各种艺术的表现手法来刻画人物，既可以详细描绘人物的外貌、举止，也可以表现人物的对话、行动，还可以通过不同的视角，从其他人物的眼中来观察和表现人物，并且可以把笔触伸入人的内心世界，通过深层心理描写来塑造有血有肉的人物形象。特别是小说还可以把人物放在错综复杂的社会生活中来描写，从而塑造出具有较高审美价值的、复杂丰满的典型人物。情节是小说另一个基本的构成要素。传统小说的情节具有完整性、复杂性和多样性。波澜起伏的情节不仅可以引人入胜，使读者产生强烈的感染力，而且是展现人物性格、拓深作品主题的重要手段。环境同样是小说的一个基本的构成要素。环境一般是指文艺作品中人物活动于其中的社会环境和自然环境。任何一部小说，它所描述的情节和刻画的人物，都只能在一定的社会环境和自然环境中存在，绝对不可能脱离环境而存在，因此，环境对于塑造人物和展现情节都具有极其重要的意义和作用。与其他的文艺作品相比，小说的环境要求更加细致详尽、广阔丰富。中外古今的小说数量众多，分类方法也多种多样。根据题材的不同，小说可分为神话小说、传奇小说、历史小说、志怪小说、言情小说、武侠小说、社会小说、战争小说、惊险小说、科幻小说等；根据艺术结构和表现形式的不同，小说又可分为话本小说、章回小说、日记体小说、书信体小说、新体小说、现代派小说等。但最常见的分类方法，是根据容量大小和篇幅长短进行划分，小说可分为长篇小说、中篇小说和短篇小说三大类。长篇小说的容量大，篇幅长，包含复杂、曲折的情节和数量众多的人物形象，可以反映广阔复杂的生活画面；短篇小说的容量小，篇幅短，人物少，情节和环境相对集中，往往通过人物的一段经历或生活的一个片段，从某个特定的角度或侧面来再现生活的局部；中篇小说，顾名思义则介于长篇小说和短篇小说之间。

戏剧文学和影视文学主要指戏剧和影视的剧本，它们都属于语言艺术，是一种文学体裁，可供读者阅读。但是，影视剧本的创作主要是为拍摄故事片和电视剧提供脚本，所以，它要受到影视艺术特点的影响和制约，从而使它与戏剧、小说等具有明显的区别。影视剧本的特征主要有以下三点：一是影视剧本的语言描写具有较强的视觉性和画面感。电影、电视主要通过银幕上的可视画面来创造艺术形象，因此，影视剧本应力避印象式的描写和抽象的概述、议论，必须突出视觉的效果，直接描写和塑造视觉画面，以便于拍摄和银幕展现。例如，在小说《青春之歌》中，作者对林道静贴传单的描写长达两页，《青春之歌》的电影剧本却将其中的心理描写等删除，改编为直接描写林道静贴传单的动作和神态、画面感较强的几十个字。二是影视剧本的语言要采用影视蒙太奇的表达方式，按蒙太奇的组接方式进行结构，以利于拍摄和胶片的剪辑组合。三是人物对话应少而精。戏剧剧本主要由人物台词构成，人物性格、时代背景、故事情节、台外发生的事件等都需要人物的对话来表现，而电影、电视主要是通过画面来表现这一切，所以人物对话应少而精，而且要高度性格化。过多的人物对话会导致影视作品的戏剧化，从而可能破坏影视的艺术效果。

二、语言艺术的基本审美特征

（一）形象的间接性

语言艺术运用语言来塑造艺术形象，传达审美情感。欣赏者必须在理解语言的语义基础上通过想象形成艺术形象，因此，语言艺术的形象具有间接性。形象的间接性是语言艺术区别于其他一切艺术的重要特征之一。无论是建筑、实用工艺等实用艺术，还是绘画、雕塑等造型艺术，舞蹈等表情艺术，戏剧、影视等综合艺术，都通过塑造出艺术形象来直接作用于人们的感官，这些艺术形象不仅可以看到或听到，甚至有些还可以触摸到。唯有语言艺术所描绘的形象例外。语言艺术塑造的形象是人的视觉、听觉和触觉不能直接感受的，它需要读者凭借自身的生活经验和文化修养，在阅读作品的过程中，通过积极活跃的联想和想象，在自己的头脑中呈现出活生生的形象画面。虽然语言艺术形象不能通过读者的感官来直接把握，但同样可以通过语言的传达，使读者如闻其声、如见其人，产生如临其境的审美效果。例如，《水浒传》塑造了梁山一百零八个英雄形象，人人性格不同，个个有血有肉，尤其是火烧草料场、雪夜上梁山的林冲，拳打镇关西、大闹野猪林的鲁智深，景阳冈打虎、怒杀西门庆的武松，以及手持板斧、鲁莽憨直的李逵，都是活生生的人物形象。读者不仅仿佛可以看到他们的相貌、言谈举止，而且可以感受到他们鲜明的性格特征和丰富的内心世界。由于语言艺术的形象具有间接性的特点，这也对语言艺术作品的语言运用提出了更高的要求，艺术家必须通过逼真、生动、细腻、传神的语言描绘，将人物和事件具体地呈现在读者的面前，使读者如见其人或如历其事。

（二）题材与内容的广阔性

由于语言艺术形象具有间接性的特点，语言艺术作品常常通过暗示性的语言来激发读者的想象，有意识地给读者留下更多的艺术空白，催促欣赏者发挥想象力来加以填充，这就是中国古典诗歌中常讲的"象外之象""景外之景""味外之旨"等。语言艺术题材与内容的广阔性，同样来自语言媒介的特性。用语言来表现现实生活，能够突破客观时空，实现时间和空间的自由延伸，全方位、多角度地展示广阔而复杂的社会生活，具有广泛而深入的表现能力，几乎很少受到时间和空间的限制，有着最大的自由，具有极大的容量，真可以说是"观古今于须臾，抚四海于一瞬"。无论是浩瀚的大海还是茫茫的太空，无论是悠久的过去还是遥远的未来，凡是人类思维能够达到的时间或空间，都是作者描绘的广阔天地。文学的广阔性更表现在它不仅能够描绘外部世界，而且能够深入人的内心世界，直接揭示各种人物复杂、丰富的精神世界。例如，哥伦比亚作家马尔克斯的长篇小说《百年孤独》采用魔幻现实主义的手法，展现了加勒比海沿岸小镇马孔多在 100 多年间的兴衰历史。法国 19 世纪著名文学家司汤达在《红与黑》中，生动地描绘了于连这个性格复杂的人物形象，尤其是小说中于连第一次占有德瑞那夫人的那个夜晚，作品揭示了于连灵魂深处最隐秘的矛盾情感。他的内心深处既有对德瑞那夫人的爱情，又有卑劣的占有欲和报复欲；既有火一般的狂奔热血，又有难以遏制的怯懦与畏惧。于连这个人物形象之所以成功，正在于他人性深处的真情实感被展现出来了。

（三）审美情感的共鸣性

一切艺术作品从总体上讲都离不开情感性，但是，因为语言艺术在揭示人物的内心世界和表现作者的思想情感等方面独具特色，所以语言艺术作品的情感共鸣性显得格外突出。语言艺术作品的情感性越浓烈，越能感染读者，就越富有艺术魅力。《毛诗序》中讲："诗者，志之所之也，在心为志，发言为诗。情动于中而形于言。"[1]实际上，除诗歌外，散文、小说、戏剧文学和影视文学同样需要"情动于中而形于言"。列夫·托尔斯泰认为："艺术的印象只有当作者自己以他独特的方式体验过某种感情而把它传达出来时才可能产生。"[2]狄德罗更是强调："没有感情这个品质，任何笔调都不可能打动人的心。"[3]抒情诗、抒情散文等抒情类语言艺术自然离不开情感性，小说、报告文学、叙事诗等叙事类语言艺术同样离不开情感性。北宋词人柳永的代表作《雨霖铃·寒蝉凄切》，以日暮雨歇的冷落秋景，抒发了恋人依依惜别的真挚而痛苦的感情，将凄凉惆怅之情融于景色之中，使天光水色仿佛也染上了一层离愁别绪，浓郁深沉的情感使这首词成为千古传诵的抒情名篇。作为叙事类文学的小说和报告文学等，同样蕴藏着作者炽热的感情，只不过在这类作品中一般不常由作者出面来直接抒情，而是作者将主观情感深深地蕴藏在文学形象之中，通过形象描绘来传达情感。例如，报告文学的重要特征是应当具有充分的真实性，内容一般应当在真人真事的基础上适当加工，但与此同时，凡是优秀的报告文学也都应当通过生动具体的艺术形象来表达作者的爱憎情感，给读者以巨大的感染力，如伏契克的《绞刑架下的报告》、夏衍的《包身工》等均是如此。因此，完全可以这样说，任何一部语言艺术作品都必须包含作者的感情。此外，虽然各门艺术都要表现人的情感，但语言艺术比起其他艺术，更能表现人的丰富、复杂、细腻的情感。例如，《红楼梦》中第二十七回"滴翠亭杨妃戏彩蝶埋香冢飞燕泣残红"中"黛玉葬花"的情景，作者以细腻的笔触描写了黛玉悲悼自怜的复杂情感。这位多愁善感、天资聪慧的弱女子，在父母双亡后寄人篱下，只能将自己

---

① 北京大学哲学系美学教研室.中国美学史资料选编：上册.北京：中华书局，1980：130.

② 托尔斯泰.艺术论.丰陈宝，译.北京：人民文学出版社，1958：107.

③ 文艺理论译丛编辑委员会.文艺理论译丛：第1期.北京：人民文学出版社，1958：149.

的悲戚郁愤寄托在身世相类的落花上。"侬今葬花人笑痴，他年葬侬知是谁？"正是林黛玉内心情感的形象体现。

第六节　综合艺术的审美特征

综合艺术是戏剧、戏曲、电影、电视等一类艺术的总称。综合艺术吸取了文学、绘画、音乐、舞蹈等各门艺术的长处，获得了多种手段和方式的艺术表现力，从而形成了自己独特的审美特征，将时间艺术与空间艺术、视觉艺术与听觉艺术、再现艺术与表现艺术、造型艺术与表演艺术的特点融会到一起，具有更加强烈的艺术感染力。

一、戏剧艺术

戏剧是指以舞台的演出形式而存在，以演员的动作和对话为主要表现手段，为观众当场表演故事的艺术样式。从广义上讲，戏剧包括话剧、歌剧、舞剧、音乐剧乃至戏曲等；从狭义上讲，戏剧主要指话剧。戏曲是我国传统的戏剧形式，既具有戏剧的一般特点，又具有独特的表现手段和审美特征。戏剧艺术作为二度创作的艺术，包括两个重要组成部分，也就是作为舞台演出基础的戏剧文学和演员创造舞台形象的表演艺术。

（一）戏剧艺术的基本种类

戏剧的分类，按其矛盾冲突的性质不同，可以分为悲剧、喜剧和正剧；按其容量大小，可以分为多幕剧、独幕剧；按其表现手段的不同，可以分为话剧、歌剧、舞剧、诗剧和戏曲。

悲剧常常通过正义的毁灭、英雄的牺牲或主人公苦难的命运，显示出人的巨大精神力量和伟大人格，正如鲁迅所说："悲剧将人生的有价值的东西毁灭给人看。"[1] 悲剧正是通过毁灭的形式来造成观众心灵的巨大震撼，使人们从悲痛中得到美的熏陶和净化。最早出现的古希腊悲剧，其题材大多来自神话传说与英雄史诗，代表古希腊悲剧艺术最高成就的是埃斯库罗斯，他被后世称为"悲剧之父"。当时出现的"命运悲剧"，

---

[1]　鲁迅.鲁迅全集：第1卷.北京：人民出版社，1981：297.

反映了这个历史阶段中社会力量与自然规律作为一种不可理解和不可抗拒的命运与人对立，结果导致悲剧的结局，如古希腊另一位著名悲剧家索福克勒斯的《俄狄浦斯王》。中世纪末出现的"性格悲剧"反映了在长期的封建社会中封建伦理制度和宗教统治与反封建的社会力量的矛盾斗争，体现了人文主义理想与黑暗现实的尖锐冲突，如莎士比亚的著名悲剧《哈姆雷特》等。到了资本主义社会，应运而生的"社会悲剧"揭露了各种不合理的社会现象和罪恶，具有鲜明、强烈的批判精神，如法国作家小仲马根据他本人创作的同名小说改编的悲剧《茶花女》。显然，由于时代不同、历史条件各异，悲剧作品呈现出各具特色的艺术风格。

喜剧则是戏剧另一种重要的类型。喜剧来自笑，它正是通过笑声来嘲弄和讽刺生活中的落后事物与丑恶现象，在诙谐可笑的艺术形式中体现深刻的社会内容，达到"寓庄于谐"的审美效果。因为作品所反映的内容不同、性质不同，以及艺术手法的差异，所以喜剧具有多样性的表现形式，其又可以划分为讽刺喜剧、幽默喜剧、诙谐剧、闹剧、喜剧小品等不同的样式。喜剧同样诞生于古希腊，阿里斯托芬是著名的古希腊喜剧家。莎士比亚创作了《威尼斯商人》《第十二夜》等多部著名喜剧。法国剧作家莫里哀更是以喜剧著称于世，其代表作品有《太太学堂》《唐璜》等。此外，不朽的喜剧作品还有意大利哥尔多尼的《一仆二主》、法国博马舍的《费加罗的婚礼》、俄国果戈理的《钦差大臣》等。现当代喜剧创作风格更加多样，如瑞士当代剧作家迪伦马特就将喜剧性与悲剧性融会到一起，创作了《老妇还乡》等悲喜剧作品。

正剧，又称"严肃戏剧"，与其他戏剧类型相比，出现在世界各国舞台上的时间晚了许多，经过18世纪法国思想家狄德罗和剧作家博马舍的大力倡导，直到19世纪，正剧作为一大戏剧类型才广泛出现，并且得到了迅速发展，获得了戏剧类型的正宗地位，现当代的许多话剧都属于正剧类型。

戏曲是中国传统的戏剧形式的总称。据不完全统计，我国各地有300多个剧种，其中既包括全国性的剧种，如京剧，也包括地方戏，如川剧、秦腔、河北梆子等。在世界上，古希腊戏剧、印度梵剧和中国戏曲，被称为三种古老的戏剧艺术。中国戏曲作为戏剧艺术的一个组成部分，既具有戏剧的共同特征，又因其独特的表现手段和独有的审美特征，而有别于其他戏剧形式。尤其是戏曲艺术深深植根于中华民族传统文化，具有鲜明的民族特色，充满着一种"似与不似"的写意性，将表现审美意境作为最高的艺术追求，属于一种表现性的综合艺术，以其特有的艺术风格在世界戏剧艺术中独树一帜。戏曲艺术具有悠久的历史和深厚的传统。中国戏曲的渊源可以追溯到秦汉时期的乐舞、俳优、百戏。在唐代，戏曲有了更大的发展，出现了歌舞戏和参军戏，

"戏"和"曲"进一步融会，表演形式也更为多样。在宋、金时期，戏曲艺术趋于成熟，宋杂剧和金院本都能演出完整的故事，剧中角色也有所增多，初步形成了我国戏曲表演分行当的体系。元代戏曲创作和演出空前繁荣，涌现出一批杰出的剧作家和作品。元杂剧在中国戏曲史上占有重要地位，不少作品在思想性和艺术性上都取得了较高的成就，其中尤以关汉卿的《窦娥冤》和王实甫的《西厢记》最为著名，堪称世界戏剧艺术的不朽作品。明清时期是中国戏曲史上又一个繁荣时期，特别是传奇作品大量涌现，包括中国戏曲史上划时代的浪漫主义杰作汤显祖的《牡丹亭》等。在这个时期，大量戏曲理论论著出现，更加促进了戏曲艺术的繁荣发展。最引人注目的是在这个时期，不仅出现了昆剧、京剧等全国性的大剧种，而且涌现出几百个地方剧种，呈现出百花齐放的局面。中华人民共和国成立以来，戏曲艺术更是有了长足的发展，一批著名戏曲表演艺术家和优秀的戏曲作品，深受广大人民群众的喜爱和欢迎。

（二）戏剧艺术的基本审美特征

第一，视听综合性。戏剧是一种综合艺术，而不是简单地在舞台上当众表演故事。随着戏剧艺术的发展，其综合性越来越突出。首先，戏剧是视觉与听觉的结合，人们将艺术的造型特色与表情特色相融会，形成了视与听的双重感受；其次，戏剧是时间与空间的结合，戏剧演员在舞台空间上将较完整的故事的进程予以展示，将视听与时空自然地予以复合，形成戏剧艺术的基本特征。同时，戏剧中还融会了文学、哲理、音乐、舞蹈、表演、美术等成分，形成戏剧艺术的多重综合性。戏剧又是多样化的，戏剧中各种因素的综合性要服从于多样化的戏剧的具体要求，在不同的戏剧中，故事情节、矛盾冲突、哲理、演员的表演、导演的处理以及布景、灯光、服装、道具、音响等多种因素及其综合方式是各异的。

第二，人物表演性。戏剧需要演员在舞台上为观众多次进行现场表演，因此，演员的表演是戏剧的基础。人们常把剧本、演员和观众称作戏剧艺术的三要素，其中最本质的要素是演员的表演艺术。因为戏剧是在剧场中为观众现场表演的，所以每次表演都是一次艺术创造。戏剧表演的过程就是创造的过程，也是观众欣赏的过程。戏剧演员在进行二度创造时，首先要深刻挖掘剧本的内涵，掌握角色丰富的思想情感，通过情感体验与艺术分析，克服自我与角色之间的距离，然后才能通过艺术化的表情、语言和形体动作，在舞台上塑造出栩栩如生的人物形象。演员扮演的角色应当是真实感人的舞台形象，这就要求演员的表演既要形似，更要神似，要传达出角色独特的性格气质和内心世界。

第三，戏剧情节性。戏剧艺术通过演员扮演的角色之间的冲突来展开剧情、刻画人物，借以吸引观众，实现其艺术效果和审美作用。构成戏剧性的中心环节是戏剧动作和戏剧冲突，或者换句话说，戏剧内容的基本特征就是行动中的人物的冲突，没有冲突就没有戏剧。戏剧必须通过角色之间的对话和动作来展开激烈的冲突和交锋，使戏剧情节得以开展、人物性格得以展现，在富于戏剧性的矛盾冲突和曲折起伏的情节中，在舞台上塑造出具有鲜明性格的人物形象。古今中外优秀的戏剧作品，无不具有强烈的戏剧冲突。《哈姆雷特》全剧以哈姆雷特与篡夺王位的叔父之间的外部冲突，以及他本人灵魂深处的内心冲突构成丰富而深刻的戏剧矛盾；曹禺的名著《雷雨》则是以周朴园一家错综复杂的人物关系和人物之间的矛盾来展开戏剧冲突，故事情节曲折，矛盾冲突纷繁，具有很强的戏剧性。类似的例子还可以举出许多。这些都充分证明矛盾冲突是戏剧艺术的首要特征，也是使戏剧作品获得舞台生命的一个重要因素。

二、电影艺术与电视艺术

电影艺术是将艺术与科学结合而成的一门综合艺术，它以画面为基本元素，并与音响和色彩共同构成电影基本语言和媒介，在银幕上创造直观、感性的艺术形象和意境。蒙太奇和长镜头是电影艺术的主要艺术语言和表现方法。

（一）电影艺术与电视艺术的基本种类

电影艺术的种类除有声片、无声片、黑白片、彩色片外，按样式还分为故事片、纪录片、科教片、美术片四大部类。

电影艺术是现代科学技术与艺术相结合的产物。19世纪现代科学技术的突飞猛进，为电影艺术的诞生奠定了基础。在迄今为止的所有艺术种类中，只有电影艺术和电视艺术是人们知道其诞生日期的两门艺术。1895年12月28日晚上，法国人卢米埃尔兄弟在巴黎一家大咖啡馆的地下室里，放映了他们自己拍摄的《火车进站》《水浇园丁》等短片，这一天被电影史家定为电影艺术正式诞生的日子，标志着无声电影时代的开始。在此之后，电影这门年轻的艺术迅速发展起来。中国电影艺术诞生于1905年，第一部国产片《定军山》是一部戏曲舞台纪录片，由著名京剧演员谭鑫培主演，由北京丰泰照相馆拍摄。因为电影艺术诞生在音乐、舞蹈、绘画、雕塑、戏剧、建筑之后，所以常被人们称为"第七艺术"。作为现代科学技术的产物，电影经历了从无声到有声、从黑白到彩色、从普通银幕到宽银幕的变化过程，并且随着现代科学技术的飞速发展，形成了越来越丰富的技术手段和艺术语言，甚至带来了电影美学思潮和流派的嬗变。

任何艺术都有自己独特的语言，电影也不例外。它以画面、声音和色彩为基本语言和媒介，在银幕上创造直观、感性的艺术形象和意境。蒙太奇和长镜头是电影的主要艺术语言和表现方法。电影画面也叫电影镜头，是指用摄影机不间断地拍摄下来的一个片段，它既是影片结构的基本单位，也是电影语言的基本元素。电影画面可根据摄像机镜头与拍摄对象之间的距离分为特写、近景、中景、全景、远景画面等，根据拍摄方式还可分为推、拉、摇、移、跟镜头和变焦镜头、长镜头等。蒙太奇，原意为"剪辑"，作为电影艺术特殊的表现形式，是指将不同的镜头、场面和段落，根据创作构思和剧情发展进行组接。蒙太奇既是电影美学的一个重要元素，也是电影的基本表现手段。根据功能的不同，蒙太奇可以分为叙事蒙太奇、表现蒙太奇、修饰蒙太奇等；根据形式的不同，蒙太奇还可以分为连接蒙太奇、转换蒙太奇、平行蒙太奇、交叉蒙太奇、重复蒙太奇等。长镜头是指影视作品中时间值在 30 秒以上的单镜头。常规影视作品一般都是由数百个镜头构成的，有的单个镜头的时间值可能是几秒钟，有的镜头却可能长达几十秒、几分钟，甚至更长，这就是长镜头。传统观念认为蒙太奇是指镜头与镜头之间的组合，因此它是与长镜头相对比的概念。但如果从广义上来看，蒙太奇作为影视艺术的一种结构表现方法，它不仅同镜头与镜头的时空转换和连接有关，而且也同镜头内部的时空转换和连接有关。在长镜头中，也许没有镜头与镜头之间的组合关系，但存在场景与场景之间的组合关系。因此，我们也可以说长镜头是蒙太奇的一种特殊形式，是一种镜头内部的蒙太奇，或者说是单镜头的蒙太奇。此外，作为视听综合艺术，电影艺术语言还包括色彩造型、声音造型等。尤其是随着科学技术不断为电影提供物质技术条件，电影艺术语言也在不断地发展和完善。

电视艺术是迄今为止最年轻的一门艺术。1936 年英国广播公司在伦敦正式播放电视节目，标志着电视艺术的诞生。20 世纪 50 年代，电视艺术迅猛发展，很快遍及世界各个国家和地区。1954 年美国正式播放彩色电视节目，彩色电视的出现是现代科技为电视艺术带来的一次重大飞跃。在此之后，卫星转播电视的成功，更使全世界数十亿人能够同时观看电视节目。录像机的问世，以及有线电视、高清晰度电视的出现，更加扩大了电视艺术的影响。我国自 1958 年开始播放黑白电视节目，1978 年正式更名的中央电视台是中国最早的电视台，其前身是北京电视台。1977 年开始播出彩色电视节目，1986 年建成中央电视台彩电中心。截至 2018 年，电视已遍及我国城乡，据统计，我国城乡居民目前共拥有超过 4 亿台电视机。电视既具有与报纸、广播相媲美的新闻属性，还具有传播知识的教育功能，更是继电影艺术之后新崛起的一种综合艺术。电视艺术凭借现代化的科学传播手段，已经成为当代社会生活不可或缺的组成部分。电视艺术拥有的观众数量，在所有的艺术种类中遥遥领先，发挥着越来越大的影响。尤其是数字电视、付费电视的出现，更是为电视带来了广阔的发展前景。

电视艺术有电视剧、综艺节目、游戏节目、MTV（Music Television）音乐台、文艺专题片、文艺访谈等。电视剧是电视艺术的主要类型。电视剧的品种较多，主要包括单本剧、连续剧、系列剧或小品等。单本剧是电视剧中一种常见的形式，它具有独立的故事或情节，基本上一次播完（或分上、中、下三集），情节紧凑，人物不多，时间在0.5~2小时。连续剧是电视剧中一种重要的形式，故事情节常常较为曲折复杂，剧中人物往往数量较多，主要人物和情节都是连贯的，每集演播全剧中的一段故事，并在结尾处留有悬念，吸引观众连续收看，如《四世同堂》（28集）、《红楼梦》（26集）等。系列剧是一种类似于连续剧的形式，它由几个主要人物贯穿全剧，但故事情节并不连贯，每集都是一个完整的、独立的故事，观众可以连续收看，也可以任意选看其中的几集，如北京电视艺术中心的《编辑部的故事》、美国电视剧《神探亨特》等。小品是电视剧中的"轻骑兵"，播映时间短，人物、情节都比较单纯，常常撷取生活中的一件小事或人物的一个特征，迅速、及时地反映生活的某个侧面。

电视艺术与电影艺术在审美特征上有许多相似之处，它们既是综合艺术，又是现代科学技术的产物，都采用画面、声音、蒙太奇等艺术语言，在艺术表现手法上也有不少相似或相同的地方，因此，人们常常将影视艺术并提。但是，电视艺术作为一门独立的艺术，又有自己的美学特征。首先，电视和电影分别采用两种完全不同的技术原理，加上电视荧屏较小，电视画面较小，难以表现众多的人物和较大的场面，使得电视艺术在镜头运用方式上多用中景、近景和特写，少用远景和全景，场景转换不宜太快。其次，电视艺术的介入性形成了这门艺术的观赏特点，电视观众一般在家里有选择地收看电视节目，并可随时当场评论，因此电视剧应当照顾到观众对剧情内容的兴趣，采取各种艺术手段来吸引观众，在情节、场景、表演各方面根据观众的审美心理做特殊的艺术处理，给观众以想象的空间和介入的机会，尽量使观众对剧中人物产生移情和共鸣，从而达到引人入胜的艺术效果。最后，电视艺术具有更加生活化的特点，电视剧制作周期短，成本较低，又具有室内戏较多等特点，因而能够深入生活，及时地将现实生活中人们关心的问题通过艺术形式表现出来。与此同时，电视剧在剧情内容、演员表演、服装道具、环境布置等方面，都要求更加亲切、自然和生活化，直接和逼真地反映生活。

（二）电影艺术与电视艺术的基本审美特征

第一，画面运动性。电影与电视艺术作品主要是由运动的画面组成的。法国电影理论家马赛尔·马尔丹说："正是这种运动使最早的电影观众看到树叶在微风中摇晃或一列火车向他们直冲而来时惊叹不已。为此，运动正是电影画面最独特和最重要的特征。"[①] 在美国 20 世纪三四十年代的西部片中，经常可以看到人们骑马追逐的镜头，这种骑马追逐的场面甚至成了西部片的某种象征和符号；在当代世界各国的惊险影片中，又经常可以看到人们开车追逐的画面或场景，显然，这类追逐镜头既是影片情节的组成部分，又充分发挥了电影画面运动性的美学特长，带给观众极大的审美快感。

第二，时空自由性。电影与电视艺术都需要同时占有一定的时间和空间完成形象的展示，而且也要求表现空间和时间的自由性。电影与电视中运动的画面随时可以打破空间和时间的界限，只要内容需要，天南地北、昼夜古今都可以在瞬息之间相继出现在画面上。对于这种全新的时空现象，业界称为"电影新时空"。影视实现时空自由转换主要依靠蒙太奇，主要有两种结构形式：顺序式结构与交错式结构。顺序式结构是依照故事情节发生、发展的顺序，以时间的先后来组织不同的画面，自然地表现出生活的流程。交错式结构打破了时间的先后次序，让有关的场景互相穿插，出现交替、倒叙、闪回等。这种重组的时空是影视艺术家自由想象创造出来的。比如，2017 年上映的迪士尼动画电影《寻梦环游记》，电影里的主人公在现实世界和亡灵世界里穿梭，重组的时空完全是艺术家自由想象创造出来的。

第三，心理真实性。电影与电视艺术的特性还表现为使观众心理产生真实感，这种心理真实是逼真性与假定性的有机统一。电影的逼真性来源于电影画面的照相本性。在所有的艺术形象中，电影形象最具有直观的真实，它不仅能够再现事物的形状、颜色和声音，而且能够再现人物与事物的活动，甚至能够在人们眼前精确地再现出事物一些最细微的特征。例如，电影的特写镜头能够真实地记录演员最细微的动作，如眼睛的闪动、睫毛的颤抖、嘴唇的微微颤动等，从而揭示出人物复杂的感情变化和潜在的内心活动。假定性也是电影基本的美学特性。电影作为艺术，绝不是对现实生活的机械照相式的反映，它凝聚着电影艺术家的审美理想和思想感情，体现出艺术家鲜明的艺术风格和创作个性。意大利影片《红色的沙漠》里，导演安东尼奥尼成功地运用了假定性的色彩造型，他把影片中大片的沙漠都变成了红色，使画面具有强烈的象征性和隐喻性。英国影片《相见恨晚》则成功地运用假定性的声音造型，当女主人公与

---

① 马尔丹.电影语言.何振淦，译.北京：中国电影出版社，1980.

相爱的情人忍痛分开后，她坐在乱哄哄的车站茶室里回忆往事，虽然茶室里嘈杂喧闹，但观众听到的只是女主人公充满痛苦的内心独白，一切喧闹声仿佛都消失了。

本章注释与参考资料

1. 本章配合电视录像课程第五讲、第六讲和第七讲，涉及的音像图形资料主要有：

（1）罗中立的油画《父亲》。

（2）法国罗丹的雕塑《巴尔扎克像》。

（3）五代南唐画家顾闳中的《韩熙载夜宴图》。

（4）北宋张择端的《清明上河图》。

（5）意大利达·芬奇的《最后的晚餐》。

（6）法国莫奈的《日出·印象》。

（7）东晋王羲之的《兰亭集序》。

（8）美国影片《泰坦尼克号》（1997年）。

（9）美国影片《摩登时代》（1936年）。

（10）美国影片《魂断蓝桥》（1940年）。

（11）美国影片《阿甘正传》（1994年）。

（12）美国影片《侏罗纪公园》（1993年）。

（13）美国影片《真实的谎言》（1998年）。

（14）美国影片《指环王》（共3集）。

（15）美国影片《哈利·波特》系列。

（16）苏联影片《这里的黎明静悄悄》（1972年）。

2. 鉴于当今社会现代设计日益发展，故本教材修订版在本章第三节第三部分内容"工艺美术"中，增加了两千多字关于现代设计的内容，配合电视录像课教材第六讲，供同学们学习使用。

3. 电视录像课第七讲中讲到的电视综艺节目"真人秀"，是21世纪以来风靡全世界的一种电视节目形态。"真人秀"是采用纪录片的拍摄手法，借鉴电视剧的表演元素，再加上综艺节目的娱乐手法包装而成的一种新的电视节目形态。电视综艺节目"真人秀"的主要特征是：①纪录性与表演性；②平民性与参与性；③游戏性与竞赛性。

第五章 审美类型

本章要点提示

◎优美与崇高的区别

◎崇高的本质特征

◎悲剧性的本质特征

◎喜剧性的本质特征

本章学习目标

1. 理解并掌握优美与崇高的区别；

2. 了解崇高的本质特征；

3. 理解并掌握什么是悲剧性以及悲剧性的本质特征；

4. 理解并掌握什么是喜剧性以及喜剧性的本质特征。

美学作为一门具有自身体系的学科，主要研究人类的审美活动，研究审美主客体之间的复杂关系，研究美的创造和审美鉴赏的规律。在人类审美活动这一特殊领域里，人们将感性的审美经验升华到理性思维的高度，将美的形态区分为现实美（包括自然美、社会美）与艺术美，将审美类型划分为优美、崇高、悲剧性、喜剧性等。如果说前者（美的形态）更加偏重于客体的存在，那么后者（审美类型）则更加偏重于主体的感受。下面，我们就对优美、崇高、悲剧性、喜剧性等审美类型逐一进行介绍。

第一节　优美

一、什么是优美

优美，又称秀美，是美的最一般形态。狭义的美，指的就是优美。在中国美学史上，其称为"阴柔之美"，这是一种优雅之美、柔媚之美。从审美属性上看，优美主要具有绮丽、典雅、含蓄、秀丽、纤柔、婉约等特色。

在自然美之中，有许多可以划归优美类型。例如，阳光普照下碧蓝如画的湖水、风和日丽中一望无际的田野、景色秀丽的九寨沟（如图 5-1 所示）、碧波荡漾的杭州西湖等，都可以称为优美。甚至巍峨高大的峨眉山，也可以归为优美，因为"峨眉天下秀"：一方面，峨眉山具有特殊的地形地貌——"两山相峙如峨眉"，大峨山与二峨山犹如女人的蛾眉一样；另一方面，峨眉山的植被特别丰富，雨水充足，土地肥沃，从山脚到山顶分布着上多种植物，使全山仿佛都披上了一件绿装，特别秀丽。

图 5-1　四川九寨沟

在社会美之中，也有许多可以划归优美类型。例如，环境美中追求淡雅的色彩和典雅的装饰，劳动产品美中追求色泽如玉、雅致素洁的景德镇青瓷，人的美中青年妇女典雅端庄的服饰和婀娜多姿的身体，等等，都可以称为优美。优美体现在人的外在美和内在美两个方面，其中既包括人的优美姿态、服饰、装扮、风度等，也包括人的内在气质、修养、品德、情操等。正如英国哲学家培根所说："相貌的美高于色泽的美，而秀雅合适的动作的美又高于相貌的美。这是美的精华，是绘画所表现不出来的，对生命的第一眼印象也是如此。"①

在艺术美之中，更是有许多可以划归优美类型。例如，大家都十分熟悉的古希腊雕塑作品《米洛的维纳斯》，其以优美的身材与美丽的面容著称于世，以至于德国18世纪美学家文克尔曼认为："无论是就姿势还是就表情来说，希腊艺术杰作的一般优点在于高贵的单纯和静穆的伟大。"②又如达·芬奇的名画《蒙娜丽莎》，更是几百年来人们为之倾倒的作品，尤其画中蒙娜丽莎那"神秘的微笑"，令观众赞叹而又迷惘。音乐作品中的《莫斯科郊外的晚上》、舞蹈作品中杨丽萍的《孔雀舞》等，都堪称优美类型的佳作。

在现实生活中，优美的事物让人赏心悦目，惹人喜爱。优美的事物常常由于娇小、精巧，让人感到亲切可爱。例如，对于嬉戏膝下的小猫、小狗，人们往往会伸手去抚摸；幼儿园里天真活泼的儿童嬉戏，常常引来许多人驻足观看。生活中各个年龄层次的女性，都不乏文静妩媚、温柔典雅的气质。著名文学家朱自清写过一篇题目为《女人》的散文。在文章中，女性被描绘得似蜜一样甜、烟一样轻、微风一样温和，确实成了优美的化身。优美更是一种静态的美、宁静的美，犹如"采菊东篱下，悠然见南山"（陶渊明）那种田园牧歌式的美，又如"春眠不觉晓，处处闻啼鸟"（孟浩然）那种恬淡、舒适的情感氛围。

在艺术领域中，不少作品更是以优美见长。例如，宋词一般分为婉约派与豪放派两大派别。前者以柳永、李清照为代表，后者以苏轼、辛弃疾为代表。前者追求小桥流水、含蓄深情的风格，后者追求大江东去、气势磅礴的风格，形成了阴柔之美与阳刚之美两种截然不同的美学追求。东晋书法家王羲之的《兰亭集序》，既是一篇优美的散文，又是一篇堪称传世之作的优美的书法作品。在这篇被称为"天下第一行书"的作品里，王羲之以抒情的笔调描绘了清新优美的环境，沉浸在大自然中恬淡、舒适的心境，以含蓄蕴藉、优美流畅的笔势，展现出鲜明的自然天性和人格风采，将艺术家

① 培根.论美//北京大学哲学系美学教研室.西方美学家论美和美感.北京：商务印书馆，1980：77.
② 朱光潜.西方美学史：上卷.北京：人民文学出版社，1979：302.

自己优美的人格风韵与书法艺术的优美风韵有机地融会在一起，形成这篇作品特有的艺术风格。甚至同一位艺术家，也会有优美与壮美两种不同形态的美学追求。例如，18世纪著名音乐家贝多芬虽以《英雄交响曲》《命运交响曲》等追求壮美的作品著称，但他也有追求优美的音乐作品，如《田园交响曲》。在这部作品中，贝多芬尽情描绘了优美的自然风光和宁静的田园生活，表现出浓郁的乡间气息和在大自然的怀抱中对万物的生命奥秘的凝神思索。

在现实生活中，优美的环境和事物，使人们的生活充满乐趣，使人们保持生理和心理上的平衡，让人心情舒畅、气氛和谐。正因为如此，俄国民主主义革命者车尔尼雪夫斯基提出了"美是生活"这个著名的论断，他认为，"美包含着一种可爱的、为我们心所宝贵的东西"。在艺术领域中，优美的作品更能够给人以美的熏陶，使人们风度优雅、情调高尚，培养全面、和谐发展的人格。别林斯基在评价普希金的诗歌时曾经讲道："普希金每首诗的基本情感本身就是优美的、雅致的、娴熟的——就这一点说，阅读他的作品是培养人性的最好的方法，特别有益于青年男女。在教育青年人、培养青年人的感情方面，没有一个俄国诗人能够比得过普希金。"[1]确实如此，文艺作品优美的风格与优美的内容，可以陶冶人的情操、美化人的心灵，使人的精神境界得到升华，成为一个具有高尚情操、和谐发展的人。

二、优美的本质特征

在审美类型中，优美通常是指一种单纯的美、常态的美。从根本上讲，优美的本质就在于审美主体与审美客体之间的和谐统一。

优美的核心在于"和"。在西方美学史上，古希腊的毕达哥拉斯学派就提出了"美是和谐与比例"的观点，对后世产生了很大的影响。古希腊的赫拉克利特更加明确地提出了"美在于和谐，和谐在于对立的统一"的论断，体现出西方文化最初对于美的认识。在中国美学史上，"和"更是一个重要的范畴，贯串始终。"和"通常又被称为"中和"，被当作中国古典美的最高理想。早在先秦时期，《国语·周语》就记载："夫政象乐，乐从和，和从平，声以和乐。"[2]实际上就是强调音乐之美在于"和"，各种声音在乐曲中和谐统一就是美的音乐，而为政之道就要像音乐一样，使人民和平相处。中国传统美学与传统艺术强调"中和之美"，实际上，"和"与"中"这两个概念，既有

---

[1] 别林斯基. 别林斯基论文学. 梁真，译. 北京：新文艺出版社，1958：59.

[2] 北京大学哲学系美学教研室. 中国美学史资料选编：上册. 北京：中华书局，1980：7.

联系又有区别。"和"是指事物的多样统一或对立统一，"中"则是实现这种统一的方法与标准，而"中和"也就达到了美的境界。正因为如此，孔子认为优美的文艺作品必须做到"乐而不淫，哀而不伤"，也就是必须达到"中和之美"的境界。显然，优美的核心集中表现在"和"或者"和谐"上，既有内容的和谐，也有形式的和谐，更表现在内容与形式两者的和谐统一上。

优美的核心之所以是和谐，其实质就在于它体现出主体和客体的和谐统一，体现出内容与形式的和谐统一，也体现出理智与情感的和谐统一。前面我们讲过，美的本质在于人的本质力量对象化，那么，优美的本质就在于人的本质力量与客体的和谐统一，并且在对象世界中得到感性的显现。

此外，不少著作谈到形式美的问题，实际上许多形式美的法则都属于优美的范畴。所谓形式美，主要是指自然美与艺术美中各种形式因素有规律的组合。优美的事物或者优美的艺术作品，一般都具有优美的形式，包括柔和的曲线、悦耳的声音、淡雅的色彩、稳定的构图等，而且都基本上符合对称与均衡、比例与匀称、节奏与韵律等形式美法则。例如，贝多芬的著名钢琴奏鸣曲《黎明》就是一首充满大自然诗情画意的优美乐曲，其在乐曲的形式美方面下了许多功夫。这首乐曲共分三个乐章，据说其中的第二乐章原来是一首庞大的行板，虽然贝多芬很喜欢它，但是由于这段冗长的慢乐章破坏了各乐章之间的平衡，为了恢复这首乐曲的对称与均衡、比例与匀称，贝多芬不得不忍痛割爱，另外写了一个短小的序奏作为《黎明》奏鸣曲的第二乐章，以柔美的音符和淡淡的色彩表现了宁静的大自然曙光微露、万物苏醒的清晨景色，把原来的行板题名为《可爱的行板》，并且单独出版。可见，贝多芬通过对乐曲的重大修改，实现了对称与均衡、比例与匀称的形式美追求，从而使这首乐曲达到了优美、和谐的境界。正因为如此，这首乐曲受到了世界各国听众的热烈欢迎。钢琴奏鸣曲《黎明》是与交响曲《英雄》几乎同时创作的，但属于完全不同的审美类型与美学风格，这两首杰出的作品从不同角度深刻地体现了贝多芬对人生、社会和自然的认识。《英雄》交响曲集中体现了贝多芬的英雄观，追求壮美的风格；《黎明》奏鸣曲则鲜明地反映了贝多芬的自然观，反映了他对大自然的热爱和赞美，追求优美的风格。

优美引起的审美感受是一种单纯的、平静的愉悦感。优美感是各种美感中最单纯的情感，其本质特征就是愉快。这是由于优美具有主客体统一的特点，体现出内容与形式的和谐、主体与客体的和谐，其既有审美对象本身具有的完美和谐，又是审美客体与审美主体之间一种和谐亲近关系的体现，没有夹杂任何使人感到不快的因素，使人经历的只是从生理上的快感到精神上的愉悦这一过程。优美所引起的这种美感，是一种"心旷神怡、宠辱皆忘"的愉悦境界，正如车尔尼雪夫斯基所说的："美的事物在人心中所唤起的感觉，是类似我们当着亲爱的人面前时洋溢于我们心中的那种愉悦。"[1]

第二节 崇高

一、什么是崇高

崇高，又称为壮美，就是一种雄壮的美、刚性的美。中国美学史上，崇高称为"阳刚之美"。从审美属性上看，崇高主要具有宏伟、雄浑、壮阔、豪放、劲健、奇特的特色。在西方美学史上，人们对崇高的研究也常常是在与优美的比较中进行的。

在自然美之中，有许多可以划归崇高的类型。例如，奔腾咆哮的黄河、浩瀚无际的戈壁、巍峨雄伟的泰山、高耸入云的雪山等，都可以称为崇高的对象或者崇高的现象。这些对象或现象给人的美感不是优美，而是一种力量的美、雄伟的美，是一种震撼人心的"阳刚之美"，也就是崇高之美。德国古典主义美学家康德认为崇高有两种表现形式：一种是数量的崇高（数学的崇高），也就是体积无限大的对象，如海洋、群山、天空等；另一种是力量的崇高（力学的崇高），也就是威力无比巨大的对象，如狂风、雷电、瀑布等。

在社会美之中，也有许多可以划归崇高的类型。例如，人工修筑的巨大水库、改造沙漠的重大工程、战胜洪水的惊险搏斗、扑灭大火的英雄事迹等。在社会生活中，中外古今许多人物和事迹，一旦被作为审美对象时，也就具有崇高的审美属性，大禹为民治水、岳飞精忠报国、文天祥慷慨就义、林则徐虎门销烟，这些崇高的人物及其行为，无不体现出崇高的理想和追求。

在艺术美之中，更是有许多可以划归崇高的类型。古希腊的"荷马史诗"是2 000多年前的文学巨著，包括长达15 000余行的《伊利亚特》和长达12 000余行的《奥德赛》，其规模宏伟、气势磅礴，堪称世界文学史上的艺术瑰宝，具有极大的美学价值和认识意义，对欧洲文学产生了巨大而深远的影响，在世界文学史上占有不可取代的重要地位。"荷马史诗"作为神话与历史相结合的巨著，记录了特洛伊战争及战后的历史，并且将神话作为历史的补充，在神的人化与人的神话故事中，体现出早期人类在巨大的时间与空间面前深感自身的渺小。这部巨著场面雄伟、风格崇高，马克思称它

① 北京大学哲学系美学教研室 . 西方美学家论美和美感 . 北京：商务印书馆，1980：242.

具有"永久的魅力"。在中国艺术史上，秦汉艺术具有伟大的气魄，秦汉艺术"显示出的是一种胸怀之大，力量之大，气魄之大，趣味之大。汉人贾谊在形容秦的抱负时用过一段排比文字，可以很恰当地用来表现秦汉艺术的特点：席卷天下，包举宇内，囊括四海，并吞八荒"①。秦汉艺术正是以规模宏大、力量巨大而著称。秦汉建筑可谓"法天象地"，秦代的阿房宫、汉代的未央宫，乃至于秦始皇陵都是规模巨大的建筑；秦汉雕塑堪称气势磅礴，数千个秦代兵马俑组成的庞大阵营，汉代大将霍去病墓前的大型石雕，都显示出数量的巨大与力量的雄伟；甚至文学上汉代的大赋，也是以总括宇宙、穷尽万物的气势，洋洋洒洒，铺陈排列，体现出恢宏博大的时代氛围。显然，在艺术美中，艺术形象和艺术风格都可以具有崇高的审美属性，具有震撼人心的艺术效果。

如果将优美与崇高进行比较，不仅可以帮助我们认清二者的区别，而且可以帮助我们加深对这两种审美类型的认识。

第一，空间上的小与大。优美的事物一般体积较小、规模较小，如风景秀丽的小丘、清澈见底的小溪、啾啾鸣叫的燕雀、风中摇曳的小花等。崇高的事物一般体积巨大、气势宏伟，如一望无际的大海、耸入云霄的高山、飞流直下三千尺的瀑布、轻舟已过万重山的三峡等。优美的建筑园林，如苏州的西园、留园等，小桥流水，曲径通幽，以小取胜，体现出江南小型私家园林的特色；具有崇高美特征的建筑园林，如北京的颐和园、圆明园等，金碧辉煌，气势雄伟，以大见长，体现出北方大型皇家园林的本色，由此中国园林艺术中形成两种截然不同的审美类型和艺术风格。

第二，时间上的慢与疾。缓慢与疾速，在一定程度上反映出力量的小与大，缓缓流动的小溪并没有多少力量，汹涌澎湃的大河却具有冲决堤坝的伟力。正因为如此，"澄江静如练"是优美，"黄河之水天上来"是崇高。前者是舒缓、平稳、趋于静态的，后者则是疾速、奔腾、趋于动态的。古希腊的两座雕塑很好地体现出优美与崇高在此方面的区别：《米洛的维纳斯》（如图5-2所示）恬静典雅，宁静安详，体现出一种静态美；《拉奥孔》表现了父子三人被巨蟒紧缠、濒临死亡前那一瞬间的竭力挣扎，以静示动，寓动于静，追求一种动态美。由此可见，优美追求的是静态美，而崇高追求的是动态美。

图5-2 《米洛的维纳斯》

---

① 彭吉象.中国艺术学.北京：高等教育出版社，1997：26.

第三，形式上的柔与刚。优美的事物一般符合对称与均衡、比例与匀称、节奏与韵律等形式美法则，多曲线不露棱角，多圆形不显生硬，颜色鲜明而不强烈，声音柔和而不刺耳。优美的艺术作品往往情感细腻、形式精美。如奥地利著名作曲家约翰·施特劳斯的《蓝色多瑙河》圆舞曲，乐曲一开头就是小提琴轻轻演奏的颤音，使人联想到微波荡漾的多瑙河，黎明前晨曦微露的宁静村庄，充满生命的气息，洋溢着对春天的多瑙河的无限柔情，是一首享誉世界的优美的音乐作品。崇高的事物却常常有意地突破或违背对称与均衡、比例与匀称、节奏与韵律等形式美法则，各部分很不协调，显得突兀、怪诞、凶猛，甚至有意包含了一些丑的因素，让人首先感到压抑、不快、畏惧、痛苦，然后才提升转化为一种独特的审美快感。崇高的艺术作品往往气势磅礴、震撼人心。如苏联著名作曲家肖斯塔科维奇的《C大调第七交响曲》，是第二次世界大战时期一部反映反法西斯战争的史诗性作品。这部作品是在彼得格勒保卫战最艰苦的时期完成的，在战火硝烟中举行了首演，并向苏联及全世界广播，同时还用军用飞机将该作品的总谱专程送到美国，供纽约交响乐团演出，在全世界引起了巨大反响。这部乐曲的"法西斯侵略主题"及其11个变奏构成了一个庞大的插部，完全打破了传统交响曲的规则，将法西斯军队这个凶恶的战争机器，以呆板、单调的音响延续变奏，甚至还加上一点儿荒诞与滑稽，音量也由极弱加大到雷鸣般的极强，这些做法在传统交响曲中是很少见的。作品以这种方式表现了法西斯匪徒僵死、残酷、野蛮的本性，这部史诗性的音乐作品引起了世界的震惊。

第四，力量上的弱与强。优美的事物不呈现主体和客体之间激烈的矛盾冲突，主要表现主客体双方的平衡、统一、和谐、安宁，强调力量的平衡和稳定，追求一种阴柔之美。崇高的事物则体现出主体与客体之间的尖锐对立和严重冲突，充满了动荡与斗争，强调力量巨大与气势磅礴，追求一种阳刚之美。元代作家马致远的《天净沙·秋思》写道，"枯藤老树昏鸦，小桥流水人家。古道西风瘦马，夕阳西下，断肠人在天涯"[1]，总共28个字，而且前3句全部用名词缀合而成，短小精悍，语言简练，构思巧妙，具有很高的审美价值，堪称阴柔之美的佳作。北宋苏轼的名作《念奴娇·赤壁怀古》却是以气势磅礴取胜，以"乱石穿空，惊涛拍岸，卷起千堆雪"的气势，描绘出三国鼎立时一代豪杰的英雄气概，成为千古流传的名篇。甚至同样一个审美对象，由于不同环境下力量强弱的不同，也会给人们带来优美与崇高两种不同的审美感受。北宋文学家范仲淹的名作《岳阳楼记》就是一个很好的例子。同是洞庭湖，当"春和景明，波澜不惊，上下天光，一碧万顷"时，带给人的是优美的感受；当"阴风怒号，

---

① 隋树森.全元散曲.北京：中华书局，1964：242.

浊浪排空，日星隐曜，山岳潜形"时，带给人的却是敬畏不快的感觉，使人在痛感中激发出奋斗的力量和信心。

二、崇高的本质特征

在审美类型中，崇高的基本特征是突出了主体与客体、人与自然、感性与理性的对立冲突。崇高的本质在于人的本质力量与客体处于尖锐对立与严峻冲突的状态。客体企图以巨大的气势和力量压倒主体，主体在严峻的冲突中更加激发自身的本质力量与之抗争，最终战胜和征服客体，使人的本质力量得到比在优美事物中更加充分的显现。

崇高的核心在于"冲突"。崇高体现在主客体的矛盾和冲突中，经过尖锐、激烈的对立，主体战胜客体，并且终于从痛感转化为快感。黑格尔说："人格的伟大和刚强只有借矛盾对立的伟大和刚强才能衡量出来。"正是在人类与自然、与社会、与人生的冲突斗争中，以及表现这些冲突斗争的艺术作品中，人类的崇高美得到了展现。主体所受到的挑战越严重，遇到的冲突越激烈，斗争的历程越险恶，就越能激发和显示人类自身的本质力量，也就越能令人感到崇高。

在西方美学史上，最早明确提出崇高范畴的是古罗马时代的朗吉弩斯，他在《论崇高》一文中从文学创作角度提出崇高这一范畴。从此以后，"崇高"就与"优美"一道，在西方美学史上处于并列的地位。崇高在西方受到格外的重视，既与古希腊罗马的英雄史诗传统、悲剧传统密切相关，也与西方传统哲学一贯推崇的二元对立思维方式密不可分。

真正从美学上对崇高做出深入研究的，是英国18世纪的美学家博克。博克认为，从对象形式来看，崇高的特征是巨大；从主体心理来看，崇高是以痛感为基础的。博克还第一次将崇高与优美进行了区分，他认为优美的对象形式是小；从主体心理来看，优美完全是以快感为基础的。此外，博克还从人的心理根源上对崇高进行了研究，他认为崇高感涉及人的"自我保存"的本能，也就是说只有当与危险、痛苦保持恰当的距离，不能对人产生伤害时，才能产生崇高感。

德国古典主义美学家康德，从哲学美学的高度对崇高的本质进行了深刻的分析。康德进一步发展了博克的观点，对崇高与优美做了进一步的区分。康德认为，优美与崇高至少有两个区别：其一是优美只涉及对象的形式，崇高却涉及对象的"无形式"，因为崇高对象的特点在于"无限大"或"无限制"。其二是从主观心理反应来看，美感是单纯的快感，崇高感却是由痛苦转化成的快感。康德把崇高分为两种：一种是数量的崇高，特点在于对象体积的无限大；另一种是力量的崇高，主体在恐惧与崇敬的矛盾心理中，由痛苦转化为快感，激发人的勇气和自我尊严感。

另一位德国古典主义美学家黑格尔，从他的客观唯心主义的"绝对理念"出发，认为美是理念的感性显现，崇高却是理念压倒形式，它们都以理念为内容，都以感性表现为形式。这样一来，黑格尔不仅区别了美与崇高的不同，而且也抓住了二者之间的内在联系。

关于"崇高"一词，《辞海》解释为"雄伟、高大"或"高尚、伟大"。在中国传统美学史上，虽然没有"崇高"这个美学范畴，但有关于"崇高"的见解。孔子、孟子、庄子都区分了"美"与"大"两个不同的概念。尤其是孟子讲："充实之谓美，充实而有光辉之谓大。"[①] 可见，在中国古代"大"就是指"崇高"。此外，中国传统美学的"阳刚之美"与"崇高"相似。直到近代，王国维在康德、叔本华美学思想的影响下，才明确地把"崇高"作为美学范畴和形态提出来，他在《红楼梦评论》中说，"美之为物有两种：一曰优美，一曰壮美……普通之美，皆属前种"。

总之，崇高作为一种独特的审美类型，存在于自然美、社会美、艺术美之中，与优美形成既有联系又有区别的两种美学范畴与审美类型。

第三节　悲剧性

一、什么是悲剧性

作为审美类型的悲剧性，是与喜剧性相对应的。它不同于一般意义上戏剧形式的悲剧，而是指一种重要的审美类型，具有更加广泛的意义。悲剧性审美类型突出表现在表情艺术、语言艺术、综合艺术等各个艺术门类和领域中。

那么，究竟什么是悲剧性呢？鲁迅先生有过著名的论断："悲剧将人生的有价值的东西毁灭给人看。"[②] 这就是讲，在历史发展的一定阶段上，由于客观社会原因或历史的必然冲突，真善美、生命、爱情、信仰、理想等"人生的有价值的东西"被损害或被毁灭，这个过程或结果使人们陷入剧烈的悲痛，但马上又被正面人物的巨大精神力量

---

① 北京大学哲学系美学教研室.中国美学史资料选编：上册.北京：中华书局，1980：23.

② 鲁迅.鲁迅全集：第 1 卷.北京：人民出版社，1981：297.

所感染，被惊心动魄的感人力量所震撼，因而由痛苦转化成快感，从而获得一种特殊的审美感受，即悲剧性美感。

因此，作为审美类型的悲剧性虽然来自现实生活，但它更是艺术家审美意识的物化形态，是艺术创作的结果。作为审美类型的悲剧性，涉及艺术的许多门类和领域。除戏剧艺术中的大量悲剧之外，悲剧性也表现在雕塑（如古希腊著名雕塑《拉奥孔》）、绘画（如法国浪漫主义美术代表人物籍里柯的《梅杜萨之筏》）、音乐（如俄国柴可夫斯基的《悲怆交响曲》和中国的小提琴协奏曲《梁山伯与祝英台》）、小说（如俄国列夫·托尔斯泰的《安娜·卡列尼娜》和中国清代曹雪芹的《红楼梦》）、诗歌（如德国中世纪的著名史诗《尼伯龙根之歌》和中国唐代诗人白居易的长篇叙事诗《长恨歌》）、电影（如美国电影《魂断蓝桥》和中国电影《一江春水向东流》）等方面。可见，作为审美类型的悲剧性涉及中外古今许许多多优秀的艺术作品，涉及艺术的许多门类和领域。

当然，悲剧性还是最集中地体现在戏剧领域。悲剧在西方戏剧史上占有十分重要的地位，历来被认为是戏剧之冠。悲剧常常通过正义的毁灭、英雄的牺牲或主人公苦难的命运，显示出人的巨大精神力量和伟大人格，使观众在悲痛和哀伤中，受到震撼与冲击，陶冶情操，净化心灵，获得特殊的悲剧性的美感。西方戏剧理论家把悲剧分为命运悲剧、性格悲剧、社会悲剧。世界戏剧史上最早出现的古希腊悲剧大多属于命运悲剧。古希腊三大戏剧家埃斯库罗斯、索福克勒斯和欧里庇得斯都分别创作了许多著名的悲剧。如埃斯库罗斯的《被缚的普罗米修斯》，描写了普罗米修斯因为同情人类，盗取天火送给人间后，被宙斯打入阴森的深渊，成为一位为人类经受苦难的殉道者。索福克勒斯的《俄狄浦斯王》，更是通过俄狄浦斯虽然极力挣扎，但最终仍然无法摆脱命运的摆布，不自觉地犯下了"杀父娶母"的罪过，自己刺瞎双目去四处流浪的悲剧性结局，深刻地反映了早期人类刚刚迈入文明门槛时期的艰难历程。古希腊的命运悲剧实际上反映了人类社会初期，弱小的人类面对强大的自然界和不可抗拒的命运产生的悲剧性结果。中世纪末出现的性格悲剧反映出封建社会中封建伦理制度和宗教统治与反封建力量的矛盾斗争，体现出人文主义理想和黑暗现实的尖锐冲突。例如，英国莎士比亚的著名悲剧《哈姆雷特》和德国席勒的著名悲剧《阴谋与爱情》，分别表现了欧洲中世纪人们在封建宗教迷信的长期压抑下扭曲的人格。《哈姆雷特》剧中主人公哈姆雷特和《阴谋与爱情》剧中主人公露伊丝，都是因为背负着沉重的精神包袱，饱受灵魂与心灵激烈冲突的煎熬而酿成悲剧。到了近现代社会，应运而生的社会悲剧揭露了各种不合理的社会现实与黑暗现象，具有鲜明、强烈的批判精神。例如，法国作家小仲马的名著《茶花女》和19世纪挪威著名戏剧家易卜生的《玩偶之家》（又名

《娜拉出走》），都是这种类型的代表作品。总之，在西方戏剧史上，无论是命运悲剧、性格悲剧，还是社会悲剧，都反映了人在同命运、性格、社会冲突中的挣扎，可以称之为挣扎的悲剧。现当代西方悲剧的创作风格更加多样化，尤其是出现了将悲剧性和喜剧性融会到一起的悲喜剧作品，如瑞士戏剧家迪伦马特的《老妇还乡》（1956年）就是一部具有荒诞色彩的悲喜剧作品。正如迪伦马特所说："情节是滑稽的，而人物形象则相反，常常不仅是非滑稽的，而且是悲剧性的。"

中国戏曲虽然也有悲剧性作品，但与西方话剧有很大的不同。中国戏曲作为我国传统文化的产物，深受儒家文化、民俗文化乃至宗教文化的影响，深刻地折射出中国传统艺术精神与美学追求。如果说，西方悲剧主张美与真的结合，在悲剧表现上是一悲到底，如《哈姆雷特》剧中的主要人物几乎全部死去，那么中国戏曲悲剧则主张美与善的结合，悲剧的结尾是善必胜恶。中国戏曲悲剧的冲突主要集中在善与恶、忠与奸、正与邪、美与丑之间的矛盾上，具有鲜明的倾向性，最终达到惩恶扬善的伦理道德批判的目的。正因为如此，中国戏曲悲剧运用了多种艺术手法来达到这一目的：其一是人间不平事和冤案，会有包公式的清官来解决，如《秦香莲》，因此，"清官戏"在中国盛行。其二是寄希望于上天，如元杂剧《窦娥冤》，窦娥含冤死前的三桩誓愿一一应验，六月天降大雪为她昭白。其三是通过超凡的想象努力营造大团圆的浪漫结局，如《梁山伯与祝英台》中梁山伯与祝英台死后双双化蝶、《长生殿》中唐明皇与杨贵妃在天上相会、《天仙配》中七仙女与董永鹊桥相会、《牡丹亭》中杜丽娘为与梦中的情人相会死而复生等。从这些例子不难看出，中国戏曲悲剧与西方悲剧有着明显的区别，根源在于中西传统文化的差异以及民族文化心理的不同。

二、悲剧性的本质特征

在西方美学史上，很早就有关于悲剧本质特征的理论探讨。古希腊亚里士多德最早对悲剧进行了系统的研究，他认为，"悲剧是对于一个严肃、完整、有一定长度的行动的摹仿"[①]，这就是说，悲剧故事应当有头有尾，有一个完整的故事情节，才能达到悲剧的效果。尤其是悲剧艺术往往展现人间的苦难与不幸，但为什么能够给观众带来美感呢？亚里士多德认为，这是因为欣赏悲剧就是"借引起怜悯与恐惧来使这种情感得到陶冶"[②]。按照朱光潜先生的解释，这里所说的"陶冶"也有道德净化与情

---

① 亚里士多德.诗学.罗念生，译.北京：人民文学出版社，1962：19.
② 同①.

感宣泄的意思，观众通过欣赏悲剧可以从恐惧转化为同情、从痛苦转化为快感，从而使自己不健康的情绪得到宣泄，使自己的心灵得到净化，使自己的情感得到陶冶，达到悲剧美独特的审美效果。亚里士多德的理论奠定了西方美学史上悲剧理论的基础。

德国古典主义美学的集大成者黑格尔则用辩证法的对立统一学说来分析悲剧性。黑格尔认为，悲剧的根源来自两种伦理力量的冲突，冲突双方所代表的伦理力量都是合理的，但又都有片面性。由于双方各自坚持自己的片面性而损害了对方的合理性，从而产生不可避免的悲剧性冲突。黑格尔认为最能反映他的悲剧观的例子便是古希腊悲剧《安提戈涅》。该故事讲述了忒拜国公主安提戈涅的哥哥波吕涅刻斯同其兄弟争夺王位，并向他的岳父即邻国国王借了兵力，结果兄弟相残双双战死，王位落入他们的舅父克瑞翁手中。新国王克瑞翁下令不准埋葬叛徒波吕涅刻斯，违者将被处死。安提戈涅为尽同胞情谊，不顾禁令埋葬了哥哥，被新国王关进石窟并上吊自尽。安提戈涅的未婚夫，即克瑞翁的儿子听到这个消息后自杀了。克瑞翁的妻子听到儿子自杀后也自杀了。在黑格尔看来，克瑞翁代表国家利益颁布法律是合理的，安提戈涅代表亲情埋葬哥哥也是合理的，但双方都必须否定对方才能肯定自己，因此又同样是片面的，必然导致悲剧性冲突。黑格尔进一步指出，虽然矛盾双方的悲剧性人物均遭到不幸，但他们所代表的国家法律、亲情之爱这些理想信念仍然是合理的、永存的。事实上确实如此，情与法的矛盾斗争可以说是中外古今文艺作品永恒的主题。黑格尔悲剧理论的最大贡献就在于他不是把悲剧性归结为个人的、偶然的原因，而是认为悲剧性冲突是合乎规律的、具有必然性的，指出了个人悲剧性冲突后面的社会根源。但是，由于黑格尔把悲剧性冲突纳入他的客观唯心主义体系之中，显示出他的哲学思想的妥协性与局限性。

马克思、恩格斯继承了黑格尔关于悲剧性冲突必然性的理论，扬弃了其中唯心主义的成分，对悲剧的本质特征进行了客观、历史的界定。恩格斯在分析拉萨尔的历史悲剧《济金根》时，指出悲剧的本质是"历史的必然要求和这个要求实际上不可能实现之间的悲剧性的冲突"[①]。这里所说的"历史的必然要求"，是指符合历史发展方向的要求，它代表着正义的、进步的、新生的力量，以及它们的合理要求，但是由于旧势力的强大和新旧力量对比悬殊，在矛盾冲突中导致悲剧性结局。这就是说，悲剧性的本质归根结底是特定历史条件下社会矛盾冲突的反映。

---

① 中共中央马克思恩格斯列宁斯大林著作编译局.马克思恩格斯选集：第四卷.北京：人民出版社，1972：346.

从一定意义上讲，悲剧性与崇高是一致的。崇高的本质在于人的本质力量与客体处于尖锐对立与冲突时，客体以外在巨大形式暂时压倒了主体，主体则在严峻冲突中最终征服客体，使人的本质力量得到充分显现。悲剧性的本质比崇高更加深刻，悲剧性的主客体冲突更加尖锐和更加激烈，具有合理性的社会力量在悲剧中遭受不可避免的苦难或毁灭，正如鲁迅先生所说的那样，"悲剧将人生的有价值的东西毁灭给人看"，人们正是从这种毁灭中更深刻地认识到它们的价值，它使人们在悲哀与痛苦的同时，努力去奋斗、去抗争。因此，悲剧的意义不是消极的，而是积极的，是与崇高相通的。悲剧的美是一种崇高的美。因此，车尔尼雪夫斯基认为："人们通常都承认悲剧是崇高的最高、最深刻的一种。"[①]悲剧的审美效果更加富有感染力，悲剧主人公的不幸、痛苦以至毁灭，使人性的光辉更加璀璨夺目。所以，悲剧感比崇高感更能激发人的斗志、震撼人的心灵，使人的精神境界得到升华，促使人们克服艰难困苦，从内心深处坚定对真、善、美的不懈追求。

第四节　喜剧性

一、什么是喜剧性

作为审美类型的喜剧性，是与悲剧性相对应的，不同于一般意义上戏剧形式的喜剧，而是具有更加广泛的意义。如同前面所讲到的悲剧性一样，我们这里所讲的喜剧性，也不是指戏剧的一种，而是指一种重要的审美类型，这种喜剧性涉及艺术的许多门类和领域。

究竟什么是喜剧性呢？鲁迅先生讲过："喜剧将那无价值的撕破给人看。"[②]这就是说，滑稽可笑的人物或事物披上了一件令人炫目的漂亮外衣，以此来掩盖自己的庸俗或丑恶，而当这件漂亮的外衣被撕破时，不仅暴露出自己的本质原形，而且当众受到嘲笑、讽刺和否定。从这个意义上讲，喜剧性是一种突现了内容与形式、本质与现象之间的不协调或不和谐，给人以笑的审美类型。

作为审美类型的喜剧性，虽然也包括现实生活中的喜剧性事件和人物，但它主要还是指分布在文学、艺术许多门类和领域中的喜剧性艺术。除了戏剧艺术中大量的喜

---

① 车尔尼雪夫斯基.艺术与现实的审美关系.周扬，译.北京：人民文学出版社，1979：21.

② 鲁迅.鲁迅全集：第1卷.北京：人民出版社，1981：297.

剧作品之外，喜剧性艺术也表现在雕塑（如我国东汉雕塑《说书俑》，如图 5-3 所示）、绘画（如当代画家方成的漫画《武大郎开店》）、文学（如苏联著名诗人马雅可夫斯基的政治讽刺诗《开会迷》）、喜剧电影（如美国卓别林的《摩登时代》）等许多艺术门类和领域之中。

图 5-3　东汉雕塑《说书俑》

　　当然，喜剧作为戏剧的一种类型，其发展历史十分长久，在 2 000 多年前的古希腊，首先出现的是悲剧，随后出现的便是喜剧。至于作为戏剧类型的正剧，则是晚了许多，直到 18 世纪法国文学家狄德罗和剧作家博马舍大力提倡"严肃戏剧"，才推动了正剧的快速发展。希腊喜剧最初产生于祭祀酒神庆典中的欢乐歌舞和化装游行，同时也吸收了民间滑稽表演的成分。希腊喜剧的题材大都取自日常生活，属于政治讽刺剧或社会讽刺剧，现实感十分强烈。古希腊喜剧作家阿里斯托芬创作了《阿卡奈人》等，另一位古希腊喜剧作家米南德创作了《恨世者》等一批喜剧作品。古希腊喜剧的情节和人物形象常常具有夸张性，动作与台词滑稽可笑，具有一定的社会讽刺作用。在文艺复兴时期，英国的莎士比亚和法国的莫里哀都创作了许多杰出的喜剧作品。如莎士比亚的喜剧《威尼斯商人》，抨击了唯利是图、贪财如命的高利贷者夏洛克；莎士比亚的另一出喜剧《第十二夜》，所有情节都围绕着两对恋人的爱情误会而展开。法国莫里哀的《伪君子》，将讽刺矛头直指虚伪、卑劣的教士达尔丢夫；莫里哀的另一出喜剧《太太学堂》，在人们的笑声中深刻地揭示了婚姻、家庭等社会问题，成了近代社会问题剧的先声。19 世纪俄国作家果戈理的讽刺喜剧《钦差大臣》，更是通过描写一个骗子冒充的钦差大臣如何受到地方显贵们的巴结、讨好，鞭挞了沙皇制度下官僚集团的腐朽和没落。现当代喜剧出现了新的悲喜剧类型，就是用喜剧的手法展现小人物的悲剧性命运，如瑞士剧作家迪伦马特的《老妇还乡》就是一个典型的例子。实际上，这种悲喜剧风格更多地体现在世界各国的电影艺术中，出现了一大批悲喜剧风格的影片，如苏联导演梁赞诺夫的"爱情三部曲"电影——《两个人的车站》《办公室的故事》《命运的嘲弄》，都是时而令人发笑，时而催人泪下，具有独特、新颖的悲喜剧风格。日本著名电影导演山田洋次先后拍摄了 40 多集喜剧系列片《男人辛苦》，其中包括我国观众熟悉的《幸福的黄手帕》，都是以喜剧的风格讲述了小人物悲剧性的故事。冯小刚导演的三部"贺岁片"——《甲方乙方》《不见不散》

《没完没了》，以及他导演的影片《一声叹息》和《天下无贼》，也都具有类似的风格。

我国古代戏曲也有喜剧的成分，但并没有形成严格意义上的喜剧类型。例如，在由关汉卿元杂剧改编而成的《救风尘》和《望江亭》中，都有浓郁的喜剧氛围。尤其是戏曲表演行当"生、旦、净、丑"中的"丑"，就是表演滑稽幽默的喜剧角色。丑角又可细分为"文丑"（如《群英会》中盗书的蒋干）、"武丑"（如《三岔口》中的店主人刘利华）、"丑婆子"（如《拾玉镯》中的刘妈妈、评剧《花为媒》中的阮妈妈）等。20世纪80年代以来，在我国电视荧屏和戏剧舞台上迅速走红的小品十分引人注目。小品本来只是戏剧学院学生的一种实习表演，但由于出现了一批贴近生活、贴近现实、贴近群众的小品，加之每年中央电视台春节联欢晚会的推波助澜，小品一度成为老百姓最喜爱的文艺样式。

喜剧作品在我国还有一个特殊的门类，就是曲艺。实际上，曲艺是全国各地区、各民族说唱艺术的总称。据不完全统计，现有曲艺300余种。曲艺种类繁多，包括相声、评书、山东大鼓、河南坠子、东北二人转、天津快板等。各个曲种里都有不少喜剧作品。尤其是相声，形成于清末北京的天桥，后来传遍全国各地。作为一种具有喜剧风格的语言表演艺术，相声艺术的表现手段主要是"说、学、逗、唱"，幽默、讽刺是相声的特长，"笑"是相声艺术最鲜明的特征。一批优秀的相声作品如《关公战秦琼》《夜行记》《约会》等，都是以犀利的语言和幽默的包袱，揭露社会矛盾，讽刺落后现象，成为广大人民群众喜闻乐见的艺术形式。

喜剧性是中外古今各门类喜剧作品的共同特征。喜剧是笑的艺术，喜剧最显著的特征就是笑。完全可以说，喜剧性离不开笑。喜剧作品引起的美感就是喜剧感，喜剧感的主要特征就是笑。作为喜剧美感特征的笑不同于纯粹生理反应的笑，在喜剧美感的笑声中包含着理性的顿悟。正因为如此，我们在欣赏喜剧作品时，发出的笑声也是多种多样的，有谴责丑恶现象的讽刺嘲笑，有幽默诙谐的机智的笑，更有夹杂痛感的含泪的笑。喜剧作品之所以能够使人产生多种多样的笑，是同喜剧艺术多种多样的类型分不开的。如果从表现形式上分类，喜剧可以分为滑稽、幽默、诙谐、讽刺、嘲讽、闹剧等；如果从表现内容上分类，喜剧可以分为否定型喜剧、肯定型喜剧、含泪喜剧等，下面，我们就对这三种喜剧类型逐一介绍。

否定型喜剧主要采用讽刺、嘲讽的手法撕破伪装，揭示其丑陋的本质。否定型喜剧人物，本来灵魂肮脏却装扮成高尚伟大，本来阴险毒辣却伪装成虔诚善良。中外古今都可以找到不少否定型喜剧人物。例如，莎士比亚《威尼斯商人》中的高利贷者夏洛克，极度贪婪、阴险狠毒，他诱使安东尼奥签下了"一磅肉契约"，不能还钱时便要从身上割下一磅肉来偿还。见义勇为的才女鲍西娅巧妙地设计，只准夏洛克割下一磅肉，但规定不能多不能少，也不准流血，结果使夏洛克在法庭上败诉破产。作品有力地揭露和批判了贪婪狠毒的高利贷剥削者。否定了无价值的东西，也就肯定了有价值的事物；否定了丑，也就肯定了美。讽刺引出的笑声是一种无情的力量，鞭挞与揭露了丑恶的本质。

肯定型喜剧常常采用滑稽、幽默、诙谐的手法，将人民内部矛盾中的一些不良现象作为批评对象，寓庄于谐、夸张变形地达到喜剧性效果。例如，现代题材相声《夜行记》成功地塑造了一个不遵守交通规则而又无理取闹的人物形象，并对他进行了淋漓尽致的嘲讽。马三立的相声代表曲目《买猴》，主人公本来是买猴牌肥皂，结果却变成了去南方买猴，成功地塑造了一个马马虎虎、大大咧咧、嘻嘻哈哈的"马大哈"形象。这个"马大哈"形象，竟然成为家喻户晓的人物，可见作品的艺术魅力。

含泪喜剧实际上就是一种悲喜剧。在含泪喜剧中，喜剧性与悲剧性达到了高度统一，小人物不幸的、悲惨的命运让人同情，但又有许多滑稽的情节与夸张的动作令人捧腹大笑。卓别林的《淘金记》描写了可怜的流浪汉查利在阿拉斯加的冰天雪地淘金时种种可笑的遭遇，如饿极了的查利煮食大皮靴时，姿态优美地拾起鞋带，有滋有味地吮吸鞋钉。而在饿极了的吉姆眼里，查利竟被看成一只火鸡，差点送命在枪下。《淘金记》正是把滑稽故事、悲剧色彩和抒情韵味糅合在一起，获得了巨大成功。这部含泪喜剧电影，在历次"世界电影十大佳作"评选中均榜上有名。这种喜剧引发的人们含着眼泪的笑声，耐人寻味，发人深思，具有很高的审美价值。

二、喜剧性的本质特征

对于喜剧性的本质，早在古希腊时期就已经开始探讨。亚里士多德从他的摹仿论出发，认为"喜剧是对于比较坏的人的摹仿，然而'坏'不是指一切恶而言，而是指丑而言，其中一种是滑稽"[1]。亚里士多德把喜剧与生活中的丑联系起来考察，对西方美学长期认为喜剧的主角是丑的理论有很大影响。德国古典美学大师康德从主体的感受出发研究喜剧的效果，认为喜剧感是"一种从紧张的期待突然转化为虚无的感情"。康德举例说有一个印第安人去参加宴会，在筵席上看到一个坛子并打开它时，啤酒沫喷出来，大声惊呼不已。别人问他为什么惊呼，他指着酒坛说："我真弄不清这些泡沫是

---

① 亚里士多德. 诗学. 罗念生，译. 北京：人民文学出版社，1962：16.

怎么被装进坛子里去的。"康德认为，人们听了这件事会大笑，笑的原因并不是认为自己比这个无知的人更聪明，而是由于紧张的期待突然转化为虚无，在紧张的期待中得到的却是印第安人这样一个令人意想不到的回答。康德的看法指出了喜剧的心理特征。黑格尔认为，喜剧矛盾根源于感性形式压倒了理性内容，表现出理性内容的空虚。

如果说悲剧是通过丑对美的暂时压倒而揭示美的理想，那么喜剧则是美对丑的否定和揭露。如果前者重在对美的间接肯定，那么后者则重在对丑的直接否定。马克思、恩格斯对于喜剧问题提出了一些非常深刻的精彩见解，他们把喜剧奠定在现实的社会矛盾冲突之上，指出喜剧对象的特征是"用另外一个本质的假象来把自己的本质掩盖起来"①，这就点明了讽刺性喜剧的根源。讽刺性喜剧所反映的对象是社会生活中的否定现象，生活的喜剧把本质隐藏在假象中，喜剧艺术则是透过假象揭露本质，正是在这个意义上，鲁迅指出"喜剧将那无价值的撕破给人看"。

喜剧艺术的基本美学特征是引人发笑，没有笑，也就无所谓喜剧。喜剧为什么引人发笑呢？这是因为喜剧艺术具有"寓庄于谐"的美学特征。"庄"是指喜剧艺术体现了深刻的社会内容，"谐"是指喜剧艺术的表现形式诙谐可笑。在喜剧中，"庄"与"谐"是辩证的统一。失去了深刻的主题思想，喜剧就失去了灵魂；但是，没有诙谐可笑的形式，喜剧就不成其为喜剧。喜剧艺术之所以能够取得"寓庄于谐"的美学效果，是出于以下两个原因：第一，在倒错中显真实。一切艺术都要真实地反映生活，而喜剧艺术是要在倒错（自相矛盾）的形式中显示真实，以取得喜剧效果。在生活中具有喜剧性的事物也常常是体现在内容与形式的自相矛盾之中。在果戈理的《钦差大臣》中，一个骗子伪装成钦差大臣，使得权贵官僚、绅士小姐们都拜倒在他的脚下。在电影《百万英镑》中，一个流浪汉得到了一百万英镑的钞票，立刻成为上流社会中举足轻重的人物。这些可笑的现象之所以具有喜剧性，正是因为它们体现了一定的社会意义，在倒错的形式中揭示了社会生活的真实。第二，夸张是喜剧艺术的另一个特点。夸张乃至变形，常常能够产生明显的喜剧效果。例如，在卓别林自编、自导、自演的电影《摩登时代》中，工人在自动传送带上不断地拧紧螺帽，这种简单、重复、紧张的机械劳动摧残着工人的肉体和神经，把人变成了机器，以致主人公看见别人的衣服纽扣和鼻子时，也要用钳子去拧。卓别林常常在他的喜剧性电影中传达出资本主义社会里"小人物"的悲剧性，卓别林天才地指出，在艺术中笑声和眼泪具有同样强大的力量，揭示出悲喜剧艺术的内在魅力。笑声不仅是一种揭露的武器，它同时也是一种

① 中共中央马克思恩格斯列宁斯大林著作编译局.马克思恩格斯选集：第一卷.北京：人民出版社，1972：5.

无穷无尽的愉快的源泉，它鼓舞着人们坚定对生活与生活目标的信仰，正是在这个意义上，喜剧性具有不可低估的美学价值。

本章注释与参考资料

1.本章配合电视录像课程第八讲、第九讲和第十讲，涉及的音像图形资料主要有：

（1）古希腊雕塑《米洛的维纳斯》。

（2）古希腊雕塑《拉奥孔》。

（3）德国贝多芬的《第六交响曲》（《田园交响曲》）。

（4）德国贝多芬的《第三交响曲》（《英雄交响曲》）。

（5）德国贝多芬的钢琴奏鸣曲《黎明》。

（6）苏联肖斯塔科维奇的《C大调第七交响曲》。

（7）中国影片《一江春水向东流》（1947年）。

（8）中国影片《女理发师》（1959年）。

（9）中国影片《天下无贼》（2004年）。

（10）中国影片《甲方乙方》（1997年）。

（11）中国影片《不见不散》（1998年）。

（12）中国影片《没完没了》（2000年）。

（13）英国影片《百万英镑》（1957年）。

（14）美国影片《摩登时代》（1936年）。

（15）苏联影片《两个人的车站》（1982年）。

（16）古希腊悲剧《俄狄浦斯王》。

（17）古希腊悲剧《安提戈涅》。

（18）英国莎士比亚的悲剧《哈姆雷特》。

（19）英国莎士比亚的喜剧《威尼斯商人》。

（20）法国小仲马的《茶花女》。

（21）挪威易卜生的《玩偶之家》（又名《娜拉出走》）。

（22）瑞士迪伦马特的《老妇还乡》。

（23）中国戏曲《秦香莲》。

（24）中国戏曲《窦娥冤》。

（25）中国戏曲《梁山伯与祝英台》。

（26）中国戏曲《牡丹亭》。

（27）中国戏曲《救风尘》。

（28）中国戏曲《望江亭》。

（29）法国莫里哀的《太太学堂》。

（30）俄国果戈理的《钦差大臣》。

2.电视录像课程第九讲的"悲剧性"和第十讲的"喜剧性"，不同于一般意义上作为戏剧形式的悲剧和喜剧，而是作为两种重要的审美类型，分别渗透到文学、艺术的各个门类和领域。这是需要同学们在学习中特别注意区分的。

.

第六章 审美心理

本章要点提示

◎审美心理结构的主要因素（感知、想象、情感、理解）

◎"移情说"的主要观点

◎"距离说"的主要观点

◎精神分析审美心理学说的主要观点

◎人本主义审美心理学说的主要观点

本章学习目标

1. 理解并掌握审美心理结构的主要因素（感知、想象、情感、理解）；

2. 了解审美心理早期流派中的"内模仿说""直觉说"；

3. 理解并掌握审美心理早期流派中的"距离说""移情说"；

4. 理解并掌握精神分析学中的"无意识"理论；

5. 了解格式塔心理学；

6. 理解并掌握人本主义心理学对审美心理的启示。

在现当代美学中，关于审美心理的研究占有越来越重要的地位。不少人认为，美学主要包括三个方面的内容，即美的哲学、审美心理学、艺术社会学。如果把美的哲学比作整个美学大厦的基础，那么，审美心理学就是它的主体。尤其是在现当代美学中，审美心理学已经成为美学研究的中心问题之一，这种看法已经成为世界各国美学界的共识。

审美心理学主要研究人的审美心理，或者叫作审美经验、审美感受。所谓审美经验或审美感受，就是当人们在欣赏自然美、社会美、艺术美等美的事物时，所产生的一种愉快的心理体验。这种心理体验既是审美主体长期社会实践的结果，也是审美主体与审美客体相互作用的产物。审美心理越来越受到重视并非偶然。从哲学发展的角度来看，近现代哲学逐渐从过去重视客体的研究转向重视主体的研究，表现在美学上就是加强了对审美主体的研究和对审美心理的研究。从文学艺术来看，近现代人们越来越重视对于创作心理和欣赏心理的研究，如20世纪60年代在德国兴起的"接受美学"这个新的美学流派，就主张要加强对欣赏者（读者、观众、听众）的研究。

此外，心理学作为一门正式的学科，从严格意义上来讲，直到19世纪才正式诞生，距今只有100多年的历史。随着心理学的发展，人们对审美心理的研究也日渐深入，尤其是从原来的哲学心理学研究发展到运用西方心理学新流派的科学方法来对审美心理进行研究，极大地促进了审美心理研究的进展。正如世界著名美学家、曾任美国美学协会主席的托马斯·门罗在《走向科学的美学》中所讲的："在科学的心理学为我们描述人类本质的总轮廓之前，美学不可能靠自身的力量成为一种可以理解艺术的学科。通过心理学，我们就可以用一种新的和锐利的方法对美的形式进行分析。"[1] 托马斯·门罗还强调："有迹象表明，心理学、美学和艺术之间的关系将越来越密切。"[2]

第一节　审美心理结构

一、审美心理结构的主要因素

审美心理是审美主体在审美活动中产生的极其复杂的心理活动和心理过程，审美心理产生于审美主体与审美客体的相互作用之中。从现当代的大量研究成果来看，可

---

[1]　门罗.走向科学的美学.石天曙，滕守尧，译.北京：中国文联出版公司，1985：139.

[2]　同① 142.

以肯定，审美心理结构中包含感知、想象、情感、理解等主要因素。这些主要因素并不是孤立存在的，它们之间具有极其复杂和微妙的相互作用，进而形成有机统一的审美心理动态结构。只是为了方便阐述，我们才将它们分开来介绍。下面，我们就对审美心理结构中的这几种主要因素逐一介绍。

（一）感知

感知包括简单的感觉和较复杂的知觉。所谓感觉是指客观事物直接作用于人的感官，在人脑中所产生的对事物个别属性的反映。感觉既是一切认识活动的基础，也是审美感受的心理基础。所谓知觉，则是在感觉的基础上对事物的综合的、整体性的把握。知觉具有整体性、选择性、恒常性等基本特征，是一种更加积极主动的心理活动。感觉和知觉合称感知。感觉是知觉的基础，知觉是感觉的深入。审美心理是以感知为基础的，人要感受到对象的美，就必须通过直接感知的方式去接触对象，去感知对象的色彩、线条、形状、声音等。这是因为美的事物都有一定的感性形象，都具有一定的外部特征与状貌，不首先感知美的外貌特征，如色彩、线条等，是不能得到情感体验、无法引起美感的。例如，我们在欣赏自然美时，在大海边上，碧蓝色的海水映衬着点点白帆，我们感受到大海的美丽；在欣赏艺术美时，交响乐中的音高、音色、音强以及节奏和旋律的艺术组合，使人产生音乐的美感和情绪的共鸣。可以说一切美的事物，包括自然美和艺术美，都必须通过形象才能被人所感知，从而产生美感，所以，审美心理必须以感知因素作为基础，在感知的基础上才能进行想象、理解和情感活动。

作为审美的感官，人的感官主要包括视觉和听觉两种高级感官，从这里可以看出审美活动具有不同于低级感觉的理性性质。触觉、味觉、嗅觉感受的对象范围比较狭小，往往引起人们直接的生理反应，更多地与对世界的感性认识有关。而听觉、视觉的感知范围更为广泛，更多地与人的高级心理、精神活动有关，具有更多的理解功能和明显的社会特点，更善于把握客观世界的本质。因此，视觉和听觉构成审美心理的主要感官，形成马克思所讲的"感受音乐的耳朵"和"感受形式美的眼睛"。当然，与此同时，审美心理中又存在着"艺术通感"的现象。例如，当听到女歌唱家的歌声时，我们会说感到她的"嗓音甜亮"。然而，"嗓音"属于听觉，"甜"属于味觉，"亮"属于视觉，由于自发的感觉转移心理活动，使欣赏者产生了这种艺术通感。所以，视觉和听觉虽是审美的主要感官，但有时还是需要其他感官的配合的。例如，人们在欣赏自然风景如鲜花时，往往需要嗅觉；人们在欣赏雕塑时，常常需要触觉等。

感知之所以成为审美心理的基础，是由于色彩、线条、形状、声音等形式特征能够在心理上产生一定的快感。心理学家的试验证明，许多色彩给人带来冷、暖、动、静等感受，都是由直接的生理、心理活动引起的。例如，强光照射下的色彩、高饱和度的色彩、磁波较长的色彩，都能引起人的高度兴奋和强烈的刺激；有规律、有周期振动的乐音，使人产生生理、心理快感，无规律、无周期振动的噪声，却使人的生理、心理产生难受的反应。

美感必然包含快感，但美感又不等同于生理快感。谁都知道，审美愉快绝不等同于吃饱喝足后的生理愉快，在某种程度上，审美愉快远远高于单纯的生理愉快。两千多年前孔子就有这种体会了，《论语》中记载"子在齐闻韶，三月不知肉味"，可见审美快感之强烈。康德也看到了二者的区别，他提出：愉快在先还是判断在先，是区别快感与美感的关键。愉快在先，判断在后，属于生理快感；而美感则是判断在先，愉快在后，这就是一种审美感受。例如，人们参观敦煌石窟（如图6-1所示），当钻进石窟内用手电筒向壁上一照时，"真美极了！"大家都叫了起来，然后才感到一种审美的愉快，这是因为敦煌壁画直接打动了参观者的心灵，使人产生一种审美快感。最后，

图6-1 敦煌石窟彩塑菩萨像

美感和快感的区别还在于，美感是为了提高人的精神境界，而生理快感往往产生于人的生理需要得到满足之后。所以，美感和道德感都属于只有人才具有的高级情感，如欣赏自然美可以引起我们对祖国大好河山的热爱。从古至今，许多英雄志士都从对祖国大好河山的热爱中汲取斗争的力量和信心，辛弃疾、文天祥、方志敏都曾写下歌颂祖国大好河山的名篇。所以，美感虽然包含快感，但又不等同于快感，审美感知在表面上是迅速地、直觉地完成的，但在它的后面隐藏着欣赏者全部的生活经验，而且有着想象、情感和理解的参与。

（二）想象

想象是一种特殊的心理功能，人类不同于动物的主要能力之一就是人具有丰富的想象。人在反映事物时，不仅能够感知直接作用于主体的事物，而且还能在头脑中创造出新的形象，这种创造新的形象的特殊心理能力就称为想象。想象是指人脑对已有表象进行加工改造而创造新形象的过程。心理学家指出："想象，或想象力，也像思维一样，属于高级认识过程，其中明显地表露出个人所特有的活动性质。如果没有想象

出劳动的已成结果，就不能着手进行工作。人类劳动与动物本能行为的根本区别在于借助想象力产生预期的结果的表象。任何劳动过程必然包括想象，它更是艺术、设计、科学、文学、音乐以及任何创造性活动的一个必要方面。"①想象是一种思维活动，这种思维活动是把过去神经系统中所形成的暂时联系重新加以组合，形成一种新的联系，对知觉所供给的表象进行加工改造，成为新的表象。所以，想象这种心理功能的特征是离不开形象的。

　　心理学上把想象分为再造性想象和创造性想象两大类。所谓再造性想象，是人类在生活经验的基础上再现记忆的客观事物的形象；所谓创造性想象，是在经验的基础上对记忆进行加工组合，创造出新的形象。在审美心理中，既有再造性想象，也有创造性想象。在审美活动中，人们总是把通过感知所得到的关于对象的完整表象，根据自己的生活经验，通过想象的活动再造出来，或创造出新的形象。生活经验越丰富、学识越多，想象的翅膀也就越丰满，所得到的审美愉悦和审美享受也就越强烈。例如，《世说新语》记载，东晋才女谢道韫在小的时候极有才气。一日天降大雪，她的叔叔当朝太傅谢安出了一句诗，让全家人来对。这句诗是"白雪纷纷何所似？"谢道韫的哥哥抢先回答："撒盐空中差可拟"，谢道韫却道："未若柳絮因风起"，她的叔叔十分高兴。显然谢道韫的想象能力比她哥哥更丰富、深刻。边塞诗人对白雪的想象就更有气魄了，如岑参的"忽如一夜春风来，千树万树梨花开"，真可以称得上是神奇的想象了。这种创造性想象来源于诗人丰富的生活经验和高度的艺术修养，当然还要有一定的天赋。

　　想象在艺术活动与审美活动中具有十分重要的作用。毫无疑问，任何艺术创作都离不开想象，对于浪漫主义作品《西游记》《封神演义》等来说如此，对于现实主义作品《三国演义》《红楼梦》等来说同样如此，离开了想象，很难描绘出赤壁大战的激烈场面。艺术欣赏同样离不开想象，诗和画的意境，只有通过欣赏者的想象才能显现出来。通过画面上的一个小和尚在溪边担水和背后连绵起伏的群山，欣赏者就可以领悟到"深山藏古寺"的诗意；通过"飞流直下三千尺，疑是银河落九天"的诗句，欣赏者就能想象庐山飞瀑倾泻而下的奇景。欣赏音乐也离不开想象，白居易在著名的《琵琶行》中，通过丰富的想象描写出欣赏琵琶演奏的感受，就是很好的例子。欣赏戏曲更离不开想象，在中国戏曲舞台上，几乎没有什么布景，道具也极其简单，全凭表演的技巧来调动欣赏者的想象，舞台上的骑马、坐轿、开门、关门，都是通过程式化的

---

① 彼得罗夫斯基. 普通心理学. 朱智贤，伍棠棣，张世臣，等译. 北京：人民教育出版社，1981：373.

虚拟动作来调动观众的想象的。京剧《三岔口》描写了夜间在一家旅店发生的故事，虽然舞台上灯光明亮（否则无法看戏），但通过演员的表演和观众的想象，观众就仿佛看见了伸手不见五指的黑夜中发生的一场激战。

对于艺术美的创作与欣赏离不开想象，其实，对于自然美的欣赏也同样离不开想象。例如，黄山历来以奇松怪石著称，其实这些大自然的松石早已存在，但千百年来人们的想象为它们增添了神奇的色彩，甚至演化出许多故事和传说。黄山有名的"迎客松"（如图6-2所示）原来是一株千年古松，长在文殊洞顶，因为它的一枝长垂向文殊洞口，宛如一位伸出手臂热情迎接客人的主人，故此得名。又如黄山中部的"鳌鱼峰"，因形状颇似一条张嘴捕食的鳌鱼而得名。人们的想象远不止于此，由于鳌鱼峰前有数石，远望似螺蛳，于是便有了"鳌鱼吃螺蛳"的胜景。再加上其峰背上有一龟形大石，近处又有几个蛋形小石，人们又凭借想象创造出"鳌鱼驮金龟""老鳌下蛋"等景观。可见，人们欣赏自然美时，想象发挥了很大的作用。

图6-2　黄山"迎客松"

丰富的记忆形象固然是创造性想象的基础，但并不是创造性想象的动力，因为如果没有情感作为中介和动力，想象活动便成了无源之水、无本之木。审美心理中的想象带有浓厚的情感色彩，使审美对象在想象中被涂上一定的情感色彩，同时，主观情感也就在想象中得到了自由的抒发。

（三）情感

审美心理的一个突出特点是它带有浓厚的情感因素。情感是人对客观现实的一种特殊反映形式，是对客观事物是否符合人的需要的一种复杂的心理反应，是主体对待客体的一种态度。与动物的情绪不同，人的情感是社会历史的产物，具有社会的内容和意义。情感和其他心理能力一样，是人在漫长的实践活动中产生和发展起来的。

情感在审美心理中有着极为重要的作用。前面我们已经讲到，审美心理是感知、想象、情感、理解等多种心理因素的统一体，那么这些心理因素是如何在审美心理中统一起来的呢？它们并不是机械地相加，而是以情感作为中介形成有机的统一体。

审美中的情感活动是以感知因素作为基础的。一般来说，主体的情感活动与对象的感性形式之间有着极为密切的联系，审美对象引起的感觉、知觉、表象本身就带有一定的情感因素，并引起相应的情感波动。刘勰在《文心雕龙》中讲"登山则情满于山，观海则情溢于海"，就形象地描述了审美中情感活动伴随对客体的感知而展开这样一种现象。中国古代美学十分强调"情景交融"的境界，在古代的诗论、画论、文论、赋论、戏曲论中，对于审美这种"情"与"景"的关系进行了大量的论述，提出"景中情"和"情中景"，非常生动地指明了"情"与"景"之间密不可分的关系。我们都很熟悉李白的《黄鹤楼送孟浩然之广陵》："故人西辞黄鹤楼，烟花三月下扬州。孤帆远影碧空尽，唯见长江天际流。"全诗并没有使用一个"情"字，仅仅通过这种凝聚着情感的景物描写方式，表达出诗人与朋友分手时依依难舍的无限深情，使我们仿佛看到长江边上、蛇山脚下、黄鹤楼边，诗人遥望着茫茫大江中一叶孤舟正慢慢消失在天际，从中可以感受到诗人无限惆怅的心情。

审美中的情感活动又与想象因素密不可分。一方面，审美中的情感活动通过想象因素自由地扩展和抒发，所谓"感时花溅泪，恨别鸟惊心"，由于战火绵延、家书断绝，诗人的心情是忧患痛苦的，使得花开鸟鸣这样美丽的景物也催人泪下和惊动愁心；另一方面，审美中的情感活动又给想象因素提供了动力和方向，所谓"登山则情满于山，观海则意溢于海"，这种移情的效果，正是由于情感给想象插上了翅膀，情感也通过想象与思考表现出来。在艺术活动与审美活动中，联想和想象离不开情感这个中介，并且往往被涂上一层情感的色彩。这是因为，现实生活极其复杂丰富，人和现实具有不同角度、不同态度的联系，现实和主体的需要、要求、利害、理想有着密切的关系，所以人们对现实事物的情感态度也是矛盾变化和错综复杂的。例如，拿老虎来说，人们看到老虎凶残吃人的一面，可以联想到黑暗专制统治，发泄出"苛政猛于虎"的愤怒情感；另外，人们也可以看到老虎勇猛威武的一面，以"秦王扫六合，虎视何雄哉"来表现秦王的雄才大略，表达敬佩、赞叹的情感。

审美中的情感活动与理解因素有着特别密切的关系。情感既然是主体对待客体的一种态度，所以，这种态度必然与人的活动、需要等关系有着紧密的联系，从而表现出种种不同的情感，如肯定与否定、热爱和仇恨、喜欢与厌恶等。情感活动十分复杂，既有与感性直接联系的一面，又有与理性相联系的一面，所以，情感最能在感性里表现理性，将理性积淀在感性之中。例如，音乐最能表现感情，但音乐又是最难用概念来说明的，柴可夫斯基的《悲怆交响曲》到底悲什么、怎么悲都很难讲清楚，但它确确实实传达出一种打动人心的悲怆之情。当然，理解也可以增加情感的深度与广度，从而使情感活动更加强烈。因此，伴随着思维而出现的情感活动往往具有更加震撼人心的力量。例如，在《红楼梦》中，听到林黛玉的"葬花诗"——"侬今葬花人笑痴，他年葬侬知是谁？"贾宝玉"不觉恸倒山坡之上""心碎肠断"。从情节来看，贾宝玉所直接感知的只有林黛玉在葬花和作诗，但由于贾宝玉在听到这些诗句时，又运用了思维来"反复推求"，越想越深、越想越广，情感也就越来越强烈。

显然，情感在审美心理结构中具有十分重要的地位和作用，尤其是情感与其他心理因素相互影响、相互渗透，并在整个审美心理结构中发挥着主导作用。正因为情感在人类的审美活动与艺术活动中占有如此重要的地位，列夫·托尔斯泰甚至认为艺术就是起源于人类传达情感的需要，他说："一个人为了要把自己体验过的感情传达给别人，于是在自己心里重新唤起这种感情，并用某种外在的标志把它表达出来——这就是艺术的起源。"[①] 艺术作品离开了情感，就无法具有感人的魅力。"文化大革命"中的样板戏，不少精雕细琢、唱腔优美，但由于受到特定时代的限制，从来不敢提爱情、亲情等情感问题，甚至连夫妻之情也成为敏感问题而不敢涉及。如《红灯记》中李玉和三代均是孤身一人，《沙家浜》中虽有阿庆嫂，但戏中特意交代"阿庆到上海跑单帮去了"，以此来避免剧中夫妻之间的感情交流。正因为"文化大革命"造成了人们精神生活中的情感丧失，以及文艺作品中的情感沙漠现象，20 世纪 90 年代初以情动人的长篇电视连续剧《渴望》（如图 6-3 所示）一炮走红，同时期上映的台湾地区的影片《妈妈再爱我一次》也因其情感魅力催人泪下，充分显示出艺术创作与欣赏活动中情感因素的重要性。

图 6-3　电视连续剧《渴望》

---

① 伍蠡甫，将孔阳，秘燕生 . 西方文论选：下卷 . 上海：上海译文出版社，1979：432.

（四）理解

审美心理虽然不能离开感知因素，但又不同于一般的感性认识，而是包含理解因素，理解是审美中不可缺少的组成部分。这是因为，美的事物不仅具有感性的形式和生动形象，而且还有内在的本质和深刻的意蕴。因此，在美的欣赏中，在对美的事物的感知过程中，必然包含比较、推敲、评价、体验等理性活动，必然是欣赏判断和感情的结合、感性因素和理性因素的结合。

审美心理的理解因素有以下三层含义：

首先，对于审美对象内容的认识不能脱离理解因素。例如，我们观看芭蕾舞剧《红楼梦》，如果事先不了解它的故事情节，以及宝玉、黛玉、宝钗等人物的关系、经历、性格、感情等，就很难真正欣赏它，甚至有可能看不明白，因为整部剧没有一句对话，全凭演员的表演来表现情节的进展和人物的命运。又如，当你在欣赏西方宗教艺术时，不懂得百合花象征玛丽的童贞、羊羔象征信徒、鹿在池边饮水象征圣徒的欢乐等，就会感到莫名其妙，不知所云。只有在对审美对象内容理解——包括对题材、情节、典故、时代背景、象征意义等许多方面的理解——的基础上，才能真正实现对美的欣赏，获得丰富隽永的审美感受。

其次，对于审美对象形式的认识也不能脱离理解因素。各艺术种类有自己的基本特点，有自己独特的技法、技巧、程式等艺术形式，我们只有在理解这些艺术形式的基础上，才能获得审美感受和审美愉悦。在观赏京剧时，那些懂得京剧的程式和技法的观众，仅仅从几个人的打斗场面中就能领会到这是千军万马的战场，仅仅看到演员挥动马鞭绕场数周，就明白他已经骑马奔驰千里路程。就拿最具有群众性的电影艺术来讲，如果不了解倒叙、插叙、时空交错等电影手法，就会看不懂。马克思说过："如果你想得到艺术的享受，你本身就必须是一个有艺术修养的人。"[1] 一个完全不懂艺术、不懂基本艺术规律的人，是很难领略艺术美的。

最后，也是最重要的一点，对于审美对象内在意蕴和意味的认识更不能脱离理解因素。这种意蕴和意味不能用逻辑推理的方式推导出来，也不能用普通的描述性语言传达出来，所以被称为"只可意会，不可言传"。在中国美学中，它被称为"言外之意""弦外之音"或"象外之旨"；在西方美学中，它被称为"意蕴"或"意味"。在对艺术作品的欣赏中，这种理解是极其重要的，因为优秀的艺术作品不仅仅是讲一个故事，也不仅仅让人去猜测它的象征意义，甚至不仅仅局限于认识功能，而是让人们受

---

① 马克思.1844年经济学哲学手稿.刘坤仲，译.北京：人民出版社，1983：108–109.

第六章 审美心理 149

到情感和道德上的陶冶，塑造人的心灵，丰富人的心理结构，全面提高人的本质。所以，对于文学、艺术作品中这种意蕴和意味的把握，才是理解因素的主要作用。

审美心理中的理解因素又具有特殊性，这种特殊性突出表现在美感中的理性不同于一般逻辑判断中的理性认识。在逻辑判断的抽象思维中，理性认识虽然也要依赖感性认识，但一旦理性认识从感性认识中抽象出来概念、判断、推理之后，理性认识就抛弃了感性认识。在审美活动中却不一样，审美心理中的理解因素始终与具体的感性形象密不可分，理性因素融合、渗透、积淀在感性因素之中，用钱钟书先生的一句话来讲，叫作"理之在诗，如水中盐、蜜中花，体匿性存，无痕有味"①。所以，审美心理是感性和理性的统一，是在感性形式中包含着理性认识的内容。

以上对审美心理的主要因素——感知、想象、情感、理解等进行了分析，但审美心理并不是各因素的机械相加，而是各心理因素之间复杂作用的结果，最后形成一种动态的审美心理结构。概括地讲，在审美活动中，首先是一种特殊的审美态度，它包含审美注意与审美期望；其次是审美知觉的感性愉快，以及随之而来的审美认识，包括联想、想象、情感等多种心理因素；最后，通过审美判断和审美愉悦，实现审美趣味和审美能力的提高。

二、审美心理结构的两重性

审美心理结构十分复杂。除了上面讲到的，审美心理由多种因素构成之外，审美心理结构还具有两重性：一方面具有个体性与主观性、直觉性与非功利性；另一方面又具有共同性、客观性以及潜藏其中的社会功利性。这两个方面密切地联系在一起，使得社会、历史、理性的内容，积淀在个体、直观、感性的形式之中。审美心理或审美感受既有个性又有共性，既有普遍性又有差异性，既有直觉主观感受性又有潜在的社会功利性。

一方面，审美心理结构或审美感受具有个体性与主观性、直觉性与非功利性的特征。

首先，审美心理或美感具有个体性与主观性的特征。毫无疑问，人类的一切审美活动都要以个体的感受和体验来表现，如果离开了主体，离开了个人主观性，也就等于取消了审美。在一般情况下，不管是美的创作还是美的鉴赏，都是从个体主观的爱好和兴趣出发的。因此，这种个体性与主观性就形成了审美感受的差异性。西方有句谚语叫作"有一千个读者，就有一千个哈姆雷特"，这就是讲，虽然大家都在阅读莎士

---

① 钱钟书.谈艺录.香港：香港国光书局，1979：271.

比亚的名著《哈姆雷特》，但每位读者读完莎士比亚这本名著后，在自己头脑中会浮现出各自不同的王子哈姆雷特的形象，这就说明审美心理具有个体性与主观性的特征。鲁迅先生也指出，同一部《红楼梦》"经学家看见《易》，道学家看见淫，才子看见缠绵，革命家看见排满，流言家看见宫闱秘事……"[①]审美心理或审美感受的差异性，除了由于审美主体的生理心理基础、社会经历与文化修养、职业、年龄、性格等个性差异之外，还存在着时代的不同与民族的不同。不同时代与不同民族的审美感受，也不可避免地会被打上那个时代或那个民族的烙印。

其次，审美心理或美感具有直觉性与非功利性的特征。美感是人类特有的一种精神现象，它的特殊性之一就是直觉性。所谓审美心理的直觉性，就是指审美主体对于审美客体（自然美或艺术美）一种不假思索而即刻把握与领悟的能力。人的直觉认识与逻辑认识是两种不同的思维方式。所谓逻辑思维方式，就是依靠概念、判断、推理来进行的理性思维方式。所谓直觉认识方式，是指"人对个别事物最原始最简单的认识，即一种见形而不见意义的认识"[②]。审美活动中的这种直觉认识，就是一种依靠形象来进行的感性思维方式。为什么审美欣赏一定要采取直觉的方式呢？这是因为美感有一个显著的特点，就是它自始至终离不开形象，审美过程始终要在直接的、具体的、形象的感受中进行，审美欣赏是对美的事物的一种直接观照，因此，只能采取直觉的方式。与此同时，美感又具有个人超功利性和非功利性的特点，这主要表现为人们在审美时，通常不做实用的考虑，不抱明确的功利目的。无论是去音乐厅欣赏音乐，还是去电影院观看电影，乃至去名山大川欣赏自然美，都不是为了满足物质实用功利的需要，相反地还要付出金钱、时间、精力等代价，但人们仍然乐此不疲。由此可见，审美无关个人的利害得失，它不是自私的享受，而是一种无私的精神享受，无须将对象占为己有。人们一旦获得了美感，便急欲与他人分享。这些都说明美感是与个人利害无关的，它不是自私的、低级的物质享受，而是一种无私的、高级的精神愉悦。只是在这个意义上，我们才能真正深刻地理解黑格尔的一句名言："审美带有令人解放的性质。"[③]

另一方面，审美心理结构或审美感受又具有共同性与客观性，以及潜在的社会功利性等特征。

---

① 鲁迅．鲁迅全集：第7卷．北京：人民文学出版社，1963：419.

② 宋书文．心理学词典．南宁：广西人民出版社，1984：150.

③ 黑格尔．美学：第1卷．朱光潜，译．北京：商务印书馆，1979：147.

首先，审美心理或美感在一定意义上具有共同性与客观性。中外美学史上许多思想家都承认美感的共同性，先秦时期孟子就讲过："口之于味也，有同嗜焉；耳之于声也，有同听焉；目之于色也，有同美焉。"[①] 英国 18 世纪著名哲学家休谟也讲过：审美趣味不管有多么大的分歧，但也同样存在着共同的美感，这种共同的美感的根源就在于人类内心结构的基本一致。休谟指出："尽管（审美）趣味仿佛是变化多端，难以捉摸的，终归还有些普遍性的褒贬原则；这些原则对一切人类的心灵感受所起的作用都是经过仔细探索可以找到的。按照人类内心结构的原来条件，某些形式或品质应该能引起快感。"[②] 这就是说，人的生理和心理的共同性，使得不同的审美主体在鉴赏同一审美对象时，会产生某些共同的审美感受。此外，美感的共同性还有更广泛的意义，它既是指同一民族或同一时代的人们对于某些审美客体有共同的美感，又是指不同民族或不同时代的人们所具有的共同美感。马克思在一篇文章里专门谈到人类这种共同美感的问题，他指出，两千多年前的古希腊艺术"仍然能够给我们以艺术享受"，而且"显示出永久的魅力"[③]。由于审美心理或审美感受的这种共同性，也就决定了它在一定程度上还具有客观性。审美的这种客观性是在审美实践中形成的。由于人们长期在审美实践中积累了审美经验，经过无数次反复就形成了全人类共同的审美对象。例如，荷马史诗和李白的诗歌，列夫·托尔斯泰和曹雪芹的小说，莎士比亚和关汉卿的戏剧，乃至于《清明上河图》和《最后的晚餐》这些享誉世界的名画，都经历了不同的时代，跨越了不同的民族，赢得了人们普遍的喜爱，这些都说明审美是有某种客观性的。尤其是形式美的许多法则，是人类经过数千年世世代代反复实践形成的，并且在历史上积淀下来，具有相对的稳定性和独立性，成为全人类共同的客观标准。如对称与均衡、节奏与韵律、多样与统一等形式美法则，是人类在千百年漫长的实践中概括和归纳出来的，从而使这些美的形式具有相对独立的审美意义。

其次，虽然我们在前面已经讲过美感具有个人非功利性的特点，但是，我们又不能不承认潜藏在美感中的社会功利性。这就是说，美感本身存在着矛盾二重性：一方面，美感对个人来说，是一种非功利性的审美直观和审美愉悦，完全不同于现实生活中物质需求与物质利益的实际功利满足感；另一方面，作为人类漫长社会实践的产物，美感又总是以往全部历史积淀的成果，因而它总是直接或间接地被打上社会功利的烙

① 北京大学哲学系美学教研室.中国美学史资料选编：上册.北京：中华书局，1980：24.

② 休谟.论趣味的标准//北京大学哲学系美学教研室.西方美学家论美和美感.北京：商务印书馆，1980：111.

③ 佚名.马恩列斯文艺论著选读：增订本.南昌：江西人民出版社，1986：34-35.

印。正是在这个意义上，鲁迅十分精辟地论述了潜藏在美感中的社会功利性，他指出："一切人类所以为美的东西，就在于它有用——为了生存而和自然以及别的社会人生的斗争上有着意义的东西。功用由理性而被认识，但美则凭直觉底能力而被认识。享乐美的时候，虽然几乎并不想到功用，但可由科学底分析而被发现。所以美的享乐的特殊性，即在那直接性，然而美底愉乐的根底里，倘不伏着功用，那事物也就不见得美了。"[①]

从以上两个方面的介绍，我们不难发现，审美心理或审美感受具有特殊的矛盾二重性。美的世界丰富多彩，变化万千，人的审美感受更是因人而异、复杂多样。与此同时，审美感受既有个人性格、气质、兴趣、修养的个性差异，又有时代、民族、历史、社会的积淀在其中。美感是在人类社会实践中形成的，人的审美心理或审美感受也随着人类社会实践的发展而不断丰富。人类通过实践活动创造了美的客体对象，同时也创造了人的感知美的主体能力。因此，人的审美心理结构或审美感受十分复杂，它是主观性与客观性、个体性与社会性、个人直觉非功利性与社会潜藏功利性等的辩证统一体。美感的这种复杂的二重性，一方面相互对立、相互矛盾，另一方面又相互依存、相互制约，形成完整的审美心理结构统一体。

第二节　审美心理的早期流派

如前所述，在近现代美学研究中，审美心理研究具有越来越重要的地位与作用。尤其是 19 世纪德国"实验美学"的创始人、著名心理学家费希纳提出，要以一种"自下而上"的科学方法来取代过去那种"自上而下"的哲学方法，这对整个 20 世纪的美学研究产生了巨大的影响。这不仅带来了美学研究方法的变革，而且也形成了美学思维方式的巨大变革。美学研究的重心，已经从原来对美的本质等哲学问题的探讨，转入对于审美心理的研究和探讨，标志着在美学中实证经验的分析方法取代了原先占统治地位的哲学思辨方法，从而导致了西方美学史上古典美学向现代美学的转变。

此外，19 世纪以来，西方心理学研究不断取得重大成果，心理学也最终脱离哲学而成为一门独立的学科。心理学的研究成果对西方思想文化领域产生了重大的影响，尤其是为现代心理学美学诸流派提供了理论基础。各心理学流派的一个共同特点，就是运用心理学研究的成果，对美学中的一系列重大问题做出回答，特别是把研究的重

---

① 鲁迅.鲁迅全集：第 4 卷.北京：人民文学出版社，1963：207.

点，从传统美学的审美客体转向审美主体的心理功能和审美经验，采用的都是费希纳提倡的"自下而上"的研究方法。

因此，在19世纪末与20世纪初，相继涌现出许多心理学美学流派，这些流派对美学的一系列问题特别是审美心理，从各自不同的角度进行了研究。其中，对于审美心理研究影响较大的流派主要包括以立普斯为代表的"移情说"，以谷鲁斯和浮龙·李为代表的"内模仿说"，以布洛为代表的"距离说"和以克罗齐为代表的"直觉说"等。下面，我们就对这些影响较大的早期流派逐一进行简要介绍。

一、移情说

自19世纪下半叶到20世纪上半叶的近百年时间里，"移情说"美学在西方许多国家具有很大的影响力。事实上，早在原始人类的形象思维，以及后来的神话、语言、宗教、文学、艺术中，就存在着这种现象。但是，只有到了19世纪下半叶以后，"移情说"才成为一种比较系统的美学理论，并开始产生广泛的影响。

"移情说"的先驱是德国美学家费希尔和他的儿子。费希尔父子对审美活动中的移情现象进行了分析。他们一开始把这种现象称为"审美中的象征作用"，并将其分为三种情况：第一种是在神话和宗教领域，第二种是在审美活动中，第三种是在寓言等文学语言领域。费希尔认为，在审美观照中，形象与它所象征的观念融为一体，主体有意或无意地灌注生命于客体，人凭借这种观照将自己外射到自然物中，把主观情感移入客体，使之成为具有意蕴的形象。费希尔父子还最早采用了"移情"这个词，他们有关审美中移情作用的论述，为后来的"移情说"开了先河。

一般认为，"移情说"最主要的代表人物是德国美学家、心理学家立普斯（1851—1914），他的主要美学著作有《空间美学和几何学·视觉的错觉》《论移情作用》《再论移情作用》等。立普斯主要从心理学出发研究美学，其研究对象主要是几何形体所产生的错觉，因此，他的"移情说"主要是依靠这方面的观察实验材料来进行论证的。立普斯的"移情说"成为早期西方审美心理学流派中最有代表性的一种理论。甚至有人把美学中的"移情说"比作生物学中的进化论，把立普斯比作达尔文。显然这种说法夸大了"移情说"的作用，但也体现了立普斯及其"移情说"在西方美学中的重要影响。

"移情说"的功绩在于对审美活动中的移情作用进行了比较深入的研究。什么是移情作用呢？就是指人在观察客观事物时，往往不自觉地将无生命、无情感的事物当作有生命、有情感的，与此同时，人自身又受到这种错觉的影响，进而和事物发生共鸣。欢乐时，万物生机勃勃，"红杏枝头春意闹"；悲伤时，万物抑郁寡欢，"泪眼问花花不语"。

立普斯是从心理学出发研究美学的，他重点研究了审美欣赏心理，他认为审美欣赏实质上就是一个移情过程。立普斯认为，审美感受究其根本并不是来自客观事物，而是来自审美主体的内在情感，也就是一种令人愉悦的"同情感"。只有这时，审美客体才在审美主体心目中成为审美对象，由物我分离、物我对立的状况升华为物我同一、物我两忘的境界，这就是审美的境界。立普斯以古希腊建筑的道芮式石柱为例说明了移情作用。道芮式石柱下粗上细，支撑着建筑，它原本是由大理石构成的无生命的物体，可是当人们观赏它时，这一根根无生命的石柱仿佛也变得有生气、有力量，巍然挺立、高耸向上，顽强地承受着来自屋顶的沉重压力。为什么会产生这种现象呢？一方面，立普斯认为，这是由于观赏者的空间错觉，使人感到石柱"凝成整体"，甚至"耸立上腾"，这是一种"机械性的解释"；另一方面，立普斯认为更为重要的是一种"人格化的解释"，就是把人的主观情感"外射"或"移注"到大理石石柱上，把物化成人，以人度物，把原本没有生命的石柱看成有生命的东西，从而使人与物发生同情与共鸣，达到物我交融、物我同一的境地。正如立普斯所说："这种向我们周围的现实灌注生命的一切活动之所以发生，而且能以独特的方式发生，都因为我们把亲身经历的东西，我们的力量感觉，我们的努力，超意志，主动或被动的感觉，移置到外在于我们的事物里去，移置到在这种事物身上发生的或和它一起发生的事件里去。"[1] 这样，本来互相对立的主体与客体通过移情作用得到了统一。因此，立普斯认为，审美欣赏的真正对象，与其说是审美客体，不如说是审美主体自己。因为在审美活动中，通过移情作用，自我与对象融为一体了。

在我国古代的诗论、画论、文论中，也有对审美中的这种移情作用的类似论述。西晋陆机在《文赋》中讲："遵四时以叹逝，瞻万物而思纷，悲落叶于劲秋，喜柔条于芳春。"南朝梁著名文论家刘勰在《文心雕龙》中讲："登山则情满于山，观海则意溢于海"（《神思》），又有："人禀七情，应物斯感，感物吟志，莫非自然"（《明诗》）等，都是强调移情于景，借景抒情。主体以我观物，寄情于物，托物抒怀。在我国古代画论中，甚至把这种移情作用看作创作的一条重要法则。南齐谢赫提出的"绘画六法"中的第一条"气韵生动"，是绘画的最高境界，也是要求将艺术家的品格情趣"外射"到对象之上，使自然山水人格化，呈现出生动气韵。梅、兰、竹、菊历来被称作中国画

---

[1] 立普斯.空间美学//朱光潜.西方美学史：下卷.2版.北京：人民文学出版社，1979：606.

的"四君子"，就是因为历代画家都把它们作为移情的对象，用来体现画家本人的情感理想、抱负追求。尤其是中国古典美学中重要的范畴"意境"，正是强调情与景的交融、心与物的交融、人与自然的交融，从而达到"情景合一""主客合一""心物合一""天人合一"的最佳境界。

在文艺作品和审美活动中，确实大量存在着这种移情作用。例如，列夫·托尔斯泰的《战争与和平》（如图6-4所示）中有这样一个故事：安德烈公爵很爱他的妻子——一位娇小的郡主，在他妻子去世以后，安德烈心情非常苦闷。有一天他接到邀请去一个庄园做客。在乘马车去这个庄园的路上，他看见路旁有一棵老橡树"站在绿树和花草中，显得那样僵硬、冷酷、丑陋"。而当安德烈在庄园中新结识了纯洁、美丽的少女娜塔莎，并且听见了娜塔莎在月光下美妙的歌声后，安德烈的心情发生了变化。在回家的路上，他发现路旁的那棵老橡树仿佛完全变了样子，变得非常美丽，差一点儿认不出来了。显然，一夜之间，同一棵树并没有多大的变化，变化的是安德烈的心情，由于移情作用使他产生了不同的审美感受。这样的例子还有很多，在中国历代诗词中就有不少。例如，李白的"相看两不厌，只有敬亭山"（《独坐敬亭山》），以及"花间一壶酒，独酌无相亲。举杯邀明月，对影成三人"（《月下独酌》），又如苏轼的"明月几时有，把酒问青天"（《水调歌头》）。尤其是辛弃疾的"我见青山多妩媚，料青山见我应如是"（《贺新郎》），以及"昨夜松边醉倒，问松'我醉何如？'只疑松动要来扶，以手推松曰'去！'"（《鹧鸪天·遣兴》），这些都是表现移情作用的最好例子。唐诗里有许多写月亮的，面对同一个月亮，由于人的心情不同，被写在诗里后变化无穷：闺中少妇看见的是"徘徊花上月，空度可怜宵"；攀越蜀道的旅客却说："又闻子规啼夜月，愁空山"；凭吊古战场时，只见"寒月照白骨"，似乎月光也阴森寒冷；而荡舟于春江花月夜时，又是"落月摇情满江树"，仿佛月光也包含着无限的情思。其实，这些都是由于移情的作用，审美主体不由自主地把自己在不同心境下产生的不同情感加在无生命、无情感的审美对象上，高兴时似乎山川也在欢笑，悲伤时似乎花草也在落泪，于是，造成这样一种似乎是个人主观的移情改变了客观事物美丑的错觉，使得审美活动呈现出千姿百态、错综复杂的现象。

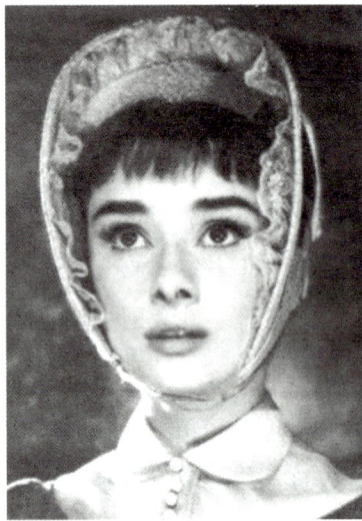

图6-4 电影《战争与和平》

其实，移情作用同样是在人类漫长的实践活动的基础上产生的。移情作用的产生，最初并不是由于审美活动的需要，而是由于人类认识自然、改造自然的实践活动的需要。原始人由于认识能力低下，对许多自然现象都感到十分神秘，不可理解，他们认识世界的主要方式就是"以己度物"，也就是以自己的情感和思想来衡量一切事物，把万事万物都人格化，这就是移情作用最初的萌芽。例如，法国人类学家列维－布留尔在《原始思维》一书中讲过，原始部族的印第安人认为鱼类生活和人类社会一样，它们在大海下面也有自己的村庄、自己的道路和自己的家庭。这种以自身的情感和思想测知外界的万事万物的思维方式，也渗透在原始宗教和神话中。只不过经历了历史的积淀，移情作用从原始思维方式变成了后来形象思维中的审美功能。

"移情说"对于移情作用进行了细致的研究，特别是立普斯从心理学出发，研究了人在观赏几何形体时产生的心理错觉，提出了许多有价值的见解，这是持"移情说"的学者所做的不可磨灭的贡献。但是，"移情说"又是一种唯心主义美学理论，它把这种美感中的移情现象从认识论范围扩大到本体论范围，认为世界上根本就无所谓美丑，一切都只是人主观移情的结果，它看不到人类实践活动是移情作用的基础，反而认为客观世界万事万物都不过是"我"移情的结果，这就成为地地道道的主观唯心主义了。

二、内模仿说

19世纪下半叶出现的"内模仿说"，侧重于从生理学和心理学相结合的角度来研究审美心理与审美感受，对审美过程中某些生理、心理现象进行了精细的描述和论证。有些学者认为"内模仿说"是"移情说"的一个分支，但二者又有很多的不同。一般认为，"内模仿说"的主要代表人物是德国的谷鲁斯和英国的浮龙·李。

德国心理学家、美学家谷鲁斯（1861—1946）主要从心理学和生理学角度研究美学。立普斯的"移情说"极力反对用生理学解释美学，而谷鲁斯恰恰在这一点上与立普斯截然对立，他强调用内模仿的器官感觉来解释移情作用。从这个角度来看，谷鲁斯是从"移情说"转向"内模仿说"的先驱。谷鲁斯总是把游戏和模仿联系在一起，他深受席勒的"游戏冲动"理论的影响，提出了"游戏练习说"来阐明艺术的起源。与此同时，谷鲁斯也不同意斯宾塞等人关于游戏和艺术是"发泄过剩精力"的说法，对美的起源的"游戏说"做了新的解释。谷鲁斯认为，游戏并不是与实用完全无关的，游戏其实是在为将来的实用目的做练习和准备。艺术就是一种模仿性的游戏。因此，谷鲁斯用他的"游戏练习说"来解释：小猫玩抓毛线团的游戏，是为了今后抓老鼠；

小狗相互追咬嬉闹，是在练习今后追捕猎物；男孩子玩舞刀弄枪的游戏，是在练习长大成人后的战斗本领；女孩子从小喜欢抱着布娃娃，是在无意识中准备今后做母亲；等等。谷鲁斯认为，艺术也是一种游戏，只不过具有更高的目标，这就是说，艺术家希望通过这样一种游戏来影响别人，并以此来显示自己在精神上的优越。显而易见，艺术作为高级游戏，同样离不开实用目的。谷鲁斯说："就连艺术家也不是只为创造的乐趣而去创造；他也感到这个动机，不过他有一种较高的外在目的，希望通过他的创作来影响旁人，就是这种较高的外在目的，通过暗示力，使他显出超过他的同类人的精神优越。"①谷鲁斯还指出，并不是所有游戏都是模仿性的，比如猫捉老鼠的游戏、小狗追咬嬉闹的游戏等，它们都是依靠一种本能冲动，不用模仿。作为高级游戏的艺术却离不开模仿。人只有以游戏的态度来观照对象时，才能有审美活动，而一切审美欣赏活动都离不开内模仿。

于是，谷鲁斯在"移情说"的基础上提出了"内模仿说"。一般来讲，人的模仿可以分为两种：一种是外模仿，也就是行为模仿；另一种是内模仿，也就是心理模仿。谷鲁斯的"内模仿说"显然属于后者。谷鲁斯的"内模仿说"认为，凡是知觉都要以模仿为基础：看见别人发笑，自己也想发笑；看见别人踢球，自己也不禁跃跃欲试；甚至当人们看见一个圆形物体时，眼睛也不知不觉地模仿它做一次圆形的运动。审美活动中的模仿虽然建立在知觉模仿的基础之上，但是与一般的知觉模仿截然不同。一般的知觉模仿多数在筋肉动作方面表现出来，是外现的；而审美的模仿大半内在而不外现，只是一种内模仿。谷鲁斯举过一个观看跑马的例子来对这种"内模仿说"加以说明。他说："例如一个人看跑马，这时真正的摹仿当然不能实现，他不愿放弃座位，而且还有许多其他理由不能去跟着马跑，所以他只心领神会地摹仿马的跑动，享受这种内摹仿的快感。这就是一种最简单、最基本也最纯粹的审美欣赏了。"②因此，谷鲁斯的"内模仿说"认为，审美主体在欣赏活动中，总是同情地分享着旁人或外物的姿态和运动，总会有一种内模仿的运动神经活动，从而在主体的心灵中产生一种自觉或主动的幻觉，仿佛要把自我变形投射到旁人或外物中。显然，谷鲁斯和立普斯的观点虽然有分歧，但都以"审美同情"为起点，各自朝两个不同的方向发展。立普斯的"移情说"，侧重的是由我及物的一方面，即将审美主体的情感通过移情作用，外移到审美对象上。谷鲁斯的"内模仿说"却恰好相反，侧重的是由物及我的一方面，即将

① 谷鲁斯.动物的游戏//朱光潜.西方美学史：下卷.2版.北京：人民文学出版社，1979：615.

② 同① 616.

审美对象的姿态或运动，通过内模仿传递给审美主体。这就是二者之间重要的区别。谷鲁斯特别强调这种内模仿是对客体的内在的、心灵的模仿，并将其看作审美活动的主要内容。谷鲁斯的美学观和"内模仿说"被不少人看作"移情说"的一个分支或变种。

英国女文艺批评家、美学家浮龙·李（1856—1935）根据自己的研究成果，独立地做出了与谷鲁斯观点十分接近的理论阐述，因而被视为"内模仿说"在英国的主要代表。浮龙·李的主张与谷鲁斯的看法十分接近，只不过谷鲁斯更侧重内模仿中筋肉运动的感觉，而浮龙·李更侧重内模仿中情绪反应涉及的内脏器官的感觉，如呼吸循环系统的变化等。浮龙·李认为，内模仿是指当审美主体面对审美对象时，人的全身包括筋肉和呼吸系统都会产生明显的反应，同时产生一种相应的情感。浮龙·李还以她自己观赏花瓶时的这种内模仿行为作为例子来加以阐述。浮龙·李说："这里有一个花瓶，是古玩中和近代农家器皿中所常见的。看这花瓶时我特别感觉到它是一个整体。我的身体感觉是很平静、很匀称的，各部分都互相对应。眼睛注视瓶底时，我的脚紧按在地上。看到瓶体向上升起时，我的身体也随之向上升起；看到瓶腰逐渐扩大时，我微觉头部有一种压力向下垂引。瓶是左右对称的，两肺的活动也因而左右平衡。瓶腰的曲线左右同时向外突出，眼光移到瓶腰最粗部时，我随即作吸气运动；看到曲线凹入时，我随即作呼气运动，于是两肺都同时弛懈起来，一直看瓶颈由细转粗时，我又微作吸气运动。瓶的形样又使我左右摆动以保持平衡。"[1] 可见，浮龙·李用她自己观赏花瓶时的这个例子来说明内模仿不仅是谷鲁斯所讲的筋肉运动，而且是身体中各个系统的共同效果，只不过随着审美客体的不同以及审美主体个体的差异，内模仿的身体运动有的在这方面突出，有的在那方面突出罢了。

此外，浮龙·李认为，她的"内模仿说"强调的是线性运动，在这点上也同谷鲁斯的"内模仿说"强调的人物运动有十分鲜明的区别。线性运动不同于人物运动，人物运动是具体的动作，如奔跑、跳跃等，而线性运动是抽象的形式，如曲线、直线等。线性运动产生的是美感，而人物运动就未必一定会带来美感，如前面谷鲁斯举过的例子，踢球、跑马等就未必有美感。浮龙·李还举了一个具体例子来说明她自己的这种线性运动的内模仿理论。例如，当我们说"山在升起"时，就是由于在观赏面前这座高山时，我们既抬头又仰脖，这些上升运动正是在内模仿活动中完成的。于是，当我们在观赏这座高山时，我们的眼、头、颈便产生了线性运动的内模仿，这些上升运动就形成了一个总的感觉，即"某种东西在升起。这种在升起的过程发生在我们自

---

① 李.美和丑 // 朱光潜.美学文学论文集.长沙：湖南人民出版社，1980：100.

己身上"①。

应当承认，在审美活动中内模仿现象确实是存在的。审美活动既涉及复杂的心理活动，也涉及复杂的生理活动，内模仿活动以人体器官的生理、心理功能为基础，尤其表现为一种意象性的内模仿，也就是在想象中把主体摹拟为客体。例如，法国作家福楼拜在谈到他的长篇小说《包法利夫人》的创作经验时指出，当自己作品中的主人公自杀时，作者本人仿佛也闻到了砒霜的气味。心理学家也发现，不少观众看了惊悚影片以后，不仅眼睛、大脑疲劳，而且四肢、躯干也很疲劳，甚至免疫力都会下降。这些事例都证明，审美活动中普遍存在着生理和心理的内模仿活动。

谷鲁斯与浮龙·李的"内模仿说"深入地分析了美感过程中生理、心理活动的某些重要特征及其内在规律，这对深入研究审美心理有一定的积极意义，也具有合理性的一面。但是，"内模仿说"把美感的本质和根源只归结为生理的内模仿，片面夸大了它的作用，进而将生理快感与美感混为一谈，从而歪曲甚至否定了美感的客观内容和社会性质，因而无法真正揭示美感的本质。

三、距离说

原籍瑞士，后在英国剑桥大学任教的布洛（1880—1934），一生写过多种美学著作，尤其是他在《作为一种艺术要素和美学原理的"心理距离"》（1912年）中，首次提出了著名的审美"心理距离说"，在各国美学界产生了较大影响。

布洛不满意传统美学那种形而上学的哲学思辨方法，主张从心理学角度去研究审美感受。布洛采用"心理距离"的方法来考察审美活动，认为在审美主体和审美客体之间保持适当的距离是获得美感的基本条件。但这种距离既不是空间上的距离，也不是时间上的距离，而是一种心理距离。由此，布洛提出了著名的"距离说"。他说："距离说提供一种运用简单而意义深远的区别：适意是一种无距离的快感。美，最广义的审美价值，没有距离的间隔就不可能成立。"② 布洛这里所说的"适意"就是指一种生理的快感，如吃饱喝足后的感受，这种生理快感是实用功利目的满足之后产生的，"是一种无距离的快感"，是一种占有对象后的快感，这种生理快感不是美感。布洛之所以强调审美活

---

① 李.移情 // 莱德尔.现代美学文论选.孙越生，陆梅林，程代熙，等译.北京：文化艺术出版社，1988：475.

② 布洛.心理距离 // 北京大学哲学系美学教研室.西方美学家论美和美感.北京：商务印书馆，1980：278.

动中主体与客体之间必须保持一定的心理距离，就是指审美主体必须抛开实用目的与功利需要，把审美主体与审美对象之间的关系由实用的变为欣赏的、由功利的变为审美的，这样才能够真正获得审美感受。正如布洛所说的："尤其是距离提供了审美价值的一个特殊标准，以区别于实用的（功利的），科学的，或社会的（伦理的）价值。"[①]

为了说明自己的"距离说"，布洛专门举了一个航海中遇见大雾的例子。他说，乘坐海轮在海洋中遇见大雾，本来是一件最不愉快的事，乘客不仅会因耽搁行程而焦虑，而且还会因为随时都有触礁的危险而紧张、恐慌，这自然会让人心情不佳。但是，如果乘客中有人能够使自我超脱，把个人安危置之度外，以旁观者的态度泰然处之，根本不去考虑海轮会遇到何种危险，并将采取何种应急措施，因为这些事情会由船长和海员去考虑处理，自己只顾观赏海上的大雾和雾中奇异的景色，把大雾作为审美观照的对象，于是，这位乘客与海上大雾的关系就发生了变化，从原来无距离的实用功利关系变成了有距离的审美关系，海上的大雾和雾中的景色就以一种新的面貌出现在其面前，令其产生一种非同一般的审美享受。可见，布洛的"距离说"实际上是强调审美活动中一种特殊的心理状态、一种特殊的审美态度。就审美主体来说，距离就意味着超脱；就客体对象来说，距离就意味着独立；对于主体与客体来讲，距离就意味着审美关系的建立。

布洛的"距离说"是从康德的审美无利害关系与黑格尔的审美要保持自由欣赏态度发展而来的，其核心是强调审美活动必须摒弃实用功利目的，从中国古典美学传统来讲，就是"虚静"。老庄讲的"虚静"，就有由人心返回道心的大意义。尤其是庄子讲的"心斋"与"坐忘"，就是要消解由生理而来的欲望，消解由认知而来的理性，使精神得到彻底自由，进入一种纯粹的审美观照状态。例如，在著名的庄子与惠子观鱼的故事中，当庄子说鱼儿欢乐嬉戏时，惠子说："子非鱼，安知鱼之乐？"庄子则反驳道："子非我，安知我不知鱼之乐？"（《庄子·秋水篇》）显然，庄子观鱼时进入了审美状态，而惠子尚未进入审美状态，才产生了两种不同的感受。正如苏轼的哲理诗《题西林壁》所言："横看成岭侧成峰，远近高低各不同。不识庐山真面目，只缘身在此山中。"虽然这是讲了当局者迷、旁观者清的意思，但又何尝不是指出了人们必须超然物外、保持距离方能获得审美感受的道理呢。显然，审美活动的一个关键就是要区别于实用功利的态度、区别于科学认知的态度、区别于社会伦理的态度，在主体与客体之

---

① 布洛.心理距离 // 北京大学哲学系美学教研室.西方美学家论美和美感.北京：商务印书馆，1980：277.

间建立一种纯粹的审美态度。

布洛进一步指出，在审美活动中，这种"心理距离"必须适中，距离过远或距离过近，都不能产生真正的美感。布洛说，"距离的丧失可以出于如下两种原因：或失之于'距离太近'，或失之于'距离太远'。'距离太近'是主体方面常见的通病；而'距离太远'则是艺术的通病，过去的情形尤其是这样的"①。

所谓"距离太远"，是指采取实用功利的态度或科学认知的态度，根本就没有进入审美的心境，没有建立审美的态度。马克思说过："忧心忡忡的穷人甚至对最好的景色都无动于衷，贩卖矿物的商人只看到矿物的商业价值，而看不到矿物的美和特征。"②穷人迫于生计为衣、食、住、行而忧虑，无暇顾及审美需要，商人被珠宝的经济价值所吸引，同样无暇顾及矿物的审美特征。两者同样是因实用功利目的而与审美"距离太远"，无法形成审美关系。朱光潜先生在《文艺心理学》中还举了一个海边农夫的例子：当别人称赞他家门前的大海风景真美时，这位农夫颇为吃惊，大海天天如此，美在哪里？农夫马上把此人领到屋后的菜园，指着菜园里的瓜果蔬菜说，它们不仅可供食用，而且可采摘卖钱，这才是美的呢！朱光潜先生讲："我们大多数人谁不像这位海边农夫呢？一看到瓜果就想到它是可以摘来吃的，一看到瀑布就想到它的水力可以利用来生电，一看到图画或雕刻就估算它值多少钱，一看到美人就起占有的冲动。"③这些都是因为以实用的眼光与功利的态度去看待事物，无法形成审美心境与审美态度，与审美相距甚远，未能形成审美关系。

所谓"距离太近"，是指审美活动与艺术欣赏固然需要共鸣和移情，但是，心理距离也不能太近甚至于消失，如果完全把剧中的故事当作生活的真实，甚至把剧中的人物当作生活中的自我，那也同样不可能得到美感。朱光潜先生在《文艺心理学》中也举例来说明了这种因"距离太近"而丧失美感的现象。朱光潜先生说，假如一个素来疑心妻子不忠的丈夫去看莎士比亚的名剧《奥赛罗》，结果完全忘记了自己是在看戏，心里始终在琢磨自己的境遇，就根本不可能从戏剧欣赏中获得美感，因为他的心理距离"实在太近了。艺术的理想是距离近却不至于消灭。距离近则欣赏者容易了解，距离不消灭则美感不为实际的欲念和情感所压倒"④。显然，在审美活动与艺术欣赏中，必须把日常的现实与艺术的虚幻景象区分开来，绝不能将二者混为一谈，只有保持适中

---

① 蒋孔阳.20世纪西方美学名著选：上册.上海：复旦大学出版社，1987：249.

② 马克思.1844年经济学哲学手稿.刘丕坤，译.北京：人民出版社，1983：76.

③ 朱光潜.朱光潜美学文学论文选集.长沙：湖南人民出版社，1980：57.

④ 同③62.

的心理距离，才能获得美感。例如，当上演莎士比亚的名剧《哈姆雷特》时，到最后决斗的场面，一个英国老妇人突然从观众席中站起来，大声向舞台上的哈姆雷特高喊："孩子，当心呀，那把剑是染过毒的！"中华人民共和国成立初期上演《白毛女》时，当观众看到黄世仁污辱喜儿时，一个战士怒不可遏，就想开枪将台上的黄世仁打死。显然，这些都不是审美的态度，乃是由于"距离太近"乃至于距离消失，完全把生活与艺术等同起来，没有形成一种审美的关系，同样从另一个极端远离了审美态度。

应当说，布洛的"距离说"包含着合理的内容，关注了审美活动与审美心理，揭示了艺术创作和艺术欣赏的某些规律。他强调，只有当审美主体排除实用目的与功利态度，以一种非功利的态度去欣赏对象，正如陶渊明的诗歌"结庐在人境，而无车马喧。问君何能尔？心远地自偏"（《饮酒》），形成一种审美的心境与审美的态度时，才能达到赏心悦目、怡情悦性的审美享受。尤其是布洛特别强调要保持一种适中的心理距离，避免"距离太近"或"距离太远"两种倾向，这些看法都是很深刻的。布洛指出：距离太远或太近都会导致审美的丧失，"所以说，无论是在艺术欣赏的领域，还是在艺术生产之中，最受欢迎的境界乃是把距离最大限度地缩小，而又不至于使其消失的境界"[1]。这些说法都是很精辟的。事实上，中国古典美学所讲的"不即不离"，在一定意义上也可以理解为保持适中的心理距离，从而形成一种审美的态度。布洛的"距离说"指出了审美心理的一些重要规律，所以在很长的时间内受到广泛的重视，而且至今仍有较大影响。但是，布洛的"距离说"过分夸大了心理距离在美感形成中的地位和作用，未免以偏概全，把复杂的问题过分简单化了。

四、直觉说

"直觉说"是现代西方影响较大的美学学说之一。美感的直觉性，历来是世界各国美学家们所关心的问题。早在1750年，德国美学家鲍姆嘉通创立美学时使用的"aesthetic"一词，原意就是"感觉学"。他创立这门学科的目的，就是专门研究感性认识。朱光潜先生甚至认为，这个字也可以翻译成"直觉学"[2]。朱光潜先生指出："所以'美感经验'可以说是'形象的直觉'。这个定义已隐含在 Aesthetic 一个名词里面。它是从康德以来美学家所公认的一条基本原则。"[3] "直觉说"的代表人物首推意大利美学

---

① 蒋孔阳．二十世纪西方美学名著选：上册．上海：复旦大学出版社，1987：248.

② 朱光潜．朱光潜美学文学论文选集．长沙：湖南人民出版社，1980：46.

③ 同②47.

家克罗齐（1866—1952）。克罗齐把自己的哲学称为"精神哲学"。克罗齐将他的精神哲学划分为四门科学，即美学、逻辑学、经济学、伦理学，他还亲自分别撰写了著作来论述这四门科学。其中，每门科学研究对应一种形式，如美学研究直觉、逻辑学研究概念等。在克罗齐看来，直觉形式是人类四种精神形式中最基本和最关键的，由此产生的美学也是四门科学中最基础的科学，其他三门科学都必须建立在美学的基础之上。克罗齐之所以如此推崇美学，是因为他特别强调直觉的重要性，而研究直觉的美学也就成为克罗齐心灵哲学的重要组成部分。克罗齐在他的《美学原理美学纲要》中指出："不把全部心灵弄透彻，要想把诗的性质或幻想创造的性质弄透彻是不可能的；不建立美学，要想建立心灵哲学也是不可能的。"[1]

克罗齐美学理论的核心是直觉。正因为直觉是如此重要，所以克罗齐在他的《美学原理美学纲要》一书的开头就明确指出："知识有两种形式：不是直觉的，就是逻辑的；不是从现象得来的，就是从理智得来的；不是关于个体的，就是关于共相的；不是关于诸个别事物的，就是关于它们中间关系的；总之，知识所产生的不是意象，就是概念。"[2]显然，克罗齐的这段话不仅把直觉认识与逻辑认识彻底区分开来，而且也指出了直觉活动的特征：直觉是认识的开始，而且直觉是从想象得来的，直觉又是关于个别形象的认识，它并不关注事物之间的联系或者普遍性，它最后所产生的结果，不是抽象的概念，而是具体的意象。应当承认，克罗齐这一看法是很有道理的，他确实指出了感性认识（包括审美活动）与理性认识（包括科学活动）之间在心理上与认识上的重大区别。朱光潜先生在《文艺心理学》中，以看梅花为例对克罗齐以上这段话进行了解释。朱光潜先生讲，同样一株梅花，当人们看它时，可以引起三种不同的态度：第一种态度是看到梅花，就考虑它在植物分类学中属于某一门某一类，这是科学的态度，即逻辑活动。第二种态度是看到梅花，就考虑它值多少钱，拿来做买卖或赠送朋友，这是实用的态度，即功利活动。第三种态度是看到梅花，只顾着欣赏它的形象，忘却一切地去欣赏梅花的美，这是审美的态度，即审美活动。[3]

克罗齐"直觉说"的核心是认为"直觉即表现"。克罗齐指出："每一个直觉或表象同时也是表现。没有在表现中对象化了的东西就不是直觉或表象，就还只是感受和自然的事。心灵只有借造作、赋形、表现才能直觉。"[4]因为在克罗齐看来，在直觉之前，

① 克罗齐．美学原理美学纲要．朱光潜，等译．北京：外国文学出版社，1983：300.

② 同①7.

③ 朱光潜．朱光潜美学文学论文选集．长沙：湖南人民出版社，1980：47，48.

④ 同①14.

人的一切感受和情感都是杂乱无章的、无形式的，只有通过直觉，它们才能被心灵活动所掌握，才能得到形式，才能转化为意象。因此，直觉是最基本的感性认识活动，就是心灵主动地将形式赋予原来杂乱无章的感受或情感，从而形成意象。于是，在克罗齐看来，直觉就是感受或情感被形成意象，或者换一句话说，直觉就是感受或情感被表现，两者是同一个意思。这也就是说，直觉即表现。

克罗齐特别强调，直觉与表现是无法分开的。直觉即表现，表现即直觉。克罗齐说："直觉的活动能表现所直觉的形象，才能掌握那些形象。"① 直觉只有在心灵中才能完成，因为美感经验就是一种聚精会神的心理状态，就是一种物我两忘的审美活动。审美的过程就是直觉的活动，就是将全部注意力集中到美的事物上，甚至忘记了人与物的区分，把整个的心灵全部寄托在美的事物之上。正如朱光潜先生所说："物我两忘的结果是物我同一。观赏者在兴高采烈之际，无暇区别物我，于是我的生命与物的生命往复交流，在无意之中我以我的性格灌注到物，同时也把物的姿态吸收于我。比如观赏一棵古松，玩味到聚精会神的时候，我们常不知不觉地把自己心中的高风亮节的气概移注到松，同时又把松的苍劲的姿态吸收于我，于是古松俨然变成一个人，人也俨然变成一棵古松。总而言之，在美感经验中，我和物的界限完全消灭。我没入大自然，大自然也没入我，我和大自然打成一气，在一块生展，在一块震颤。"②

此外，克罗齐还进一步认为，艺术即直觉，直觉即艺术。因为艺术与直觉一样，都是情感的表现，因此，艺术就是直觉、就是表现。在克罗齐看来，艺术、直觉、表现三者之间，是完全可以画等号的。克罗齐指出："我们已经坦白地把直觉的（即表现的）知识和审美的（即艺术的）事实看成统一。用艺术作品做直觉的知识的实例，把直觉的特性都赋予艺术作品，也把艺术作品的特性都赋予直觉。"③ 所以，艺术即直觉，直觉即表现，在它们之间根本就没有什么差别。由此出发，克罗齐认为像直觉一样，艺术乃是心灵活动的表现，它是在人们内心完成的，艺术只是心灵的想象活动。在一般人看来，艺术或艺术的表现是指绘画、雕刻、交响乐、诗歌、小说等文艺作品，但在克罗齐看来完全相反，他认为这些由线条、色彩、声音、文字组合而成的艺术作品只是一些"备忘的工具"，这些由物理媒介构成的作品不是直觉，只能是心灵的想象活动。而这些作为"备忘的工具"的作品，只是帮助艺术再造的工具，它们的作用只是"使人所创造的直觉品可以留存"。克罗齐甚至把这个问题推向极端，认为这些作品作

① 克罗齐.美学原理美学纲要.朱光潜，等译.北京：外国文学出版社，1983：15.

② 朱光潜.朱光潜美学文学论文选集.长沙：湖南人民出版社，1980：53.

③ 同① 19.

为"备忘的工具"是必要的，然而归根结底它们不是艺术，"因为美不是物理的事实，它不属于事物，而属于人的活动，属于心灵的力量"[①]。显而易见，克罗齐重视艺术构思，轻视艺术传达。在克罗齐看来，艺术家在思想中的构思即直觉和表现，一旦构思完成了，艺术成果便在心灵中表现出来了。克罗齐看不起艺术传达，艺术传达在克罗齐看来只是一种物理事实，唯一的作用是生产出作为"备忘的工具"的艺术作品。

从艺术即直觉，直觉即表现出发，克罗齐还提出了艺术作品与艺术欣赏是统一的，因为二者都离不开直觉。他认为创作与欣赏的不同，仅仅在于前者是审美的创造，而后者则是审美的再创造。但是，克罗齐认为，创造里也有欣赏，也需要鉴赏力；反之，欣赏不是被动地接受，也需要创造或再创造。在此基础上，克罗齐认为，既然人人都有直觉，那么人人都能进行艺术活动，因此，艺术活动作为直觉活动来讲，可以说是人皆有之的一种最基本和最普通的活动。人既是人，就都会有直觉活动，即艺术活动，就都有可能成为艺术家，"人是天生的诗人"。这样，克罗齐就在实质上反驳了西方美学史上柏拉图、休谟等人提出的审美能力属于少数"精神贵族"的思想，显示出克罗齐的美学理论中的一些合理之处。

应当指出，审美中的直觉性是客观存在的。在审美欣赏中，确实存在着一种不假思索的直觉判断；在审美创造中，也确实有一种不凭理性，只凭灵感的直觉表现。显然，在审美欣赏与审美创作中都存在着直觉性。虽然人们早就注意到了审美中的这种直觉性，但直到近现代才开始从理论上对其加以探索和研究。从这个角度讲，克罗齐对于直觉的研究对美学是一大贡献。此外，克罗齐的"直觉说"将审美活动与艺术活动同逻辑认识与实用功利活动区分开来，这种区分也是很有意义的。

但是，克罗齐的"直觉说"建立在他的主观唯心主义哲学的基础上，他把美和艺术完全看作心灵的产物，根本不承认美的社会客观性与历史积淀性，无法寻找到科学的答案。此外，克罗齐过分强调艺术的直觉性与非理性特点，这在一定程度上也助长了20世纪西方非理性主义文艺思潮的蔓延，这些都是须要指出来的。

第三节　审美心理的现代流派

在西方关于审美心理的早期流派中，"移情说""内模仿说""距离说""直觉说"等，于19世纪末至20世纪初都产生过较大的影响。但是，以上这些流派主要还停留

[①] 克罗齐.美学原理美学纲要.朱光潜，等译.北京：外国文学出版社，1983：108.

在对于审美心理特征进行一些现象的描述，缺乏心理学理论的支撑，缺乏科学的依据和论证，因而难免肤浅与粗糙。

随着现代心理学的迅速发展，20 世纪一些重要的心理学流派都对审美心理进行了分析和研究，其中影响较大的几个流派主要是：以弗洛伊德为代表的精神分析学（包括许多分支）、格式塔心理学（又称完形心理学）、以马斯洛为代表的人本主义心理学等。这些流派在西方心理学研究中都具有重要影响，因而它们对审美心理的研究，比起早期流派来说更加强了科学的论证。正如美国美学家莫利斯·菲利浦森在《今日美学》中讲道："所有这三个观念——移情、游戏与心理距离，曾显著地决定着我们现在对艺术的解释，但其中没有一个是被现在的心理学家们所真正注意的，至少在这个国家（指美国）和这种语言（指英语）内如此。它们已不在今日特别是美国、英国和意大利很有活力的三种研究主流之中。这些研究可名之为心理分析的、格式塔的和实验的。"[①] 下面，我们就分别介绍一下这几个西方现代心理学派对于审美心理的研究。

一、精神分析学与审美心理

奥地利著名心理学家西格蒙德·弗洛伊德（1856—1939）于 1895 年创立的精神分析学堪称 20 世纪最重要的心理学流派，不仅在现当代心理学研究领域具有重大影响，而且对现代西方人文科学和其他学科也产生了广泛而深刻的影响。一般认为，弗洛伊德的《梦的解析》（1900 年，又译《释梦》）一书奠定了精神分析学的基础。在西方，这一著作被认为是他最伟大的著作，并有学者将它与达尔文的《物种的起源》、哥白尼的《天体运行论》并称为人类近代三大巨著，人们认为哥白尼的《天体运行论》揭示了宇宙的奥秘，达尔文的《物种的起源》揭示了生物的奥秘，弗洛伊德的《梦的解析》揭示了人自身的奥秘。

弗洛伊德的精神分析学，是采用一种独特的精神分析方法来研究人的无意识的理论和科学，其主要内容包括无意识论、性本能论、关于梦的理论、关于文化的理论等。在此基础上产生的精神分析美学流派的最基本的美学主张就是强调人的无意识与本能冲动在人类艺术创作与审美活动中作为深层动因的决定作用。

弗洛伊德是一位从事精神病治疗和研究工作的医生，他在医疗实践中逐渐形成了一套心理学理论。他在长期的临床实践中发现，癔病患者在催眠的状态下，如果能够回忆起自己早期犯病的经历，并向医生和盘托出，病也就好了。弗洛伊德认为这是患

---

① 菲利浦森 . 今日美学 . 英文版 . 纽约：泰莱斯出版社，1963：279-280.

者经历过的情绪经验受到压抑，被排挤到意识之外，沉积到意识深处，形成无意识而潜伏着，一旦受到激发就暴发出来导致精神疾病。据此他建立了一整套"无意识"的心理理论，并逐渐形成精神分析学的完整体系。这一庞大的体系后来经过他的弟子和传承者的发展，又产生出许多新的分支流派，其影响延续至今。

弗洛伊德学说的核心是"无意识"理论。他认为，人的意识结构是一个由深到浅、由下至上的多层结构——最下层的"无意识"（潜意识）经过中间的"前意识"，再到最上层的"意识"这样一个三层结构。弗洛伊德打过一个比方：人的整个心理犹如海洋中的一座冰山，意识是露出水面的部分，人们都能看得见；其实冰山的大部分都深藏在水面之下，人们平时看不见，"无意识"就是沉入水底的基础和主体。所谓无意识，主要是指人的各种原始冲动或本能欲望，尤其是以性欲为主，这些冲动或欲望，不见容于风俗、习惯、道德、法律而被压抑或排挤到意识之下，但它始终在不自觉地积极活动，时刻想冲破意识的防线，追求欲望的满足。无意识遵循的是快乐原则，只顾自己快乐，毫不顾及现实是否允许。意识遵循的是一种现实原则，让本能按照现实所允许的方式出现。因此，无意识与意识便经常在人的深层心理中展开激烈的冲突与斗争，只不过一般人很难察觉到罢了。

为了更准确地描述这种无意识结构，弗洛伊德后来又把人的心理分为"本我"（id）、"自我"（ego）、"超我"（superego）三部分，从而建立了他的"三重人格理论"。如同无意识的结构，在这个"三重人格"结构中，最下面的一层叫"本我"，相当于早期提出的"无意识"。它处于心灵的最底层，是一种动物性的本能冲动，特别是性冲动。它是盲目的、混乱的、无理性的。它不知道什么是好的、什么是邪恶的，也不知道什么是道德，只知道按"享乐原则"活动。第二层叫"自我"，是一种能根据周围环境的实际条件来调节自己行为的意识。它按照"现实原则"活动。"自我"犹如一个看门人，运用社会现实的各种规范对"本我"实施检查和监督。因为在文明社会中，人不能不根据实际情况来修正自己的欲望、决定自己的行动。第三层叫"超我"，也就是良心，它受社会伦理道德的制约，是道德的、宗教的、审美的理想形态。它压制本能的冲动，并协助"自我"对"本我"的监督，按"至善原则"活动。这三者相互矛盾、斗争，特别是"本我"和"超我"经常处于不可调和的状态之中。在这三个层次中，"本我"是基础，是强有力的人类行为的"内驱力"。"本我""自我""超我"三者之间，以一种极其复杂的方式转换和渗透，永远处于抑制与抗拒、压迫与反抗的复杂的矛盾冲突中。

无论前期还是后期，弗洛伊德学说的基础都是本能理论，他始终强调无意识的决定作用。弗洛伊德是一个泛性论者，他认为，本能是人的心理和行为的内在动力。在人的各种本能中，他认为性本能处于特别重要的地位。同时，他认为人一出生后，性本能就构成了人的基本心理能源，在现实中不能得到满足的性本能便被压抑在"本我"中。他把这种被压抑的性本能称作"力比多"（libido）。在正常情况下，"力比多"可以在正当的性活动中得到发泄，但在失常或受阻的情况下，它会附加到别的活动上，这些活动从表面上看似与性无关，实际上却是被压抑的性本能转移的结果。比如，关于做梦，实质上就是被压抑的本能欲望通过改头换面而在梦中得到了满足。弗洛伊德晚期将他的本能论进一步完善，提出了"生的本能"和"死的本能"。所谓"生的本能"，指的是自我本能和性本能，标志着生命和生命的延续；所谓"死的本能"，指的是侵略本能或自我毁灭本能。"生的本能"代表着爱和建设的力量，"死的本能"代表着恨和破坏的力量。弗洛伊德由此解释了心理分析治疗中常常遇到的"裸露癖"和"窥视癖"、"受虐狂"和"施虐狂"等问题。

弗洛伊德学说的重点是关于梦的理论。精神分析学对梦做出了独特的阐释，正如弗洛伊德本人所说：梦的理论"在精神分析史上占有独特的地位，标志着一个转折点。有了梦的学说，然后精神分析才由心理治疗法进展为人性深层的心理学"[1]。在弗洛伊德看来，无意识的冲动乃是梦的真正创造者。梦的本质，其实就是被压抑的本能欲望通过改头换面而在梦中得到了满足。弗洛伊德认为，梦的工作方式主要有四种：一是凝缩作用，也就是说，梦有一种凝缩或压缩的功能。梦有显意与隐意之分，人在做梦时都是显意的梦，其实在这个显意的梦下还有更加复杂的隐意的梦。所谓梦的解析，就是要由显意的梦找出隐意的梦。弗洛伊德举例说，一个男子梦见他将一位认识的女子由沟渠中拉出来，这个梦的隐意就是这名男子"选取了她，看中了她"。二是移置作用，就是将深深埋藏在心中的无意识的隐意，通过梦的移置作用，采用合法的方式和隐蔽的方式在梦中体现出来。如弗洛伊德所说，他的一位女病人在梦中梦见一个陌生男人，男人的脸像她的老师，胡子像她的父亲，头发像她的一位同事，这三个男人其实就是这位女病人最崇拜和爱戴的男子。三是具象化作用，就是用具体的形象来表示抽象的欲望。弗洛伊德说："梦的工作的第三个成就，由心理学的观点看来，最有趣味。这个方法，乃是将思想变为视像……这显然不是一种容易的方法。你们要明白这种困难，可设想你们现在要绘图说明报纸中一篇政治论文，须尽量将文字改成图画。"[2] 四是二度装饰作用，这是梦的作用的最后一个过程，就是要把杂乱无章的梦编成一个有

① 弗洛伊德.精神分析引论新编.高觉敷，译.北京：商务印书馆，1986：3.

② 弗洛伊德.精神分析引论.高觉敷，译.北京：商务印书馆，1984：132.

头有尾的故事，一方面使梦条理化，另一方面给受压抑的欲望进行伪装修饰，为其披上合理、合法的外衣。显然，对梦的解析构成了弗洛伊德精神分析学的重要组成部分。虽然人类对梦的解释有着漫长的历史，但弗洛伊德是人类史上给予梦以科学系统解释的第一人。

弗洛伊德学说也延伸到文化理论。他认为："人类在生存竞争的压力之下，曾经竭力放弃原始冲动的满足，将文化创造起来，而文化之所以不断地改造，也由于历代加入社会生活的各个人，继续地为公共利益而牺牲其本能的享乐。而其所利用的本能冲动，尤以性本能为最重要。因此，性的精力被升华了，就是说，它舍却性的目标，而转向他种较高尚的社会的目标。"① 由此可见，弗洛伊德强调了性欲升华对于人类文化的积极意义。弗洛伊德还在他的著作中运用无意识论和性本能论来说明艺术、文学、宗教、道德等一系列文化问题，但从总体上讲，弗洛伊德企图用生物学观点去说明各种文化现象，把个人与社会对立起来，把本能的满足与文化的进步对立起来，只强调了人的生物本能，而忽视了人的社会存在。

弗洛伊德精神分析学美学，正是在他的无意识论、性本能论、梦论、关于文化的理论等基础上产生的，对于艺术的本质、艺术的动力、艺术的价值、艺术的创作等一系列问题给予了心理学的解释，开拓了一种新的研究方法。尤其是通过对于无意识的研究，开始采用一种深层心理的分析研究方法，对于审美心理与创作心理进行了前所未有的深入探讨，产生了广泛而深远的影响。从这个意义上讲，精神分析方法具有不容忽视的重要意义。精神分析学对于审美心理的研究，主要集中在以下三方面：

（一）文艺创作心理与性欲升华说

弗洛伊德运用精神分析学来解释文艺创作心理，他认为艺术创作的动力和源泉是性的冲动。弗洛伊德说："我们认为这些性的冲动，对人类心灵最高文化的、艺术的和社会的成就作出了最大的贡献。"② 在弗洛伊德看来，文艺创作的最大的动力，正是来自人们心中受到压抑的、未被满足的欲望。作家和艺术家在现实中得不到满足的欲望，在文艺创作中得到了缓解与释放，读者和观众等欣赏者也同样是在审美中使得被压抑的欲望得到了满足。

弗洛伊德本人还写过不少有关文艺创作和审美心理的论文、著作，对文艺创作和审美心理进行了精神分析的解释。例如，在1910年撰写的论文《列奥纳多·达·芬奇

① 弗洛伊德.精神分析引论.高觉敷，译.北京：商务印书馆，1984：9.
② 弗洛伊德.精神分析引论新编.高觉敷，译.北京：商务印书馆，1986：9.

和他童年的一个记忆》中，弗洛伊德收集了大量关于文艺复兴时期艺术大师达·芬奇的自传、回忆等原始资料，并运用"性欲升华说"分析了达·芬奇的创作与作品。弗洛伊德指出，达·芬奇是一个私生子，从小因为没有父亲而过分依赖母亲，产生了强烈的恋母情结。这种从儿童时期就被压抑的性本能在成年时期得到了转移与升华，使得达·芬奇成为具有非凡天赋的卓越艺术家。达·芬奇在 50 岁的时候遇见了一位妇女蒙娜丽莎，她那迷人的微笑唤起了达·芬奇对童年的回忆，激发了他的创作灵感和动力。在这幅画中，蒙娜丽莎神秘而迷人的微笑，其实是达·芬奇记忆中母亲的微笑。

（二）文艺创作心理与梦的运作

前面讲到，弗洛伊德关于梦的理论是精神分析学的重点。弗洛伊德认为，艺术在本质上也是一种无意识的对本能欲望的表达，梦的法则就是艺术的基本法则之一。梦的运作过程与文艺创作过程之间有许多相似之处。

首先，从梦的凝缩作用与移置作用来看，都是强调拼装组合，形成混合的影像，通过创作出来的显梦来掩盖真实的隐梦。弗洛伊德指出，在人们自己的梦中，也可以得到"数人合为一人"的压缩的例子，在《梦的解析》一书中，他将这种在梦中创造出来的人物称为"集锦人物"。事实上，梦中的这种"集锦人物"与文艺创作中的典型人物十分相似。鲁迅先生曾谈到他自己的作品是如何创造典型人物形象的："……往往嘴在浙江，脸在北京，衣服在山西，是一个拼凑起来的角色。"[①]

其次，梦的运作中的具象化作用，就是要把抽象的思想转化为看得见的形象，用具体的形象来表达抽象的欲望。文学艺术的基本特征之一就是形象性。与此相似，梦的工作也是通过具体的形象来完成的。此外，二度装饰作为梦的工作的最后一步，是要把零乱的梦组织成一个完整的梦，也就是对梦的叙事化处理，从总体上使梦更加合理化、更加可信。与此相似，文艺创作更加需要叙事化处理。当然，我们认为，二者之间的区别也是十分明显的。从根本上讲，艺术创作与梦的运作有着本质的区别，前者是理智的、积极主动的活动，后者是无意识的、消极被动的活动。

（三）审美心理与无意识

无意识论既是弗洛伊德精神分析学的核心，也是弗洛伊德在心理学上最大的贡献，这一贡献为心理学研究开拓了新的空间，揭示了人的意识深处潜藏的无意识，打开了对人类自身研究的新思路。同时，这一发现不仅为世界各国的文学、戏剧、电影、绘

---

① 鲁迅.鲁迅全集：第 4 卷.北京：人民出版社，1981：394.

画等各种艺术门类提供了创作的主题和题材，而且为西方现代主义的许多流派，如超现实主义、意识流文学等的产生提供了理论基础，对文艺创作心理研究和审美欣赏心理研究也产生了巨大影响。

弗洛伊德认为，艺术活动作为人的性欲的升华与转移，从根本上说是在无意识领域中被压抑的本能获得了释放。弗洛伊德认为艺术家与白日梦幻者和精神病患者有某些相似之处，因为他们都是一些幻想过于丰富、过于强烈的人。艺术实质上与白日梦一样，同样是人们的精神避难所，在这里可以使被压抑的无意识欲望在想象的王国中获得一种假想的满足。由此，弗洛伊德对世界文学史上的三部杰作，即古希腊索福克勒斯的《俄狄浦斯王》、英国莎士比亚的《哈姆雷特》、俄国陀思妥耶夫斯基的《卡拉玛佐夫兄弟》进行了精神分析学的解释，认为这三部作品具有同一主题——弑父，其中都深深隐藏着人们最原始的、最深层的心理冲动，即童年时期产生的恋母情结。他认为，《俄狄浦斯王》这出悲剧其实反映了潜藏在人们内心深处的无意识。从本性上来说，所有男孩都有恋母情结（他称之为"俄狄浦斯情结"），所有女孩都有恋父情结（他称之为"厄勒克特拉情结"，得名于另一出希腊神话悲剧《厄勒克特拉》，剧中厄勒克特拉公主怂恿其兄为父报仇而杀其母）。《哈姆雷特》和《卡拉玛佐夫兄弟》也同样反映出这种"俄狄浦斯情结"。应当承认，在弗洛伊德学说的影响下，西方一批文学、戏剧、电影作品或多或少地反映了类似主题。有学者甚至认为，我国当代电影，如《菊豆》《红高粱》等，也隐约可见弗洛伊德学说的影子。

弗洛伊德的精神分析学虽然是对心理学领域的研究，但它对世界范围内的哲学、美学、人类学、社会学、语言学、文学、艺术都产生了巨大影响。特别是在电影方面，人们把好莱坞叫作"梦幻工厂"，美国导演斯皮尔伯格甚至把自己的制片公司命名为"梦工场"，好莱坞从不回避他们是在制造"白日梦"。

从审美心理研究来看，弗洛伊德精神分析学的主要贡献在于，首先，它开拓了一种心理学文艺学的研究方法，从创作主体、鉴赏主体的心理结构和心理需要来进行研究，拓宽了文艺研究的空间。其次，弗洛伊德对无意识的发现和研究，为审美心理的深层研究提供了某些值得借鉴的方法和手段。

但是，弗洛伊德精神分析学的弊病也十分明显：弗洛伊德只讲人的生物性，不讲人的社会性；只讲人的无意识，不讲人的意识；只讲人的生物本能，不讲人的社会存在，特别是将人的性本能作为最根本的动力和源泉，更是十分荒谬的。弗洛伊德学说中的这些片面性的弊端，甚至遭到了他的弟子和女儿的批评。他的弟子荣格提出的"原型理论"，主张用一种"集体无意识"取代弗洛伊德建立在性欲本能上的个体"无意识"。荣格认为，人类自远古到现在已有上百万年的历史，人的大脑在历史发展中不断进化，漫长的社会与种族经验在人的大脑结构中留下了生理的痕迹，形成了各种无意识的原型。这些原型代代相传，成为每个人与生俱来的"集体无意识"。这似乎是对审美心理既有个体性又有普遍性、既有个性又有共性的一种心理学解释，对美学研究，特别是对审美心理的研究产生了很大的影响。

20世纪中叶，在美国兴起了新精神分析学派，也就是精神分析的社会文化学派，以沙利文、霍妮、弗罗姆等人为代表，它反对弗洛伊德的本能论和泛性论，开始以一种人道主义精神分析的方法来研究人性、人的需要与人的情感，研究个人性格与社会性格、个人潜意识和社会潜意识，研究人的自我实现，强调用社会文化与历史研究来补充或代替弗洛伊德的生物学观点。尤其是作为当代西方新精神分析学派理论权威的美国教授弗罗姆，他的精神分析社会文化学派理论，对于后来在美国兴起的人本主义心理学也产生了重大影响。

二、格式塔心理学与审美心理

格式塔心理学，又称完形心理学，是1912年诞生在德国的一个著名的心理学派。其主要代表人物有德国心理学家惠特曼、考夫卡、柯勒，特别是原籍德国后来移居美国的著名美学家、心理学家鲁道夫·阿恩海姆（1904—1994）等。他们共同的特点是都既从事心理学的研究，又特别重视运用格式塔心理学的研究方法来研究审美心理中的一系列重要问题，并且取得了引人瞩目的成果。尤其是阿恩海姆关于电影艺术与造型艺术的审美心理研究，更是具有广泛的影响，奠定了这一流派在国际美学界的重要地位。

"格式塔"是德文"Gestalt"一词的音译，其意思是"完形"。"完形"在格式塔审美心理学中具有特殊的含义。"形"是指在人的知觉经验中形成的一种意象组织和结构。"完形"是指心理活动中的"形"的整体性。因此，格式塔心理学又被称为完形心理学。它吸收了20世纪科学发展的最新成就，把现代物理学中的相对论、系统论，以及关于"场"的概念引入了心理学研究之中。格式塔心理学家认为，"完形"具有整体性和独立性的特点，他们尤其强调，"完形"不是一种纯客观的性质，而是在人的知觉中呈现出来的式样。它不是客观事物本身原有的，而是由知觉活动组成的经验中的整体。当然，"完形"也不是单纯的主体创造，而是在客观的刺激下人的知觉进行积极组织或构建的结果。

格式塔心理学美学学派的主要代表人物一般公认是阿恩海姆。他早在 1932 年就在德国出版了《电影》一书，从心理学的角度分析、论证了电影艺术独特的审美感知方式和艺术创造方式，尤其是运用格式塔心理学的方法来研究电影的视觉画面，紧紧抓住了电影审美心理的特点。他还著有《视觉思维》《走向艺术心理学》《艺术与视知觉》等，他的这些著作对格式塔心理学美学学派的形成和发展产生了重要作用。

格式塔心理学中的"完形"具有三个特点：一是整体性，"完形"的整体性是指其具有现代科学系统论意义上的"整体性"。"完形"的整体性不是各个部分的简单相加，而是整体大于部分之和。比如，对一首五言绝句的整体感受和理解，绝不是 20 个字的意义的简单相加，而是一个完整的意义，整个意义远远大于部分意义之和。二是独立性，即每个"完形"一经形成，就具有不为外界因素变更的相对独立性。比如，人们欣赏了一首乐曲之后，无论换用什么乐器演奏这首乐曲，都不会破坏、改变乐曲给人的整体心理感受。三是主客体的统一性，即"完形"不是完全指客体本身的形式，而是在人的知觉经验中形成的"完形"。也就是说，"完形"是在人感知客体的基础上在大脑中形成的，是在知觉中呈现的。所以，对"完形"的研究主要是对知觉的研究。

"完形"的特征主要表现在两个方面。一方面，"完形"是一种力的样式。格式塔心理学提出了"大脑力场"说，解释了在审美知觉中力的样式。格式塔心理学认为有两种力：一种是外在世界的物理的力，另一种是内在世界的心理的力。这两种力如果在结构样式上相同，则是"同形同构"；如果在结构样式上相异，则是"异质同构"。这就是说，虽然是质料不同，但力的结构样式是相同的，在大脑中所激起的电脉冲是相同的，与情感活动所具有的力的样式也是相同的。因此，表面上极不相同的质料，因为力的结构样式相同，在艺术家眼里就有了相同的情感表现。在这种情况下，艺术家可以把有意识的人与无意识的事物合并为一类。虽然具有意识的人和无意识的事物在常人看来是截然不同的，但在艺术家的眼里则有相同的表现。比如，人有高风亮节的品质，树也有直立挺拔的表现。所谓物我同一、所谓主客观协调，外在对象与内在情感合拍一致，都是这种"同形同构"或"异质同构"的结果。只有有了"同形同构"或"异质同构"，才能产生心理体验和审美快感。另一方面，"完形"自发地追求着一种平衡。格式塔心理学派认为，平衡是人的一种自发的心理需要。人的身体处于静态的平衡对称中，世界也是处于平衡状态的，与此同时，宇宙万物都在运动中保持平衡状态。因此，人在心理上也自发地追求平衡。在美的事物中，要体现一种力的平衡、一种运动状态的平衡。

视知觉的"完形"有两大原则。第一个原则是简化。格式塔心理学派认为，能够给人最愉快感觉的"完形"，是那些采取了最大限度的简化形式的"完形"。简化的实质是以尽量少的结构特征，把最复杂的材料组织成有秩序的整体，而整体的简化是由表现力的需要决定的。比如，剪影艺术、绘画中的素描都要求最大限度地简化形式，简化到突出形象的最主要的特征，保留的特征是表现"力的样式"。格式塔心理学家发现，凡是好的"完形"，都一定符合视觉组织活动的简化原则。"观赏电影作品的视觉心理学认为：观众的大脑领域里存在着一种向最简单结构发展的趋势，即眼睛尽可能使观看的对象变得简单，视知觉倾向于把任何刺激样式以一种尽可能简单的结构组织起来，当刺激样式确实呈简化状态时，观赏的感觉是愉快的。"[①] 简化不是简单，简化是通过主体的心理需要和记忆图式来对画面图式进行改造，忽视对象的某些特征，突出对象的另一些特征，从而取得"离形得似""遗貌取神"的审美效果。简化是以走向平衡为核心进行简化，是以变的趋势去获得美的完形。

第二个原则是张力。格式塔心理学认为，艺术建立在知觉的基础上，而知觉又是对于力的式样和结构的感知。艺术作品中的张力，主要由位置、色彩、形状、运动、题材等各种因素引起，但是，产生张力的根本原因在于人的视知觉。造型艺术本来是静态的，但人们从这些静态的艺术作品里感受到一种运动。阿恩海姆认为，这种不动之动是艺术极其重要的性质，使得静态的造型艺术能够表现运动。艺术中这种不动之动的关键，就在于它包含着张力。造型运动的这种张力，在事物运动变化即将到达高潮或顶点之前的那一瞬间，表现得特别明显。例如，古希腊雕塑《掷铁饼者》（如图6-5所示），竞技者正在弯腰扭身，全身的重量落在右脚上，握铁饼的右手也向后猛伸，全身肌肉蕴藏着巨大的爆发力，这座雕像的张力典型地体现了铁饼掷出前最紧张、最有力的瞬间。又如，东汉青铜雕塑《马踏飞燕》（如图6-6所示），这匹骏马的四肢动势也极富有张力，它举足腾越、风驰电掣，造型既有强劲的力量，又有律动的节奏，踏在脚下的一只飞燕更体现出匠心独运的构思。在阿恩海姆看来，任何一件艺术作品都存在着这种张力，存在着各种力的相互作用与相互抵

图6-5　古希腊雕塑《掷铁饼者》

---

① 章柏青，张卫．电影观众学．北京：中国电影出版社，1994：68.

消，从而使艺术作品生动起来。阿恩海姆甚至认为："艺术家的目的就是让观赏者体验到'力'的作用式样所具有的那类表现性质。"[①]

图 6-6　东汉雕塑《马踏飞燕》

格式塔学派对于审美心理的研究，集中表现在它采用"同形同构"理论来解释审美经验的形成。格式塔学派认为，在外部事物和艺术作品，与人的知觉（主要是视知觉）、组织功能（主要在大脑皮层）以及内在感情之间，存在着根本的统一，它们都是力的作用模式。而一旦这几个领域的力的作用模式达到结构上的一致时（同形同构），就有可能激发审美经验。既然世间万物都可以归结为"力的图式"，那么，对它们的观看就不仅仅是看到形状、色彩、空间或运动。一个有审美能力的人，会透过这些表面的东西，感受到其中活生生的力的作用。例如，人们在篝火晚会上看到那熊熊燃烧的火焰时，为什么会产生美感，感到一种青春活力呢？就是由于火焰那种生机勃勃的运动本身，传达出一种在结构上与人的欢乐情感相似的力的模式。对于艺术创作来说也同样如此，如画家在描绘悬崖峭壁、老虎鹰隼这些充满活力的事物时，在运笔之前也总是先要唤起一种对力量的感受，并且通过画笔把这种力量的感受输送到所画的形象中。格式塔心理学认为，当外界审美客体的"完形"或"整体"在视域中出现时，其中发生的作用，并不类似于照相机式的简单感光，而是由外部事物中"力的式样"在人的大脑皮层中激起某种特定的电化学力的式样，使得这种基本结构相同的"力的式样"出现在两种不同的物质中，这就叫作"同形同构"。正是在这种"同形同构"的作用下，人们才在外部事物和艺术作品中，直接感受到某种"活力""生命""运动"等性质。这些性质不是来自联想、想象或推理，而是一种直接感知的结果。

[①]　阿恩海姆.艺术与视知觉：视觉艺术心理学.滕守尧，朱疆源，译.北京：中国社会科学出版社，1984：212.

在审美心理的早期流派中，关于知觉事物为什么会有表现性主要有两种解释：一种是"移情说"，就是认为人把自己的感情或力量外射或移置到事物中，从而使静止的物体仿佛也在运动，也有了生命；另一种解释是强调联想作用，原本静止不动的物体通过丰富的联想获得了生命力，如黄山著名的九龙瀑，汹涌的飞瀑使人联想到白龙，腾空起舞，气势磅礴，遂得此名。但是，在格式塔心理学派看来，这些解释全都没有击中要害。格式塔心理学认为，造成表现性的基础就是力的结构。人能从自然事物或艺术作品中领会到表现性，就是因为外在世界的力与人体生理、心理的力具有同一性，存在着"同形同构"的关系。

格式塔心理学认为，艺术品中存在的力的结构可以在人的大脑皮层中找到生理的对应场，因此，艺术表现性的最终原因就在于艺术品的力的结构与人类感情、生理、心理力之间存在着"同形同构"的同一性。阿恩海姆指出："造成表现性的基础是一种力的结构。"[1] 正是外在世界的"力的结构"与人的生理、心理的"力的结构"具有同一性，使得艺术品的表现性内容集中存在于它的视觉式样的力的结构之中，加之外在世界之物理力与内心世界的心理力"同形同构"，从而使得表现性成为艺术的一个基本特征。阿恩海姆强调指出："那诉诸于人的知觉的表现性，想要完成自己的使命，就能不仅仅是我们自己感情的共鸣。我们必须意识到，那推动我们自己感情活动起来的力，与那些作用于整个宇宙的普遍性的力，实际上是同一种力。"[2] 阿恩海姆的"力的结构"说，从一个全新的角度解释了艺术表现的奥秘，而过去的理论往往只是把知觉事物的表现性归因于联想或移情。在阿恩海姆看来，表现性的基础就是"力的结构"，表现性是知觉样式固有的特征，人能从中领会或感受到表现性，在于"力的结构"不仅对物质世界，而且对精神世界均有普遍意义，而简化与张力就是以宇宙人生的动态平衡为基础的两种"完形"模式，也可以说是视知觉的两种组织方式。

格式塔心理学美学从一个全新的角度揭示了艺术表现的奥秘，此外，它也论证了为何自然美与艺术美都同样具有撼动人心的力量，归根结底都在于自然事物中与艺术作品中这种"力的结构"。阿恩海姆为了说明"力的结构"与美的表现之间的关系，分别列举了垂柳的"悲哀"和舞蹈的"悲哀"两个例子来加以说明。阿恩海姆认为："一棵垂柳之所以看上去是悲哀的，并不是因为它看上去像是一个悲哀的人，而是因为垂柳枝条的形状、方向和柔软性本身就传递了一种被动下垂的表现性。"[3] 与此同时，阿恩

---

[1] 阿恩海姆 . 艺术与视知觉：视觉艺术心理学 . 滕守尧，朱疆源，译 . 北京：中国社会科学出版社，1984：625.

[2] 同[1] 573.

[3] 同[1] 624.

海姆又考察了舞蹈演员表演"悲哀"这一主题时，"所有演员的舞蹈动作看上去都是缓慢的，每一种动作的幅度都很小，每一个舞蹈动作的造型也大都是呈曲线形式，呈现出来的张力也都比较小。……应该承认，'悲哀'这种心理情绪，其本身的结构式样在性质上与上述舞蹈动作的结构式样是相似的。"① 因此，阿恩海姆认为，自然事物垂柳的"悲哀"和艺术作品舞蹈中的"悲哀"一样，造成这种"悲哀"表现性的基础都是一种"力的结构"。与此同时，自然美与艺术美中的这种"力的结构"又与主体的物理力和内在世界的心理力同一，"在观赏者的头脑中活跃起来，并使观赏者处于一种激动的参与状态，而这种参与状态，才是真正的艺术经验"②。

格式塔心理学作为现代心理学的主要流派之一，它的几位代表人物都对审美心理进行了专门的研究，尤其是阿恩海姆对电影艺术与造型艺术的研究，在世界电影史与世界艺术史上都占有重要地位。格式塔心理学派将一系列心理学研究成果运用于审美心理的研究，特别是对于视知觉的研究、对于形的整体性与力的表现性的研究，以及对审美心理结构与审美对象力的结构之间关系的研究，都取得了一系列引人瞩目的成就，从而使格式塔心理学美学在西方现代美学中，成为一个富有特色、独树一帜的重要流派。但是，格式塔心理学也有严重的片面性，如过分强调知觉的作用，而忽视了其他心理因素的作用；又如，过分强调人的生理、心理结构，而忽视了历史和社会的原因；等等。尤其是借助物理学中"力的结构"来解释审美心理现象，尚具有猜测的性质，是否真正具有科学性，还有待进一步研究。这些缺陷都使其美学体系中存在着无法克服的内在矛盾。

三、人本主义心理学与审美心理

人本主义心理学是 20 世纪五六十年代在美国兴起的一种心理学流派。近年来，人本主义心理学在西方学术界有时也被称为现象学的心理学，在欧美发达国家取得了迅速的发展，产生了很大的影响。人本主义心理学特别关注人类的审美心理与审美需要，因而在欧美发达国家形成了人本主义心理学美学流派。这个美学流派并没有完备、严密的体系，但是，由于它采用人本主义心理学研究方法及其关于人的需要和价值的全新理论，对西方当代美学产生了重大影响，成为当代西方美学研究中的一股新势力。

---

① 阿恩海姆.艺术与视知觉：视觉艺术心理学.滕守尧，朱疆源，译.北京：中国社会科学出版社，1984：615.

② 同① 631.

人本主义心理学的影响，除了涉及心理学和美学之外，还涉及哲学、人类学、管理学、社会学、伦理学、教育学等多个领域。

人本主义心理学的创始人和主要代表人物，是著名心理学家、曾任美国心理学会主席的马斯洛（1908—1970）。马斯洛早年迷恋华生的行为主义心理学，后来研究兴趣转向格式塔心理学和弗洛伊德精神分析学，并且从事比较心理学的研究。正是在多方面做了学术准备的基础上，马斯洛创立了人本主义心理学。马斯洛先后提出了著名的"需要层次理论""人的潜能和价值论""自我实现论""高峰体验论"等重要理论，奠定了人本主义心理学的理论基础，被称为"人本主义心理学精神之父"。此外，著名心理学家罗杰斯和著名哲学家弗罗姆等人，也对人本主义心理学和人本主义心理学美学做出了较大贡献。

人本主义心理学强调研究人类在生物进化过程中已经形成的一些特有的人的属性，如人的需要、人的潜能、人的价值等。下面我们就对人本主义心理学的主要观点进行简要介绍。

（一）需要层次论

马斯洛把人的需要和人的动机结合起来考虑，并且将此作为他的理论体系的基础。马斯洛认为，人的基本需要是多种多样的、分层次的。概括起来讲，人的基本需要可以分为七种，它们由低到高、由下而上形成一个金字塔形状的结构。只有当低级需要得到满足之后，人才会出现高级需要；当物质需要得到满足之后，才会出现精神需要。基本需要是人类行为的根本动机和动力。最基本的需要得到满足之后，就会产生新的需要，这些新的、更高级的需要就会成为新的动力。

马斯洛认为，人的七种基本需要由低到高、由下而上依次是：第一层，"生理需要"，即衣、食、住、行等生活需要或生理需要，这是最基本的需要；第二层，"安全需要"，包括人身安全、避免危险等，引申含义还包括社会安定、生活保障等；第三层，"归属和爱的需要"，指人渴望在家庭、亲戚、朋友、单位、社会中找到归属感，在给予他人爱和接受他人的爱中享受温暖；第四层，"尊重的需要"，包括自尊、自重和为他人所尊敬，胜任工作、事业有成，从而得到肯定的评价和赞扬等；第五层，"认知的需要"，马斯洛认为求知、探索、认识和理解等，既是人的天性，也是人的基本需要和内在动机，认知和好奇心分不开，人的认知天性推动了人类社会的进步与科学的发展；第六层，"审美需要"，包括对对称、均衡、秩序、完美等形式美的追求等（马斯洛是第一位把审美需要看作人的基本需要的心理学家）；第七层，"自我实现的需要"，所谓自我实现，就是指个人特有的潜在能力得到充分的发挥，它是金字塔的顶尖，是人的所有基本需要中的最高目标，也是完满人性的体现。"自我实现的需要"的产生，有赖于前面各种需要的满足。马斯洛认为，各种基本需要都能得到满足的人，将会有最充分、最旺盛的创造力。

需要层次论是人本主义心理学的主要贡献之一，它纠正了传统心理学理论只讲人的生理需要和本能需要，忽视人的精神需要和社会需要的倾向，指出了人的需要的层次区别，低级需要的满足使人获得生理快感，高级需要的满足使人得到巨大的精神快感。

（二）人的潜能和价值论

人本主义心理学主张从生物进化论和比较心理学的角度研究人的潜能和价值。马斯洛认为，人的潜能就是人的内在价值。潜能得到发挥，也就是价值得到实现。例如，一位天才的化学家，终于在实验室取得了重大科研成果，他的潜能得到了发挥，他的价值得到了实现。

马斯洛关于人的本性和价值的观点主要包括以下内容：一是关于人的本性和潜能。人的本性是好的，至少是中性的。恶是由人的需要受挫引起的。在生物进化链上，人有高于一般动物的心理潜能，心理潜能高于生理潜能。二是关于人的需要层次。人的需要和动物的需要有高低不同的层次结构，高级动机的出现有赖于低级需要的基本满足。但是，只有高级需要得到了满足才能使人产生最深刻的幸福感和满意感。三是关于人的高级需要。高级需要包括爱的需要和尊重的需要，因此，自我满足和利他主义是一致的。创造潜能的发挥是人的最高需要，是人生追求的最高目标。因此，自我实现也是一种"高峰体验"，是一种极度欢乐的状态。四是个人潜能与社会环境的关系。个人潜能与社会环境的关系是内因与外因的关系，个人潜能是主导因素，社会环境是限制或促进潜能发展的因素，二者之间没有根本冲突，人的需要的等级越高，越少自私。

（三）"自我实现"与"高峰体验"

"自我实现"是马斯洛需要层次论的最高追求目标，究竟什么是"自我实现"呢？马斯洛认为："它强调'完满的人性'，强调以生物学为依据的人的本性的发展。"[①]这里所说的"完满的人性"主要指人的友爱、合作、求知、审美、创造等特性或潜能，这些潜能的充分发挥就称为"自我实现"。

---

① 马斯洛.通向关于存在的心理学.英文版.纽约：斯泰尔出版社，1962：序.

马斯洛认为，能够做到"自我实现"的人是人类中的一批杰出人物。他们有着坚强的信念和决心，有着积极的创造性，对很多领域都有着深刻的见解，很少有失望、焦虑、恐惧、悲观的情绪。他们全身心地投入工作，并获得创造的乐趣，同时在创造性工作中全面发挥自己的才能。他们更全面地享受生活，自然地发挥着全部生理、心理功能。他们的行为动机来自发展潜力与实现潜能的需要。

在此基础上，马斯洛进一步指出，"自我实现"的重要特征便是"高峰体验"。什么是"高峰体验"呢？马斯洛概括性地指出，"高峰体验"的最大特征就是人的精神处于最佳状态时的一种体验。人在这种体验中会感到欣喜若狂、销魂落魄、如醉如痴，它是人的存在最完美、最和谐、最幸福的一种境界。在"高峰体验"的时刻，人有一种回归自然或与自然合一的极度欢乐，人的心胸仿佛豁然开朗，体味到宇宙、人生的无穷奥妙，仿佛进入了天堂，实现了梦寐以求的理想，达到了一种尽善尽美的人生境界。"高峰体验"来自创造的冲动和创造的激情，来自科学发现和伟大的灵感，来自爱情、与异性的结合，来自人与大自然的交融，更来自艺术创作活动与审美欣赏活动。实际上每个人都有"高峰体验"，但并不是每个人都能意识到它的出现。

虽然"高峰体验"存在于人类社会生活的许多领域，但它更多地体现在人的高级精神活动之中；"高峰体验"不限于审美领域，但它又最容易在审美活动中产生。

马斯洛人本主义心理学对于审美心理的研究，至少可以从以下几个方面给我们以启示：

第一，人本主义心理学强调审美活动在人的自我实现过程中的意义和作用，把审美活动看作人的"需要层次"中的高级阶段，看作人的"自我实现"的重要一环，看作能使人获得巨大精神享受的"高峰体验"。审美实质上就是对自我本质和价值的观照。人的潜能的发挥离不开审美活动，因此，每个人都有必要充分发挥自己的审美和艺术才能，不断完善自我和实现自我价值。

第二，人本主义心理学认为，人的精神需要是在物质需要得到基本满足之后的更高层次的要求。在当今消费社会与商品社会时代，强调人的价值，强调精神的魅力，强调人的高级需要和精神需要，强调审美与艺术在人的自我实现过程中的意义和作用十分必要。

第三，人本主义心理学在西方近现代为数众多的心理学流派中，第一个响亮地提出了"以人为本"的宗旨，强调人的尊严，重视人的价值，发挥人的潜能，创造完美的人格，具有重要的启迪意义。我们的文学、艺术必须真正树立为大众服务的思想，研究读者、观众、听众的审美需要和接受心理，真正做到尊重观众、以人为本。

第四，我们的文学、艺术应当以人文理想和人文关怀作为最高价值，而决不能以商业利益为终极目标。这就需要作家、艺术家具有文化品位和美学追求，进行文学、艺术创新。

当然，人本主义心理学虽然十分关注审美活动与审美心理，但它毕竟只是西方现当代的一个心理学流派，它对审美活动与审美心理的研究，也是局限于从心理学的角度来进行的。何况，人本主义心理学本身不是一个体系严谨的学派，而是一个相同观点学者的松散联盟，尤其是人本主义心理学的一些重要论点还缺乏科学的论证或实验室证据，有待进一步研究和完善，有待进一步提高论证的科学性。此外，马斯洛过分强调人的天生潜能，过分强调个人价值，而忽视社会价值等，使得他的学说存在着某些矛盾和缺陷，这些都值得我们引起注意和加以分析。

本章注释与参考资料

1.本章配合电视录像课程第十一讲、第十二讲和第十三讲，涉及的音像图形资料主要有：

（1）古希腊雕塑《掷铁饼者》。

（2）东汉青铜雕塑《马踏飞燕》。

（3）意大利达·芬奇的《蒙娜丽莎》。

（4）中国电视连续剧《西游记》（1986年）。

（5）中国电视连续剧《三国演义》（1994年）。

（6）中国电视连续剧《红楼梦》（1987年）。

（7）中国电视连续剧《渴望》（1990年）。

（8）中国电视连续剧《不要和陌生人说话》（2002年）。

（9）英国影片《王子复仇记》（即《哈姆雷特》，1948年）。

（10）英国影片《相见恨晚》（1945年）。

（11）苏联影片《战争与和平》（1964年）。

（12）中国影片《妈妈再爱我一次》（1990年）。

（13）中国影片《白毛女》（1950年）。

（14）中国影片《菊豆》（1990年）。

（15）中国影片《红高粱》（1987年）。

（16）样板戏舞台纪录片《红灯记》。

（17）样板戏舞台纪录片《沙家浜》。

（18）京剧折子戏《三岔口》。

2. 审美心理学与艺术心理学既有联系，又有区别。联系在于二者都建立在心理学的基础之上，而且都要研究艺术审美的心理问题。区别在于艺术心理学主要研究和涉及各门艺术的创作心理与欣赏心理，并且还可以具体区分为电影心理学、音乐心理学、绘画心理学、舞蹈心理学等；审美心理学除了研究艺术审美心理外，还要研究自然美和社会美中的审美心理问题。

第七章 审美文化

本章学习目标

1. 了解审美文化的主要内涵；

2. 了解大众文化的时代特征；

3. 理解并掌握大众传播媒介对当代社会的巨大影响；

4. 理解并掌握后现代主义文化的"消解"与"复制"这两大重要特征；

5. 理解并掌握文化产业在当代社会中的重要地位。

"审美文化"既是一个近年来我国学术界讨论较多且争议较多的热点问题，也是西方学术界广泛关注的问题。虽然对于"审美文化"概念本身，至今也没有统一的定义，但是，在经济全球化与文化多元化、科技发达与物质进步的现代化大潮中，"审美文化"正日益渗透到人类生活的各个方面，值得我们重视和研究。

第一节　审美文化概说

一、人类文化与审美文化

　　虽然中外思想史上早已使用"文化"这一概念，但对于这个概念有多种多样的解释。19 世纪中叶以后，"文化"概念成为人类学家和社会学家热心讨论的话题，在此基础上，甚至诞生了一门专门的学科——文化人类学。一般认为，现代意义上的文化人类学从 19 世纪下半叶开始逐步形成。这门学科在美国称为"文化人类学"，在英国有时又称为"社会人类学"。[①] 直到 20 世纪下半叶，文化学作为一门独立的学科才真正形成，在世界各国迅速发展，影响越来越广泛。

　　汉语中的"文化"是一个中国古已有之的词汇，又在近现代吸收西方学术思想后，增添了新的含义。史书记载，西汉以后，"文化"正式作为专用名词使用。在古代中国，"文化"基本上从狭义来理解，主要是指精神文化。"中国古代的'文化'概念，基本属于精神文明（或狭义文化）范畴，大约指文治教化的总和，与天造地设的自然相对称（'人文'与'天文'相对），与无教化的'质朴'和'野蛮'形成反照（'文'与'质'相对，'文'与'野'相对）。"[②] 与此相反，欧洲各国语言中的"文化"概念，开始主要是指物质生产活动，后来才逐渐扩大到精神文明领域。"十六七世纪，英文和法文的 culture 逐渐由耕种引申为对树木禾苗的培养，并进而被指为对人类心灵、知识、情操、风尚的化育。可见，与中国古代'文化'概念一开始就有'文治教化'含义相异趣，欧洲的 culture 一词是从人类的物质生产活动逐渐引向精神生产活动的。"[③]

　　19 世纪以来，由于"文化"这一术语被广泛使用，而且为数众多的学科从不同角度对其进行研究，每个学科内部又出现众多的派别，许多学者从各自不同的领域、以

[①]　覃光广，冯利，陈朴.文化学辞典.北京：中央民族学院出版社，1988：158.

[②]　冯天瑜，何晓明，周积明.中华文化史.上海：上海人民出版社，1990：14.

[③]　同②.

各自不同的方法对文化范畴进行了认真的研究，从而给出了数百种"文化"定义。这些定义分别来自人类学家、社会学家、文化学家、民族学家、哲学家、历史学家，甚至精神分析学家，以及其他领域的学者，因而具有各不相同的外延和内涵。直到今天，关于"文化"的定义中外学术界仍然没有完全一致的看法。

在为数众多的关于"文化"的定义中，有两种说法值得我们特别注意。一个是在19世纪最有影响的文化定义，是由英国人类学家泰勒（1832—1917）在他所著的《原始文化》（1871年）一书中提出来的。泰勒认为："所谓文化或文明乃是包括知识、信仰、艺术、道德、法律、习俗以及包括作为社会成员的个人而获得的其他任何能力、习惯在内的一种综合体。"[①] 这个著名的定义在19世纪的西方长期被视作经典的定义。泰勒第一次从整体性上来界定文化，他相信文化发展与社会发展具有一致性，因此，可以对科学、宗教、艺术、道德、法律、风俗等各种精神文化现象的产生与发展做出较为可信的说明。当然，这个定义也有局限性，如它只强调文化的精神方面，而且本质上只是一个描述性定义。另一个是在20世纪最有影响的文化定义，是由美国文化人类学家克罗伯（1876—1960）和克拉柯亨（1905—1960）在他们合著的《文化：概念和定义的批判性回顾》（1952年）一书中提出来的，他们在书中详细列举和分析了当时流行的170多种定义之后，提出了自己的定义。他们认为："文化包括各种外显或内隐的行为模式；它通过符号的运用使人们习得及传授，并构成人类群体的显著成就，包括体现于人工制品中的成就；文化的基本核心包括由历史衍生及选择而成的传统观念，尤其是价值观念；文化体系虽可被认为是人类活动的产物，但也可被视为限制人类作进一步活动的因素。"[②] 这个定义强调了符号在人类文化创造中的重要作用，也是迄今为止欧美发达国家学术界比较公认的一个文化定义。

总之，广义的"文化"概念包括人类社会历史生活的全部内容，包含人类创造的一切物质财富、精神产品和社会制度。从这个意义上讲，许多学者认为，作为一个完整有机体的"文化"，主要包括物质文化、制度文化、精神文化三大系统，同时它们又分别包含许多更低层次的子系统。例如，在精神文化这个系统中，又包含哲学、宗教、道德、科学、文学、艺术、美学等许多子系统。所有这些子系统，都处于整个文化的大系统中，一方面，它们受到文化大系统的影响和制约；另一方面，它们又反过来影响和作用于文化大系统。尤其是这些文化子系统互相影响、彼此渗透，形成了自己的相对独立性和各自的发展规律。显然，从这个意义上讲，"审美文化"应当是文化大系

① 覃光广，冯利，陈朴. 文化学辞典. 北京：中央民族学院出版社，1988：109.

② 冯天瑜，何晓明，周积明. 中华文化史. 上海：上海人民出版社，1990：22.

统特别是精神文化系统中的一个子系统。或者换句话来讲，"文化作为大系统无所不包，其中十分重要的一个子系统便是审美文化。所谓审美文化，就是人类审美活动的物化产品、观念体系和行为方式的总和，它是审美社会学研究的中心课题。……审美文化并不是一个封闭的、孤立的文化形态，一方面，它是一般文化这一大系统中的一个子系统，它受制于这个大系统，只有作为其中的一个有机组成部分才能实现其功能；另一方面，它又同其他文化子系统，如经济、科技、道德等，处在一种错综复杂的联系中。"[1] 由此可见，只有站在人类文化整体的高度来看待"审美文化"，才能帮助我们理解和认识它在整个人类文化发展历史进程中所处的地位和所起的作用，进一步认清它与其他各种文化子系统之间的复杂关系。

二、关于审美文化

如前所述，"审美文化"是人类文化发展到现当代的产物。尤其是在现当代社会，科学技术的迅速发展，大众传媒的日益普及，消费社会的逐渐形成，商品经济的迅速发展，都给现当代人类社会与人类文化带来了许多新的课题。正是在这样的社会背景和时代背景下，"审美文化"应运而生了。关于"审美文化"的讨论和研究，欧美学术界从 19 世纪已经开始，而我国学术界直到 20 世纪 80 年代才开始重视，越来越多的学者从不同的学科和领域参加到对这一问题的研究之中。但是，如同关于"文化"至今没有统一的定义一样，中外学术界关于"审美文化"至今也没有完全一致的看法，仍然在讨论和研究中。

那么，究竟什么是"审美文化"（aesthetic culture）呢？"在西方，'审美文化'早已不是一个什么新概念，它在工业革命时代的 19 世纪就已经出现了。当时，西方文化和艺术正受到工业革命和商业化大潮的冲击，受到世俗化和消费化的侵袭。正是在这种情势下，西方文人学者开始关心和论证'审美文化'。概括起来，这一时期人们关于'审美文化'的观点有三种，即英国学者提出的'审美文化即把艺术作为文化的核子的文化'，美国学者提出的'审美文化即生活与艺术融为一体的文化'，以及欧洲大陆学者提出的'审美文化即文化的各个领域（道德、认识、艺术）在审美原则下融合的文化'。"[2] 简而言之，欧美学术界的这三种传统看法，实际上是从不同角度强调了"审美文化"的某一个方面，表达了他们对"审美文化"的不同认识和理解。第一种看法可

① 叶朗 . 现代美学体系 . 北京：北京大学出版社，1988：259.

② 聂振斌，滕守尧，章建刚 . 艺术化生存：中西审美文化比较 . 成都：四川人民出版社，1997：297.

以将英国艺术理论家克莱夫·贝尔作为代表，正是他提出了著名的"艺术即有意味的形式"这个观点。克莱夫·贝尔认为，人类的文化和文明必须有一个由文化人组成的文明核心，从而去教化和影响整个社会，而这就离不开艺术和审美两个媒介。第二种看法可以将19世纪美国著名思想家梭罗作为代表，梭罗倡导"生活艺术化"，在他看来，单纯的知识算不上智慧，知识与美相结合才能形成智慧。梭罗认为，美好的生活不是通过积累知识和占有财产而达到的，只有通过对自然和人性美的敏锐感受才能达到。显然，梭罗提倡审美与生活的融合、艺术与生活的融合。第三种看法在欧洲大陆很有影响，欧洲各国有许多学者都反对将真、善、美分离，主张真、善、美的统一，强调认识、道德、艺术在审美原则下的融合。实际上，这种看法可以追溯到18世纪德国著名美学家席勒，在欧洲大陆学术界一直很有影响。席勒在《美育书简》这部经典著作中，就表达了他对人性分裂的忧虑，主张真、善、美在高层次上的融合，强调通过美育来培养理想的人、完美的人、全面和谐发展的人。

应当指出，除了以上三种观点以外，还有其他的观点在西方当代文化批评中十分流行，具有极其广泛的影响，这就是以法兰克福学派为代表的西方马克思主义，以及以杰姆逊等学者为代表的后现代主义文化批评等。从总体上讲，法兰克福学派对西方当代文化持否定与批判的态度，对西方发达资本主义社会商业化、技术化给当代文化造成的负面影响进行了深刻的批判，对大众文化与文化工业给予了严厉的批评。法兰克福学派的突出特点是文化批判性，在他们看来，传统美学提倡精神性与自由性的文化品格，这种品格在今天大众文化与文化工业时代已经蜕变为享乐型与消费型的商业品格，他们由此分析和阐述了美学从传统理论向当代文化转型过程中出现的种种弊端，并给予了严厉的谴责。应当承认，从辩证法的观点来看，世间一切事物都具有两重性，当代审美文化也不例外，它既有积极意义，也有消极影响，既有存在的价值，又有负面的作用，这些都需要我们认真地分析和研究。从这个意义上讲，法兰克福学派和其他流派学者对于当代审美文化的批判态度值得引起我们的重视和注意。

从20世纪80年代以来，我国许多学者从各自不同的角度对"审美文化"展开了热烈的讨论，由于这是一个新事物，再加上多种意见的分歧，至今未能达成统一的看法。一些学者强调把审美文化视为文化发展的一个高级阶段，"我们认为审美文化是人类发展到现时代所出现的一种高级形式，或曰人类文化发展的高级阶段，它把艺术与审美诸原则（超越性、愉悦性以及创造与欣赏相统一等）渗透到文化及社会生活各个领域，以丰富人的精神生活，使偏枯乃至异化了的人性得以复归。……本定义一方面坚持了艺术与审美的基本原则，明确规定了它属于高尚的精神生活领域，与目前流行的种种所谓'文化'划清界限，同时又涵盖了人类文化发展的新成果，不仅文学艺术可以成为审美对象，文学艺术之外的广大文化领域，也都可以是审美的"①。这些学者认为，当代社会中"审美文化"之所以应运而生，是由于科技迅猛发展、生产力快速提高、人民生活普遍富裕，从而普通人也可以做到对社会人生持审美态度，并具有相应的审美能力。此外，当代审美文化又大大超出了传统文学、艺术的领域，涉及人类社会生活的方方面面。例如，服装设计、居室装饰、工业艺术设计、环境美学等越来越引起人们的重视，使得审美生活化、生活艺术化，艺术审美成为广大人民群众可以享受到的现实，而不再是过去少数精神贵族或特权阶级的专利。这些学者也同时指出："'审美文化'这一概念不是土生土长的，而是中国学者接受了西方文化思潮，特别是后现代主义思潮影响之后提出来的，并以此来阐释新时期所出现的文化、艺术、审美现象。所以，'审美文化'概念是改革开放以来，中西文化交流的产物，也是市场经济条件下新出现的文化现象。"②

　　另一些学者则强调，中国当代文化具有一个多元并存的文化结构，"中国当前的审美文化正在经历巨大的转变。在这种巨大的转变过程中，我们注意到一个明显的审美文化变迁的标志：传统审美文化的类型和规则，以及许许多多的禁忌正在或已经瓦解，新的游戏规则正在或已经取而代之"③。中国当代文化确实呈现出一种多元并存的态势，反映到改革开放历史进程中的中国社会的方方面面，出现了主流文化、大众文化、精英文化、外来文化、民间文化、边缘文化，乃至后现代文化多元并存的复杂局面。文学、艺术与审美领域，也不能不受到这种多元文化的影响，反映出这种多元文化并存的现状，因此，中国当代"审美文化"变得更加绚丽多彩、丰富复杂。正是在这种形势下，人们注意到"审美文化"出现了许多亟待研究的当代课题，需要我们去认真地分析。"社会的发展，科学技术的进步，人类生活方式的变化，向审美社会学提出了一些新的课题。这些课题，在过去并不存在，或并不显著，而在当代却十分突出，引起人们普遍的关注，围绕这些问题展开了激烈的争论。"④ 因此，在下面一节里，我们将围绕中国当代"审美文化"中的一些重要课题展开讨论，这些课题主要是大众文化与大众传媒、后现代主义文化、审美文化与文化产业等。

① 聂振斌，滕守尧，章建刚.艺术化生存：中西审美文化比较.成都：四川人民出版社，1997：530.

② 同① 532.

③ 周宪.中国当代审美文化研究.北京：北京大学出版社，1997：74.

④ 叶朗.现代美学体系.北京：北京大学出版社，1988：317.

第二节　当代审美文化剖析

一、大众文化与大众传媒

从某种意义上讲，作为精英文化的对立面，大众文化（mass culture）在工业社会中产生，并且在后工业社会中得到了迅速的发展。在当代社会中，大众文化以文化工业的方式出现，遵循市场规律成批生产或复制出文化产品，并且通过大众传播媒介进行传播，将为数众多的大众作为消费对象。

应当说，大众文化是消费社会的产物。大众文化之所以在工业社会中产生，并在后工业社会中长足发展，不是历史的偶然，而是历史的必然。在现当代社会，随着科学技术的飞速发展，人民群众物质生活水平的不断提高，以及政治民主和教育的普及，特别是大众传播媒介的推波助澜，大众文化应运而生，并且迅速发展起来。纵览当今世界各国特别是发达国家，大众文化已经相当普遍地存在。这种变化是极其深刻的，既有正面的意义，也有负面的影响。但不管怎么说，大众文化已经渗透到大众日常生活的方方面面。正如美国著名"后现代"学者弗雷德里克·杰姆逊教授所说，大众文化以极快的速度在膨胀，原因就在于大众文化为了适应消费者的需求和商业利益，使得大众文化产品采用标准化、模式化的方式成批生产，大多数是为了满足感官刺激，具有平面化与通俗化的特点。传统的高雅文化首先应当具有独创性、不可复制性等特点，如贝多芬的交响乐、瓦格纳的歌剧、凡·高的绘画、经典的芭蕾舞等均是如此，但大众文化产品反其道而行之，以大批量的复制生产作为显著特点。杰姆逊教授不无忧虑地谈道："我曾提到过文化的扩张，也就是说后现代主义的文化已经是无所不包了，文化和工业生产及商品已经紧紧地结合在一起，如电影工业，以及大批生产的录音带、录像带等等。在19世纪，文化还被理解为只是听高雅的音乐，欣赏绘画或是看歌剧，文化仍然是逃避现实的一种方法。而到了后现代主义阶段，文化已经完全大众化了，高雅文化与通俗文化，纯文学与通俗文学的距离正在消失。商品化进入文化，意味着艺术作品正在成为商品，甚至理论也成了商品……总之，后现代主义的文化已经从过去那种特定的'文化圈层'中扩张出来，进入了人们的日常生活，成为了消费品。"[①] 从杰姆逊教授的这段论述中不难看出，对于后现代主义时期盛行的大众文化，他一方面提出了尖锐的批评，另一方面也表现出某种无可奈何的态度。实际上，这恰好反映出

---

① 杰姆逊.后现代主义与文化理论.唐小兵，译.北京：北京大学出版社，1997：162.

西方学术界对于大众文化的矛盾心理与复杂态度。

一方面，许多西方学者对大众文化持批评态度，这方面的代表首推法兰克福学派。这个学派是20世纪西方马克思主义的主要流派之一，其成员大多是具有犹太血统的德国哲学家和社会学家。尤其是当法兰克福社会研究所因在第二次世界大战后迁到美国后，他们对美国流行的大众文化极为震惊，并且集中开展了对大众文化与文化工业的社会批判。法兰克福学派的主要代表人物是马尔库塞与阿多诺等人。法兰克福学派主张社会批判理论，并以此为依据对大众文化与文化工业进行了猛烈的抨击。法兰克福学派的重要人物马尔库塞在他的代表作《单面人》中，认为发达工业社会与科学技术进步带来了富裕的生活，使人们仅仅把物质需求作为自己最根本的需要。尤其是大众文化的出现，使原来应当具有社会批判功能的文学、艺术也被发达工业社会所同化，变成对社会进行调和或粉饰的工具。因此，马尔库塞认为，现代发达工业社会把人变成了"单面人"，使人满足于现状，习惯于这种病态的安逸生活，但人丧失了另外重要的一面，即否定的和批判的原则。大众文化对这种"单面人"的形成，起到了推波助澜的作用。法兰克福学派的另一位代表人物阿多诺，更是将大众文化与大众传媒放在一起进行批判。阿多诺认为，大众文化呈现出商品化的趋势，具有商品拜物教的特性，尤其是大众文化的生产具有标准化和同一化的特征，通过大量生产或复制千篇一律的作品，人们的个性被扼杀，以娱乐作为唯一目的，大众文化起到了使人们逃避现实生活与享受感官刺激的作用。阿多诺认为，大众传媒的出现，更使大众文化变成了一种"复制"的文化，不仅物质产品可以复制，而且精神产品也可以复制，这些众多的"复制"的文化产品铺天盖地而来，最终使人们变成了大众传媒的奴隶。阿多诺常常喜欢将这种文化工业比喻成一种只具有瞬间效应的"焰火"，以五彩缤纷的喧闹场景来娱人耳目，借助各种先进的科技手段来包装自己的产品，却不能满足任何真正的精神需要，因为大众文化与文化工业的产品完全是为了商业消费目的而生产出来的。因此，阿多诺批评大众文化与文化工业导致了生活方式的平面化、文化产品的模式化、审美趣味的肤浅化。

另一方面，随着时代的发展，西方学术界有些学者对大众文化开始持相对肯定的态度，我们可以将文化研究学派作为这方面的代表。文化研究在20世纪60年代发源于英国，在80年代开始风靡欧美发达国家。以威廉斯为代表的英国文化研究学派开始以平等的眼光来看待不同的文化，他们一方面承认精英文化与大众文化在内容上存在着差异，另一方面又否认它们在审美价值上有优劣之分，甚至认为作为精英文化与严肃文化的对立面，大众文化与通俗文化更加适应市民社会的需要，更加适应普通平民的文化需求。英国文化研究学者坚持平民化学术倾向，威廉斯的名言"文化即生活"成为他们早期的纲领。他们不同意法兰克福学派对大众文化与大众传媒持完全否定的态度，而是专门组织了"大众文化""大众传播与社会"等课题小组进行研究，并将其引入欧美发达国家的大学课堂。他们对大众文化已经不再是那种精英式的居高临下的态度，而是具体深入地去研究大众文化中的各种问题。此外，与法兰克福学派的看法不同，英国文化研究学者认为技术对文化与传媒的影响并不可怕，他们更加注重"接受研究"，认为问题的关键不是受众正在"看什么"，而是受众在"如何看"，认为更为值得关注的是受众的接受问题。英国文化研究著名学者霍尔还针对大众传媒的接受问题提出了有名的"解码"理论，该理论认为电视等大众传媒提供的信息必须通过受众的"解码"才能完成。每个观众在年龄、职业、文化、学历各方面的不同，造成了他们在"解码"能力方面的巨大差别，因而对于同一个作品，每个受众的"解码"程度和接受程度是完全不同的。从这个意义上讲，大众传媒的受众不是被动的，而是主动的与能动的。

在现当代社会中，大众传播媒介一直是人们争议较多的领域。大众传播媒介包括报刊、广播、影视、互联网等，已经影响了人类社会生活的方方面面，不仅影响了政治、经济、文化、科学、教育、娱乐等诸多领域，而且已经成为现当代人类社会中不可缺少的内容。著名加拿大传播学家麦克卢汉（1911—1980）对大众传播媒介进行了独到的研究，提出了"媒介是人的延伸"的观点，认为人类之所以发明创造如此多样的媒介，归根结底是为了延伸人的视觉和听觉功能。麦克卢汉也最早提出了"地球村"的概念，认为在人类社会早期的口头传播时代，人们的交流只能面对面进行，属于部落化阶段；印刷媒介出现后，人类用印刷的文字进行传播，由此脱离群体的个体也同样可以进行社会交流，属于个体化阶段；然而，当电子媒介出现后，电视、卫星及其他传播媒介突破了时间、空间的局限，大大缩短了时空的距离，使得人类之间又重新接近，整个地球仿佛变成了一个村庄，属于"地球村"时代。"'地球村'的出现不仅改变了人体感官的功能，还有效地改变了人类的观念和生活方式。传统的时空观受到冲击，平民百姓的视野超出了国界的限制。这一切，使人类变得相互更了解，彼此更依赖，更富有想象力和创造性。"[①] 应当承认，大众传播媒介的迅速发展，给人类的社会生活与思想观念带来了巨大的变化，此前文化时期中原来只有少数社会上层人士和知识精英才能够了解的信息，现在在很大程度上为全体社会成员所共享。传播媒介走向大众的过程必然会伴随着社会更趋民主化的历史进程，对人类社会的观念形态、生活

---

① 张国良.传播学原理.上海：复旦大学出版社，1995：129.

方式乃至文化教育方式、审美娱乐方式等各方面产生巨大的冲击和影响，也对大众文化的发展起到了推波助澜的作用。完全可以讲，大众传媒是大众文化的物质前提，没有大众传媒，就没有大众文化。

同时，大众传播媒介也遭到了来自多方面的批判：除法兰克福学派外，还有以葛兰西和阿尔都塞等人为代表的意识形态理论批判学派，以及女权主义、后现代主义、后殖民主义等多方面的批评。尤其是后殖民主义批评更成为西方文坛20世纪90年代以来的一种显学。在当今世界全球化问题日益突出的背景下，后殖民主义批评显得越来越重要。一般来讲，全球化包括经济全球化、信息全球化等，在文化是否全球化的问题上却引发了激烈的争论，出现了文化本土化（冲突论）和文化全球化（融合论）之争。在这方面，后殖民主义批评直接批判帝国主义和欧洲文化中心论，特别是批判了当今世界在跨国传播中的不平等现象。后殖民主义批评学者认为，如果说殖民主义是依靠武力对弱势国家进行侵略的，那么后殖民主义则是依靠文化侵略对其他国家进行控制的。尤其是处于第一世界的发达国家，由于自身拥有强大的经济实力与科技实力，掌握着文化输出的主导权，可以通过大众传播媒介把自己的价值观和意识形态编码在整个文化机器中，强制性地灌输给第三世界的发展中国家。处于边缘地位的第三世界的国家和民族则只能被动地接受，他们的文化传统面临威胁，母语在流失，文化在贬值，价值观也受到巨大冲击。好莱坞电影——美国大众文化的代表——在20世纪始终保持着世界电影业的霸主地位，尤其是近十多年来这种势头更是有增无减。好莱坞电影不仅大举进入发展中国家的电影市场，对这些国家的民族影视业造成了巨大的冲击和威胁，而且还占据了欧洲主要的文化市场，引起了欧洲共同体（以下简称欧共体）国家极大的忧虑与不满。国际传播中的这种不合理现象，越来越引起人们的关注和批评，文化多元化的主张也越来越得到有识之士的赞同。

虽然中国还是一个发展中国家，但是，1978年以来的改革开放与经济发展，给中国带来了巨大的变化与世界瞩目的成就。尤其是20世纪90年代以来，中国经济从计划经济向市场经济发展的重大历史变革进程，以及社会经济的不断发展和人民生活水平的日益提高，消费社会的形成与消费群体的崛起，都为中国大地上大众文化的兴起与发展创造了条件。从这种意义上讲，大众文化的兴起是在中国总体的社会变革和体制转换的历史背景下发生的，作为中国社会转型的一个重要组成部分，伴随着经济转型而出现了文化转型。过去几十年那种主流文化一统天下的局面已不复存在，而是出现了主流文化、精英文化、大众文化、外来文化、边缘文化等多元文化共存的局面。商品社会的特征就是社会的大众性，必然会出现大众市场和大众消费，大众文化正是商业社会发展起来的文化，这就是说，虽然存在着种种弊端和消极影响，但是大众文化在中国当代社会生活中的出现已是客观现实。正因为如此，在中国当代人文知识分子中出现了明显的分野："有的人把大众文化当作当代社会民主化的硕果，是社会稳定、文化平等、话语霸权解体的历史进步；而另一些批评家则将大众文化看成是人类文明的式微，是资本对文化、传统、信仰、价值观念的挑战，是财富对人类精神的专制。有的人甚至把大众文化看成是人类精神上的鸦片、可卡因。显然，如何面对这样一个时代，已经成为现实向我们——我们的文明，我们的历史，我们的未来和我们的存在——所提出的一种挑战，无可逃避，也不能逃避。"[①]

　　大众文化给中国当代审美文化带来了许多新的课题，审美价值观念走向多元，审美活动方式日趋多样，审美关系更加丰富复杂。自从大众文化在中国出现以后，它始终处于人们关注与争论的焦点。不可否认，大众文化在本质上是与消费社会同一的，它的整个运转过程都是商品化的，商业价值往往成为大众文化的最高标准。大众文化通过削平文化深度而使文化更具有商品化、世俗化的趋势。"从审美文化的实际来看，或许我们可以用这样几个转变来描述这种世俗化的趋势：告别崇高，消费社会意识形态的兴起；告别悲剧，'喜剧'时代的来临；告别诗意，'散文时代'的来临。自从20世纪80年代中后期以来，中国文化的这种世俗化趋势越来越显著……世俗化特别明显地体现在当代中国社会中大众文化的急速扩张和广泛膨胀的过程中。换言之，大众文化最显著地代表了当前中国社会发展中的世俗化倾向。"[②]与此同时，我们也应当看到，虽然存在着种种消极影响，大众文化在当代社会中的地位和作用是历史的选择，大众文化与大众传媒的出现不可避免。正是在主流文化、精英文化、大众文化，乃至外来文化、边缘文化、民间文化、后现代文化的冲突交融、共同发展中，中国当代文化呈现出五彩斑斓的多元文化并存的局面。

二、后现代主义文化

　　什么是后现代社会？它的特征是什么？它与以前的社会形态的关系是什么？它的前景是什么？杰姆逊在《后现代主义或晚期资本主义的文化逻辑》一文中认为，"后现代社会，包括后工业社会、消费社会、传播媒介社会、信息社会等，这是一个科技高

---

① 尹鸿. 镜像阅读：九十年代影视文化随想. 深圳：海天出版社，1998：16.
② 周宪. 中国当代审美文化研究. 北京：北京大学出版社，1997：309.

度发达、文化观念产生根本性逆变、美学范式不同往昔的社会"①。在 20 世纪后半叶，"后现代主义"在西方发达国家兴起，其影响迅速遍及全球。后现代主义作为与后工业社会相适应的一种文化思潮，是随着现代主义的衰落而逐渐崛起的，是对现代主义的一种批判与超越。从一定意义上讲，后工业社会或消费社会是后现代主义文化产生的时代土壤，后现代主义文化是后工业社会或消费社会的文化表征。

早在 20 世纪 70 年代左右，美国著名社会学家丹尼尔·贝尔就在他的著作《后工业社会的来临：对社会预测的一项探索》中，明确提出了关于后工业社会的理论。贝尔敏锐地注意到工业社会正在发生深刻的转型，一个以信息为主要资源、以科学技术为先导，依靠知识经济来推动的新型社会范式正在形成，他将其称为后工业社会。贝尔指出："在今后 30 年至 50 年间，我们将看到我称之为'后工业社会'的出现。正如我所强调的，这首先是社会结构的变化，其结果在具有不同政治和文化构造的社会中将有所不同。然而，作为一种社会形态，它将是 21 世纪美国、日本、苏联和西欧社会结构的一个主要特征。关于后工业社会的思想现正处在抽象概括的水平。"②按照贝尔的看法，20 世纪 70 年代以后的世界基本上可以划分为三种社会形态：亚非拉等发展中国家处于前工业社会阶段，西欧和日本等国家目前尚处于工业化社会阶段，美国已率先进入了后工业社会阶段。前工业社会主要是通过体力劳动从自然界获取经济增长的资源；工业化社会则主要是通过人与机器的合作，将自然环境改造成技术的环境；后工业社会则是将信息技术作为获取经济增长的主要动力，将商品生产社会转变成为知识经济社会。

由此可见，后工业社会正在给人类社会方方面面带来巨大的变化，科学技术、全球市场和知识信息成为社会运转的重要条件。

贝尔认为，后工业社会的来临，使现代主义面临消解与庸俗化，他认为，文艺复兴以来人的理性的神圣性在后现代的话语中已经不复存在。现代主义在高扬人的个性、竭力推崇自我、向社会和传统的挑战过程中，终于走到极端而堕入虚无，从而造成了现代文化的断裂。从这个意义上讲，后现代主义是现代主义发展的必然结果。

在后工业社会与后现代文化中，大众传播媒介扮演着十分重要的角色。在某种意义上甚至可以讲，后工业时代也是人类历史上前所未有的信息传播时代。美国先锋派电影理论家扬布拉德甚至认为："'后工业时代'，即控制论与信息论时代的'新人'，需

---

① 王岳川.后殖民主义与新历史主义文论.济南：山东教育出版社，1999：98.

② 贝尔.后工业社会的来临：对社会预测的一项探索.高铦，王宏周，魏章玲，译.北京：商务印书馆，1984：2.

要一种适合新时代的新艺术与新语言。电影和其他电子影视工具已经使人类交流方式发生了根本革命，视觉图像的交流功能在人类社会中将变得空前重要。科技创造的新视觉语言理应大幅度地取代旧的文字语言，这不仅是通讯方式的革命，也是生活方式的革命。"[①] 扬布拉德的预言正为今天飞速发展的现实所验证：原有的电影和电视，加上迅猛发展的计算机和因特网，成为"科技创造的新视觉语言"，正在形成一种崭新的多媒体视像文化，逐渐取代原来的印刷文化或文字文化，对人类社会的各个方面产生深远的影响。作为以电子媒介为主的现代传播方式，大众传播媒介对大众文化的发展更是起到了推波助澜的作用。

著名的"后现代"问题专家杰姆逊被认为是第二次世界大战以后美国最重要的西方马克思主义批评家。杰姆逊认为，西方资本主义经历了三个阶段，与此相应出现了三种文化范式。后现代主义就是晚期资本主义或跨国资本主义时代的产物。早在1985年秋季到北京大学讲演时，杰姆逊就谈到了后现代主义文化，他说："现在让我解释一下'文化分期'。我认为资本主义已经历了三个阶段。第一是国家资本主义阶段，形成了国家的市场，这是马克思写《资本论》的时代。第二阶段是列宁所论述的垄断资本或帝国主义阶段，在这个阶段形成了不列颠帝国、德意志帝国等。第三个阶段则是二次大战之后的资本主义。第二阶段已经过去了。第三阶段的主要特征可概述为晚期资本主义，或多国化的资本主义。……与这三个时代相关联的文化也便有其各自的特点。第一阶段的艺术准则是现实主义的，产生了如巴尔扎克等人的作品；但随着时间的流逝，时代的进步，生物学意义上的'变异'在不断地发生，于是第二阶段便出现了现代主义，而到第三阶段现代主义便成为历史陈迹，出现了后现代主义。后现代主义的特征是文化工业的出现。"[②] 由此可见，根据杰姆逊的看法，后现代主义文化是后工业化社会的产物，它具有与过去的现实主义、现代主义完全不同的文化特征。

应当指出，迄今为止中外学者并没有对后现代主义形成一致的看法，更谈不上一个普遍认可的范畴定义。仅从后现代主义文化来讲，它是当代消费社会中高度商品化和高度媒介化的产物。后现代主义文化包罗万象、十分复杂，它将大众文化、世俗文化与知识分子的哲学文化融合起来，将消费性文化与消解性文化融合起来，将商业动机和哲学动机融合起来，对传统美学和传统艺术造成了前所未有的巨大冲击。杰姆逊一针见血地指出，传统美学和艺术的最大特点就在于它们不涉及商业利益和实际功利，德国古典主义美学大师康德、席勒、黑格尔等人都坚持这种看法。杰姆逊指出："而这

① 李幼蒸.当代西方电影美学思想.北京：中国社会科学出版社，1986：262.
② 杰姆逊.后现代主义与文化理论.唐小兵，译.北京：北京大学出版社，1997：6.

一切在后现代主义中都结束了。在后现代主义中，由于广告，由于形象文化，无意识以及美学领域完全渗透了资本和资本的逻辑。商品化的形式在文化、艺术、无意识等等领域无处不在，正是在这一意义上我们处在一个新的历史阶段，而且文化也就有了不同的含义。"①后现代主义文化这种商品化与平面化的特征，使后现代主义文化具有与此前各种文化均不相同的鲜明特色。不少学者指出，后现代主义文化实际上是在朝着两个不同的极端发展。后现代主义文化的一极是朝着比现代主义更为激进的方向迈进，以先锋艺术的精神体现出对传统文艺乃至现代主义的彻底反叛，后现代主义常常采用荒诞、调侃、反讽、拼贴、嘲弄等多种手法，颠覆和破坏传统文艺乃至现代主义文艺的美学范畴，追求一种全新的表现方式。后现代主义文化的另一极则面对整个被商品化了的消费社会，朝着大众文化、通俗文化、世俗文化、消费文化的方向迈进，反对文艺向深度开掘，主张消解一切深度模式，提倡无深度的平面文化，追求大众性、平面性、游戏性、娱乐性。后现代主义文化的这两个极端乍一看截然相反，实际上它们最终殊途同归，显示出后现代主义对于现代主义既有连续性又有断裂性的双重特征。这正是后现代主义文化之所以显得十分错综复杂的原因所在。

　　后现代主义文化有许多重要特点，其中最重要的应当是"消解"和"复制"。后现代主义文化的第一个重要特征是"消解"。如果说现代主义致力于建构，崇尚结构主义，那么后现代主义更多地致力于解构，崇尚解构主义。也就是说，"消解"成为后现代主义文化的一个核心范畴。不管怎么样，现代主义认为世界还是一个整体，而且现代主义在当初的反叛是以它们的新秩序来取代旧秩序。但后现代主义力图打破整体性，以零散化、边缘化、多元化、不确定性来"消解"整体性。后现代主义文化的"消解"体现在许多方面，概括起来讲，主要有以下几点：一是"消解"深度。如果说现代主义文艺作品大多晦涩难懂，富有哲理性，欣赏者具有相当高的文化水平和艺术修养才能读懂或看懂，从而理解文艺作品的深层内涵和哲理意蕴，那么后现代主义却主张削平深度或消解深度，追求一种平面感，反对文艺向深度开掘，主张无深度的平面文化，追求感官刺激和文化游戏。杰姆逊曾举例说明后现代主义对深度模式的消解。他说现代主义中意识流小说的代表作品、乔伊斯的《尤利西斯》，极其深奥难读，这部作品内容如此深奥，完全可以无穷无尽地研究下去，似乎永远也解释不清，但是后现代主义文学作品消解了深度，所以不必解释也无须解释。"例如品钦的《万有引力之虹》，虽然也是很广阔的画面，也像《尤利西斯》一样有百科全书的性质，但这里并没有什么可以解释的，毋宁说这是一种经验，你并不需要解释它，而应该去体验，这里没有必

---

① 杰姆逊.后现代主义与文化理论.唐小兵，译.北京：北京大学出版社，1997：162.

要去建筑什么意义。"① 二是"消解"主体。西方文化历来是有中心的，如果说中世纪西方文化是以神为中心的，那么文艺复兴以后的西方文化是以人为中心的，现代主义继承了这一传统。在人的主体性这个问题上，现代主义文艺具有鲜明的自我中心特色，强调弘扬个性与表现自我。与此相反，后现代主义突出自我怀疑，强调主体丧失，反对一切中心。打个比方来讲，如果说现代主义的反叛表现在"上帝死了，只有人的主体存在"，那么后现代主义的反叛更加彻底，表现在"主体也已经死亡，人再也没有主体性可言"。显然，后现代主义对主体的消解、对中心的消解、对权威的消解，都是十分彻底的。三是"消解"艺术。后现代主义文化对艺术的消解是多方面的，首先，后现代主义消解了艺术与生活的区别。现代科技手段为广大群众参与艺术提供了极大的便利，卡拉OK造成了歌唱艺术的普及，DV（Digital Video Format，数字视频格式）技术带来了影视艺术的普及，现代科技与富裕生活使原来只有艺术家才能参与的各门艺术日趋平民化、大众化，逐渐形成一种人人都是艺术家、人人都不是艺术家的态势。其次，后现代主义消解了艺术与非艺术的区别。过去T形台上的模特是专为服装设计或展销演出的，是出于商业目的而非艺术表演，现在却堂而皇之进入了各种大型文艺晚会或电视文艺晚会。过去各种电视广告纯粹是为了推销产品，现在却更注重艺术性，甚至还有了故事情节，有的广告片已经拍得非常精致，具有极强的视觉冲击力。最后，后现代主义也消解了各艺术门类之间的区别，MTV（Music Television，电视音乐网或全球音乐电视台）可以说是最典型、最彻底地消解了音乐与电视两门艺术之间的区别，成为一种崭新的艺术样式。各门类艺术家之间的区别也被消解，电影艺术家张艺谋可以去导演舞剧《大红灯笼高高挂》，著名画家陈逸飞也可以去拍摄电影或从事服装设计，许多演员更是既拍电影又拍电视剧，还演话剧、写文学传记、出歌唱专辑等，艺术门类的界限被彻底消解了。后现代主义更是在一定程度上消解了精英文化与大众文化、高雅文化与通俗文化的界限，事实上，后现代主义真正推崇的是大众文化。在这个消费主义盛行的商品社会里，在大众传播媒介的推波助澜下，后现代主义使大众文化更趋向平面化、娱乐化和游戏化。

后现代主义文化的第二个重要特征是"复制"。传统艺术与高雅文化的重要特征之一便是独创性，中外著名艺术作品不论是绘画、雕塑，还是歌剧、交响乐等，都是独一无二、匠心独运的精品。但是，后现代主义突出"复制"，复制使艺术成为"类像"。所谓"类像"，就是指那些不需原作，而是凭借"仿真"创造出来的作品。著名的"后

---

① 杰姆逊.后现代主义与文化理论.唐小兵，译.北京：北京大学出版社，1997：200.

现代"专家杰姆逊指出："我认为后现代主义文化正是具有这种特色。形象、照片、摄影的复制，机械性的复制，以及商品的复制和大规模生产，所有这一切都是类像。"[1] 他举例说，后现代主义代表人物安迪·沃霍尔有一幅著名作品，它是用好莱坞明星玛丽莲·梦露的底片复制出来的 50 张颜色层次各不相同的照片，照片排列组合在一起，形成一幅很有特色的作品（如图 7-1 所示），体现出当代复制艺术的某些特征。他又说："复制的可能性使真正的原作不复存在。比如说电影，很难说一部电影的原作是什么，谁也没有看到过。电影就是一门可以由机器来无穷地复制的艺术。我已经提到过后现代主义中最基本的主题就是'复制'。"[2] 著名的法国后现代主义学者鲍德里亚认为，由于现代科学技术的迅速发展和大众传播媒介的巨大影响，机械复制如光碟、照片等已经是高度仿真的复制产品，区分原型和摹本已经失去意义。复制品看不出个人劳动和手工创造的痕迹，取消了真实原型特有的韵味，是对真实原型的一种毁灭性的打击。鲍德里亚认为，电子时代的高科技"仿真"进一步超越了过去的机械复制，它不仅不需要任何真实的原型，而且可以根据人工虚拟技术与电子计算机技术创造出一种"超真实"。鲍德里亚还认为，后现代主义文化是一次文化的变革，现代科技与大众传媒已经将生产转变为无穷的复制，复制与仿真创造出比真实还要真实的"超真实"世界。大众传媒是最主要的仿真机器，它不断地再生产出大量的形象与符号，包括电影、电视、摄影、计算机等构成的影像文化，正在改变着人们的生活方式和思维方式。在这种影像文化中，人们看到的"现实"并不是现实本身，而是现实的影像。正如某些学者所言，商品物化的最后阶段是形象，"商品拜物教"的最后阶段是将物转化为物的形象。"复制"必然导致距离感的消失和平面化的出现。大众传播媒介就是典型的复制工具，它们日复一日、年复一年地复制出大量产品供社会消费。因此，从一定意义上讲，后现代主义是伴随大众传媒的迅速发展而成长起来的。

图 7-1 玛丽莲·梦露的复制照片

虽然中国作为发展中国家，远未进入后工业社会，但后现代主义对于我们来说并不是遥远的神话，而是实在的现实。在我国文学艺术的多个

① 杰姆逊. 后现代主义与文化理论. 唐小兵，译. 北京：北京大学出版社，1997：219.
② 同① 218.

领域和门类中，都不难发现后现代主义文化的影响。例如，网络文学《第一次的亲密接触》；影视艺术中的《大话西游》《春光灿烂猪八戒》，乃至《寻枪》等；电视荧屏上多种多样的游戏类节目、速配类节目，乃至某些"真人秀"节目等；话剧舞台上的许多小剧场实验话剧，乃至某些名著改编剧目，如《原野》等将电冰箱、洗衣机搬上舞台等；在美术领域中，出现五花八门的"行为艺术"，如街头人体彩绘等；在音乐领域中，如雪村的"音乐评书"，其代表作品是著名的《东北人都是活雷锋》。文学领域里后现代主义发展得更快，诗歌领域、散文领域、小说领域都有所表现。如同一些学者所指出的那样，由于我国社会经济与文化在发展过程中的不平衡性，20世纪90年代以来，后现代主义是作为一种文化价值符号被硬搬过来的，但它们在现实生活中的存在已是一个不争的事实。

正如著名的后现代主义研究者、荷兰学者佛克马所说："不管我们对后现代主义有着整体的概念还是片面的看法——这个问题反正已经出现了，不管它是经验实体的一部分或只是一种心理结构。"[1] 后现代主义取笑一切严肃，调侃一切神圣，嘲弄一切规则，抛弃一切深度。佛克马指出，后现代主义常用的概念和范畴，表明了"后现代主义的下述特点：不确定性、片断性、非圣化、忘我/无深度、不登大雅之堂、混杂、狂欢、功能/参与、构成主义以及内在性"[2]。显然，后现代主义的这种怀疑论、否定论、颓废论和颠覆论具有极大的消极影响和负面作用。但与此同时，我们也应当看到，后现代主义作为现代主义的继承人，对其弱点把握得最为透彻、攻击性最强、破坏力最大，终于摧毁了在西方文艺界雄霸百年之久的现代主义。与此同时，后现代主义激烈的反叛性与颠覆性，使其成为西方当代社会中的一匹黑马，如同浮士德与堂吉诃德一样，对西方社会的现行制度和秩序发起猛烈的攻击。总之，后现代主义的出现，具有深刻的社会背景和时代根源。正因为如此，后现代主义文化更是一个十分复杂的问题，尚有待随着时间的推移进一步加强研究。

三、审美文化与文化产业

"在审美文化中，有三种行为方式：审美生产、审美调节、审美消费。这三种行为受制于一定的审美观念体系，是环绕着审美产品这一中心展开的。审美生产是审美产

---

① 佛克马, 伯顿斯. 走向后现代主义. 王宁, 顾栋华, 黄桂友, 等译. 北京: 北京大学出版社, 1991: 3.
② 同①100.

品的创造和制作。"[1] 显然，审美文化包含审美生产，而当代审美生产的一个重要特征是形成了文化产业。

那么，"文化产业"究竟应该包括哪些内容呢？日本著名学者日下公人在其著作《新文化产业论》中提出，文化产业包括三大类：第一大类是生产与销售以相对独立的物态化形式呈现的文化产品，如图书、报刊、影视、音像、绘画、雕塑等文化产品；第二大类是以劳务形式出现的文化服务行业，如戏剧、音乐、舞蹈、曲艺、杂技等演出业，以及娱乐业、游戏业、策划业、经纪业等；第三大类是向其他商品和行业提供文化附加值的行业，如装潢装饰、广告设计、形象设计、景观设计等。事实上，除了日下公人概括的以上三大类型外，在西方发达国家中，广义的文化产业还应当包括体育产业、旅游产业、教育产业等。

鉴于 20 世纪以来文化产业的迅速发展，西方不少学者早已开始对这方面的研究。法兰克福学派的代表人物阿多诺认为，文化工业的起源应当追溯到 17 世纪，其目的是通过娱乐手段来逃避现实生活与调节世俗心理。当代社会中的大众文化与大众传媒更是对文化工业的发展起到了推波助澜的作用，通过大量生产和复制千篇一律的作品来不断扩大流行文化的影响。值得注意的是，法兰克福学派的代表人物在对文化工业深表忧虑和大加谴责的同时，也在一定程度上承认文化工业存在的合理性与其具有的强大的内在潜力。例如，一方面，阿多诺猛烈抨击大众文化与文化工业对人性的压抑与肢解；另一方面，他又指出文化工业在迅速成长起来之后，已经变得越来越具有独立性和超越性。此外，后来的西方传播政治经济学流派的学者，对于文化产业进行了更加深入的研究。一方面，他们继承了法兰克福学派的批判传统；另一方面，他们又致力于文化研究与经济学的整合，重视文化产品的交换价值，充分肯定了文化产业存在的合理性与必然性。例如，西方传播政治经济学的重要人物，英国学者尼古拉斯·加汉姆就十分强调对于文化产业的研究，在他的重要论文《文化的概念：公共政策与文化产业》（1983 年）中，加汉姆将文化产业放在自己研究的中心位置。他强调对于文化产业的分析，是将文化定义为象征意义上的生产与流通，如同物质生产领域的生产与消费一样，文化商品既有与其他商品的共同性，又有自己的特殊性。加汉姆还指出，文化产业的三大趋势包括文化产业的高度集中化、国际化、跨媒体经营，这三大趋势其实只有一个目的，那就是追求受众的最大化与利润的最大化。

20 世纪下半叶以来，世界各国文化产业迅速发展，尤其在发达国家，文化产业甚

---

[1] 叶朗.现代美学体系.北京：北京大学出版社，1988：282.

至已经成为国民经济的重要支柱产业之一。资料表明，在美国最富有的企业里，100家企业中就有72家与文化产业有关。其中，迪士尼公司早在1997年就已经成为世界"500强"中名列前茅的企业，成为集影视、娱乐、零售、玩具制造业等于一身的跨国集团。它的影视公司拍摄了米老鼠、唐老鸭等卡通片，迪士尼乐园里有关于米老鼠、唐老鸭的游戏，然后制造和销售相关的玩具，形成一条具有上下游产品的产业链。统计资料还显示，1998年美国出口收入占第一位的产业不是航空航天，不是汽车制造，也不是计算机，而是音像制品，包括影视作品、MTV等。世界发达国家都认为，文化产业作为新的经济增长点，发展最快、效益最好，最为有利可图。资料显示，英国的文化产业超过了传统的机械制造业，日本的文化产业也已超过汽车制造业，加拿大的文化产业占整个国民经济收入的四成左右。这些数据都表明，信息产业和文化产业可以说是当今世界最有发展前途的朝阳产业。

人类社会跨入21世纪以后，世界上文化产业的发展势头更是有增无减。2002年春，美国著名未来学家阿尔文·托夫勒偕同妻子访问了中国。托夫勒在1980年用英文出版的《第三次浪潮》中，将人类文明分为三个时期："第一次浪潮农业阶段，第二次浪潮工业阶段，和目前正在开始的第三次浪潮。"[①] 他还进一步预言："第三次浪潮不仅加速信息流动，而且还深刻改变人们赖以行动与处世的信息结构。第三次浪潮的到来，使强大的群体化传播工具，被非群体化传播工具所削弱。"[②] 显然，托夫勒所说的"第三次浪潮"，就是人类当前的信息社会，他所讲的"强大的群体化传播工具"，就是指传统的大众传播媒介如报纸、刊物、广播、电视等，而"非群体化传播工具"，则是目前正蓬勃发展的国际互联网。托夫勒还认为："第一次浪潮历时数千年。第二次浪潮至今不过三百年。今天历史发展速度加快，第三次浪潮可能只要几十年。"[③] 今天回过头看，托夫勒的这些预言应当说是比较准确的。因此，当托夫勒来到中国后，人们自然要关心人类文明的第四次浪潮会有哪些特点。于是，在中央电视台《对话》栏目中，当有人问到"第四次浪潮"是什么时，托夫勒回答："在这个问题上，我同我夫人在认识上有分歧，我的观点是生物工业，我夫人强调的是航天工业。但是，我们有一点是相通的——在工业化时期，即第二次浪潮时期是制造业占上风，第三次浪潮是服务业占上

---

① 托夫勒.第三次浪潮.朱志焱，潘琪，张焱，译.北京：生活·读书·新知三联书店，1983：3.

② 同①17.

③ 同①4.

风，第四次浪潮应是体验业占上风。"①实际上，著名未来学家托夫勒在这里所说的"体验业"（experience industry）就是广义的文化产业。因为在未来的"第四次浪潮"时期，人们在经济上更加富裕，闲暇时间更多，人的物质需要基本满足之后，会对精神生活提出更高的要求，这就导致了文化产业的发展。从某种程度上讲，托夫勒所说的"体验业"就是指一种广义上的大文化产业。人们需要花钱买"体验"，这种现象并不奇怪，实际上在当代生活中已经开始出现。例如，2001年世界三大著名男高音来到北京紫禁城举办音乐会，虽然门票高达数百美元，而且由于演出场地太大，场内数千观众大多数只能通过演出场地周围安放的数十个大屏幕来观看，偶尔用望远镜看一下站在城楼上的三大男高音。但即使这样，所有门票仍被销售一空，人们宁可出高价买票来到现场观看，也不愿舒舒服服地坐在家里通过电视免费观看直播演出，为什么？就是因为这是一场空前绝后的盛大演出，人们愿意花钱买"体验"，感受现场氛围。又比如，2002年世界杯足球赛在韩国举办，凡是中国足球队的比赛，中央电视台专门派出的摄制组每场都会提供现场直播，但仍然有上万名中国球迷宁可自费花钱赶赴韩国，亲身体验球场赛事的现场氛围，这种感受是坐在家里通过电视观看球赛根本得不到的。甚至西方发达国家的当代旅游业也大力推广"体验式旅游"。据报纸介绍，当前欧美游客最时髦的线路，早已不是过去的"阳光沙滩、异国风情"，而是各种标新立异的"体验式旅游"。例如，"大受欢迎的'巴黎流浪4日游'，全程花费495欧元，参加旅行团的成员不得随身携带现金、信用卡和手机，他们要学会在行程中像流浪汉一样在街上捡一些有用的东西或者靠卖艺来维持生活。旅行社会向他们提供乐器、画笔等，组织者的任务就是监督他们确实一切都按照要求做。到了晚上，旅行社会发给他们硬纸板和报纸供他们睡觉。不过，最后一晚会让他们住进高级酒店，同时提供给他们一份不错的晚餐，让他们有个鲜明的对比"②。除此之外，新推出的旅游路线，还有到乌克兰切尔诺贝利地区去体验核污染，到刚刚结束战争的阿富汗难民营去体验战争和灾难，等等，这些均为价格昂贵的"体验式旅游"。

在经济全球化与文化多元化的时代背景下，新时代的审美文化与文学艺术在发展中面临着挑战和机遇。如果说，在工业社会以前人们注重的是物质消费，那么，在后工业社会中，人们更重视知识信息与文化艺术的消费。从这个角度讲，信息产业与文化产业一起成为21世纪人类社会经济发展的两大支柱产业，这是历史发展的必然趋势。有学者指出，文化产业已经成为当代世界经济中新的经济增长点，文化产业在国

① 托夫勒.第三次浪潮.朱志焱，潘琪，张焱，译.北京：生活·读书·新知三联书店，1983：27.

② 邱逊.欧洲流行"社会旅游".中国民航报，2002-12-04（7）.

民经济中的地位将越来越重要。据报道，20世纪90年代以来，国际旅游业已同汽车工业、石油工业一道，成为当代世界经济的三大主要产业。文化产业的利润是惊人的，

图 7-2　电影《泰坦尼克号》

如美国好莱坞1997年出品的影片《泰坦尼克号》（如图7-2所示），原来预算8 000万美元，实际拍摄成本为2.3亿美元，虽然耗资巨大，但它在世界各国的票房收入总计高达18.45亿美元。此外，通过出售这部影片的录像、录音，甚至包括出售影片中女主角的帽子、服装等，从这些上下游产品中又获取了将近18亿美元，这部美国影片获得了票房收入与其他收入共计高达30多亿美元的惊人业绩，开创了世界电影史上前所未有的纪录。与此同时，好莱坞还有一些高投入、高科技运作的巨片，同样也获得了高额的票房收入。2003年推出的《指环王》（共3部），更是后来者居上，仅票房就达到了近30亿美元。

改革开放以来，我国文化产业和文化市场获得了迅速的发展。尤其是社会主义市场经济的逐步确立，为我国文化市场的繁荣带来了空前的机遇，给文化产业的发展开辟了广阔的前景。随着我国人民群众物质生活水平不断提高，文化娱乐消费日益成为人们生活消费的重要领域。"据国家统计局调查表明，1997年我国城镇居民在娱乐、教育、文化服务方面的精神消费成为热点。人们在满足了生活最基本需求以后，更加注重精神文化消费。近几年城镇居民用在娱乐、教育、文化服务的消费支出日益增多。"①20多年后的今天，我国城镇居民更加重视文化、娱乐等精神需求，这方面的消费支出占比还在不断增加。显然，文化产业作为经济与文化的结合点，作为文化经济一体化的产业群，在市场经济的大背景下，正在成为我国新的经济增长点。从这个意义上讲，我国文化产业潜力巨大、前景广阔，随着改革开放和现代化事业的发展，文化产业在我国精神文明建设和经济建设中的地位和作用必将更加突出。"发展文化产业，应当以扩大社会效益为导向，以提高经济效益为支柱，以满足人民文化需要为前提，以回应文化市场需求为轴心，合理调整文化产业结构和文化产品品种结构，科学地进行文化生产。"②

---

① 刘玉珠，柳士法.文化市场学：中国当代文化市场的理论与实践.上海：上海文艺出版社，2002：63.

② 同①41.

1.本章配合电视录像课程第十四讲、第十五讲和第十六讲，涉及的音像图形资料主要有：

（1）西班牙毕加索的绘画作品《格尔尼卡》。

（2）西班牙毕加索的雕塑作品《牛头》。

（3）西班牙萨尔瓦多·达利的绘画作品《记忆的永恒》。

（4）西班牙萨尔瓦多·达利的绘画作品《内战的诱惑》。

（5）法国影片《广岛之恋》（1959年，阿仑·雷乃导演）。

（6）日本影片《罗生门》（1950年，黑泽明导演）。

（7）瑞典影片《处女泉》（1960年，伯格曼导演）。

（8）意大利影片《八部半》（1962年，费里尼导演）。

（9）美国影片《泰坦尼克号》（1997年）。

（10）美国影片《哈利·波特》系列。

（11）美国影片《指环王》（共3部）。

（12）美国影片《星球大战》（1977年）。

（13）美国影片《星球大战前传I》（1998年）。

（14）美国影片《绿巨人》（2003年）。

（15）美国影片《龙卷风》（2004年）。

（16）美国动画片《狮子王》（1994年）。

（17）美国动画片《怪物史瑞克I》（2001年）。

（18）美国动画片《海底总动员》（2003年）。

（19）美国动画片《功夫熊猫》（2008年）。

（20）中国动画片《蓝猫淘气3000问》系列。

（21）中国影片《集结号》（2007年）。

（22）中国影片《赤壁》（2008年）。

（23）中国电视连续剧《四世同堂》（28集，1985年）。

（24）中国大型原生态歌舞《云南映象》。

2.随着现代社会的发展，文化竞争力开始扮演日益重要的角色。美国著名未来学家托夫勒预言，人类社会将从农业经济、工业经济和服务经济时代迈向体验经济时代。作为体验经济时代的一个主导产业门类，文化产业代表了未来社会经济发展的趋势，被誉为全球非常有前途的产业之一。世界各主要发达国家纷纷将发展文化产业提升到提高国家竞争力的战略高度，集中力量发展优势产业，并以此为龙头，全面提升其文化国际竞争力。美国的电影业和传媒业、日本的动漫产业、韩国的网络游戏业、法德的出版业、英国的音乐产业等，都是执国际文化产业界之牛耳。（资料来源：祁述裕.中国文化产业国际竞争力报告.北京：社会科学文献出版社，2004：11.）

第八章 审美教育

本章要点提示

◎美育的性质

◎美育的特点

◎美育的任务

◎美育的主要途径

本章学习目标

1. 了解美育的历史发展和美育的性质；

2. 理解并掌握美育的四个特点；

3. 理解并掌握美育的任务；

4. 了解美育是素质教育的重要组成部分；

5. 理解并掌握美育的主要途径；

6. 了解自然美育与艺术美育。

美育，又称审美教育。美育是素质教育的重要组成部分，美育的核心与主要途径是艺术教育。美育的根本目的，是促进人的和谐发展，培养全面发展的人才。与此同时，美育也是美学学科的组成部分，学习美学与研究美学最终都应该在美育中得到实现与发展。

第一节　美育的性质与特点

一、美育的历史发展

美育是审美教育的简称，它在本质上是一种情感教育。无论是在中国还是在西方，早在两千多年前就产生了美育思想。但是，明确提出"美育"这一概念并且加以系统论述的，应当是近代德国美学家席勒。1793年，席勒以书信体写成的《美育书简》一书，第一次在美学史上提出了比较系统和全面的美育理论，从理论上深刻地阐述了美育的必要性和美育的意义，该书被后人称为"第一部美育的宣言书"，并成为审美教育形成独立理论体系的标志。

实际上，在古代虽然尚未提出美育的概念和体系，但是，美育思想和美育实践早已存在，在中国可以追溯到先秦时期的孔子、荀子等，在西方可以追溯到古希腊的柏拉图、亚里士多德等。

早在先秦时期，孔子就大力倡导美育，提倡"诗教"和"乐教"。孔子的思想以"仁"为核心，而要达到"仁"的精神境界，就必须经过主体自身的修养和锻炼，成为一个有教养的、完美的人，这自然离不开"诗"和"乐"。正是在这个意义上孔子明确提出了："兴于《诗》，立于礼，成于乐。"[①]此外，孔子还主张美与善的统一，他赞扬《韶》乐"尽美矣，又尽善也"，批评《武》乐"尽美矣，未尽善也"。[②]显然，孔子把尽善尽美作为评价艺术的标准，强调把道德境界与审美境界统一起来。儒家学派中的荀子，继承和发展了孔子的美育思想，对儒家美育思想做了较为系统的论述，成为儒家美育思想的集大成者。荀子认为"人性恶"，必须通过后天的教育才能将人的性恶变为性善，只有造就完美的人格，才能使社会实现和谐与安宁。荀子十分重视审美教育，认为"性不能自美"，只有通过诗、书、礼、乐，才能改造人性，使人去恶从善，强调

---

① 北京大学哲学系美学教研室.中国美学史资料选编：上册.北京：中华书局，1980：12.

② 同①13.

了美育的道德教化作用。以老子、庄子为代表的道家学派在美育方面也有自己独到的见解。老庄思想以"道"为核心，主张"道法自然""天人合一"，强调审美的超功利性，把审美的境界看作一种超越感官享受之上的绝对的精神自由。因此，老庄的美育思想与儒家学派有很大的区别，不再强调美育的道德教化功能，而是强调通过对自然美的欣赏，获得情感的满足与精神的解放，达到人格的完美与个性的自由。应当说，在这方面老庄的美育思想比儒家的美育思想具有更加精辟的见解。在先秦以后的漫长封建社会里，历朝历代的许多思想家、教育家、美学家先后发表了对于美育的看法。

虽然在我国古代社会中美育思想的发展有着漫长悠久的历史，但直到近代才明确提出"美育"的概念。我国近代最早系统地宣传美育，并把美育与德育、智育、体育相提并论的是近代著名学者王国维。在我国近代史上，王国维第一个把美育概念引入中国，并且对美育的地位和作用进行了全面的分析。一方面，他提出了美育本身的特点和独特价值；另一方面，他指出了美育与德育、智育、体育之间不可分割的联系，对中国近代美育思想的发展具有开拓性的意义。我国近代美育思想的集大成者是著名教育家蔡元培。他在担任南京临时政府第一任教育总长和北京大学校长期间，不仅大力倡导美育，而且致力于将美育付诸实践。蔡元培首先将美育纳入教育方针，并且对美育的实施提出了许多具体的设想。他认为美育有三个途径：家庭美育、学校美育和社会美育，并分别提出了许多具体措施。此外，蔡元培还提出了著名的"以美育代宗教"的观点，揭露了宗教的欺骗性，强调了艺术的美育作用，提倡将文学、艺术作为人的精神家园。近代中国大力提倡美育的人还有鲁迅、梁启超等。

在西方美学史上，早在古希腊时期柏拉图和亚里士多德就十分重视审美教育。柏拉图非常重视音乐的美育作用，认为音乐具有最强烈的力量深入人心，浸润人的心灵，并使其得到美化。但是，柏拉图是站在奴隶主贵族的立场上来谈论美育的，因此他提出把不符合他的"理想国"要求的文艺作品包括荷马史诗、悲剧和喜剧等统统赶出城。作为柏拉图的学生，亚里士多德的哲学观点与美育思想大大前进了一步，他认为人的本能、情感、欲望等，都是人性所固有的，应当通过正当的途径给予适当的满足，这样才能使人性得到协调与和谐的发展。正是从这种基本观点出发，亚里士多德认为美育的目的与作用应当包括教育、净化心灵、精神享受三个方面。亚里士多德的这些看法，对欧洲美育思想的发展产生了重大的影响。古罗马时期的著名诗人贺拉斯在他的著作《诗艺》里，第一个明确地将文艺的娱乐作用与教育作用统一起来，提出了"寓教于乐"这一著名论断，对后来的文艺批评与审美教育都产生了重大影响。欧洲中世纪，宗教占据统治地位，直到文艺复兴时期人们才从封建神学的束缚中解放出来。在欧洲文艺复兴运动期间，文艺创作与审美教育都得到了较大的发展。

近代西方从 17 世纪中叶起，社会生产力与科学技术取得了迅速的发展。近代西方的启蒙运动思想家一般都非常重视美育，认为美育是启蒙教育的一项重要内容，文学、艺术是启蒙教育的一个重要手段。18 世纪德国启蒙运动代表人物、著名剧作家和诗人席勒在美学史上首次明确提出"美育"这一概念。在《美育书简》中，席勒将古代希腊社会与近代欧洲社会进行了对比，感到在古希腊社会中，人的天性是完整、和谐的，人格是完美的，个人与社会之间也十分协调。席勒认为，近代大工业社会造成了人性的矛盾和分裂。近代社会严密的分工和职业的区别，不仅使社会与个人之间产生了严重的分裂，而且使个人本身也产生了人性的分裂。在近代，人们在物质和精神、感性和理性、现实和理想、客观和主观等方面都是分裂的，已经不再像古希腊人那样处于完美的和谐状态。因此，席勒极力主张通过审美教育来克服人性的这种分裂。席勒认为，人身上有两种相反的要求，可以叫作"冲动"：一个是受感性需要支配的"感性冲动"，另一个是受客观规律限制的"理性冲动"。这两种冲动都是人的天性，完美的人性应当是二者的和谐统一。只不过在近代工业社会中，人性分裂了。因此，席勒指出，需要有第三种冲动即"游戏冲动"作为桥梁，将二者有机地统一起来。因为"游戏冲动"是人的一种自由自觉的活动，它既可以克服"感性冲动"从自然的必然性方面强加给人的限制，又可以克服"理性冲动"从道德的必然性方面强加给人的限制，使人具有真正完美的人性。当然，席勒在这里所说的"游戏"并不是指现实生活中的游戏，而是指与强迫相对立的一种自由自觉的活动，是一种审美的游戏或艺术的游戏。席勒极力主张通过美育来培养理想的人、完美的人、全面和谐发展的人。应当承认，从美育理论的发展历史来看，席勒对于美育的认识，确实突破了古希腊时期单纯把美育作为道德教育的特殊方式或补充手段的狭隘观点，把美育提到培养全面发展的人的高度来认识，对后来世界各国的美育理论产生了很大影响。在西方现代美育思想发展史上，美国教育家杜威、苏联教育家苏霍姆林斯基等人都曾对美育理论的发展做出贡献。

二、美育的性质

关于美育的性质问题，当前国内外美学界、教育界尚在研讨之中，有各种不同的说法。概括起来，大致有以下几种不同的观点，如"美育是美学理论的教育""美育是艺术教育""美育是关于审美价值的教育""美育是情感教育""美育是一种素质教育"等。应当承认，上述这些观点都从不同的角度提示了美育的性质。

我们认为，美育的主要性质是情感教育，它是素质教育的重要组成部分。美育作为感性教育和趣味教育，致力于完善人的基本素质，实现人类自身美化，拓展人的精神世界，塑造完美的人格，培养高素质的、全面和谐发展的人。

　　美育，就是审美教育，是审美与教育的融合。从这个意义上讲，美育活动既是一种教育活动，又是一种审美活动，二者兼而有之。因此，探讨美育的性质，不能不考虑这两个方面。

　　首先，美育活动作为教育的组成部分，美育的性质就不能不涉及美育在教育中的地位和分工。从一定角度来讲，教育是培养人的社会实践活动，而客观世界有真、善、美三个方面，人的主观世界也有知、意、情三个方面，为了培养全面和谐发展的人，教育必须在这三个方面同时发展。与之相应，教育也就有了智育、德育、美育的区分。智育主要是指通过传授知识、开发智能，用以把握真；德育主要是指培养品德、锻炼意志，用以把握善；美育主要是指陶冶性情、净化心灵，用以把握美。此外，全面和谐发展的人还必须有一个健壮的身体，所以还需要体育。应当说，教育的根本任务就在于培养人或育人。培养德、智、体、美全面发展的人，就是教育的根本目标。在这四育中，德育是灵魂，但是其他三育也不可缺少，否则就会成为不完全的教育，培养不出全面和谐发展的人。与此同时，德育、智育、体育、美育又有互相联系、彼此渗透的特点。美育既可以从德育、智育、体育中表现出来，又可以促进德育、智育、体育的深入发展，使人的情感得到陶冶、思想得到净化、创造力得到发挥、精神境界得到升华。

　　其次，美育活动作为一种审美活动，美育的性质就不能不涉及美育作为情感教育的特点。我国近代有影响的美育倡导者和教育家蔡元培先生指出："美育者，应用美学之理论于教育，以陶养感情为目的者也。"[①] 美育的本质就在于以情感人、以情动人。这是因为美育与其他教育不同，它始终贯穿在审美活动中，使受教育者在审美活动中受到强烈的感染，陶冶情感，净化心灵。正是美育独特的教育方式和作用，决定了美育具有情感教育的特色。在审美活动中，情感作为一种审美心理因素具有非常重要的地位与作用。强烈的情感体验，正是审美活动区别于科学活动与道德意识活动的一个最为显著的特点。心理学家把人所特有的复杂的社会性情感称为高级情感，并将其划分为道德感、美感、理智感三类。动物只有生物性的低级情感，只有人才具有这种复杂的高级情感。至于审美活动产生的审美情感，更是只有人才具备的高级情感。情感是

---

① 蔡元培.美育//朱经晨.教育大辞典.上海：商务印书馆，1930：742.

人们行为的原动力，列宁说过："没有'人的情感'，就从来没有也不可能有人对于真理的追求。"[①] 但人的各种情感又是十分复杂的，并不是任何情感都值得提倡或肯定的。正如梁启超所说，情感"好起来好得可爱，坏起来也坏得可怕，所以古来大宗教家大教育家，都最注意情感的陶养。老实说，是把情感教育放在第一位"[②]。之所以需要进行美育，就是要通过情感的陶冶和心灵的净化，以高尚的情感取代庸俗的情感，使人的整个精神世界发生变化，实现人类自身美化，努力塑造完美人格，从感性的人升华为审美的人，进入至高的人生境界。

综上所述，美育的主要性质是情感教育和素质教育。事实上，德育、智育、体育、美育作为人类教育的四个方面，各有自己不同的目标和方式。美育在培养全面和谐发展的人这方面，具有不可替代的重要作用。美育通过陶冶人的情操、美化人的心灵，使人进入更高的精神境界，成为具有高尚情操的人。这既是一个人获得全面和谐发展的保证，也是一个社会实现全面进步的基础。正是在这个意义上，我们认为，美育对于社会主义精神文明建设、对于全社会人文精神的高扬、对于全民族精神素质的提高，都具有不容忽视的重要意义。

三、美育的特点

美育的性质决定了美育的特点。美育与其他形式的教育的基本区别，在于美育具有形象性、娱乐性、自由性、普遍性等特点。

（一）美育的形象性

形象性是美育的首要特点。美育从观赏美的形象开始，并且始终离不开美的形象，让受教育者通过美的形象来领悟美的内涵。无论是自然美、社会美，还是艺术美，它们首要的特征都是形象性。在自然美中，无论是巍峨雄伟的东岳泰山，还是奇峰险峻的西岳华山，无论是湖泊如明镜的四川九寨沟，还是山水相辉映的湖南张家界，都是以千姿百态的自然美形象，激发人们对祖国山河之美的热爱。在社会美中，无论是精神美，还是人格美，也都以具体的形象感染人、教育人。艺术美更是离不开形象性，艺术的基本特征之一就是形象性。换句话讲，艺术形象是艺术反映生活的特殊形式。

---

① 列宁.列宁全集：第 20 卷.北京：人民出版社，1972：255.
② 梁启超.中国韵文里所表现的情感//北京大学哲学系美学教研室.中国美学史资料选编：下册.北京：中华书局，1981：419.

艺术形象是客观与主观的统一，任何艺术作品都是既反映出现实社会生活，又表现出艺术家对于生活的理解，如法国批判现实主义画家米勒的著名作品《拾穗者》就是鲜明的例子。艺术形象又是内容与形式的统一，优秀的艺术作品都是深刻的思想内涵和完美的艺术形式的有机统一，如法国著名雕塑家罗丹的作品《巴尔扎克像》就达到了内容和形式的完美统一，真正在形似的基础上达到了神似。艺术形象还是个性与共性的统一，如鲁迅笔下的阿Q和祥林嫂都达到了文学宝库中艺术典型的高度，既有鲜明独特的个性，又具有丰富而广泛的社会概括性。可见，审美教育是一种形象教育。

形象性是美育的首要特点，也使得美育与其他教育形式区别开来。美育是通过具体可感的形象，使受教育者亲闻其声、亲见其形，在审美愉悦中达到教育目的。德育、智育则是以抽象的、概念的形式，凭借文字和符号，依靠概念、判断、推理的逻辑方式来传授知识。由此可见，形象性是美育的显著特点之一。美育的形象性特征，使其具有易于被学生所接受的长处，通过具体可感的直觉形象、极其生动的各种形式，调动人们的审美兴趣、激发人们的审美情感、满足人们的审美愿望，使人们获得审美享受。因此，虽然人们有文化水平、年龄、修养等方面的差异，但是美育都是易于被人们所接受的。当然，美育更符合青少年接受知识的特点，因而更为他们所喜闻乐见。

（二）美育的娱乐性

娱乐性是美育的鲜明特点。早在古罗马时期，贺拉斯就提出了"寓教于乐"的主张，强调艺术欣赏活动不仅可以使人们满足精神上的审美需要，身心得到积极的休息，而且还可以使人们从中受到教育和启迪。根据《辞海》的解释，"娱乐"即"娱怀取乐"，具有"欢乐""快乐"的意思。[1]美育之所以特别容易被人们所接受，尤其是受到广大青少年的欢迎，在很大程度上就在于美育具有娱乐性的特点。自然美使人流连忘返，艺术美使人陶醉其中，获得极大的满足和快乐。从某种意义上讲，精神享受给人带来的巨大愉悦，有时甚至会超过物质享受。据说先秦时期"子在齐闻《韶》，三月不知肉味"[2]。显然，美育的娱乐性与一般意义上的娱乐不同，它既不是低级媚俗，也不是为娱乐而娱乐，美育的娱乐性是一种超越生理快感和物质享受的高层次的审美愉快，更加具有精神享受的价值，因而也更加持久、更加强烈，是一种高层次的精神性娱乐。

---

① 辞海编辑委员会.辞海.上海：上海辞书出版社，1980：1102.

② 北京大学哲学系美学教研室.中国美学史资料选编：上册.北京：中华书局，1980：16.

人的生活需要欢乐，人的生活需要美和美育。贝多芬著名的《第九交响曲》可以说是他全部创作的高峰和总结。当这首乐曲在维也纳首演时，也是贝多芬最后一次在广大听众面前亲自指挥乐队演出。由于当时贝多芬的耳疾严重恶化，已经完全听不见满场雷鸣般的掌声，演出结束后观众仍不愿离去，使得贝多芬谢幕竟达五次之多。这首交响曲的结尾就是著名的合唱《欢乐颂》，贝多芬采用了席勒的同名诗歌，以优美的音乐一次又一次地重复着这个欢乐主题："唱吧，让我们更愉快地歌唱。更欢乐地歌唱。欢乐，欢乐，欢乐女神，圣洁美丽，灿烂光芒照大地。"显然，审美快乐是一种特殊的快乐，更加具有精神享受的特色。正是在这个意义上，周恩来同志曾讲道，"有人问我：文艺的教育作用和娱乐作用是否是统一的？是辩证的统一。群众看戏、看电影是要从中得到娱乐和休息，你通过典型化的形象表演，教育寓于其中，寓于娱乐之中"①。所以，"寓教于乐"的这种娱乐性，正是美育的一个鲜明特征。

（三）美育的自由性

自由性是美育的一个显著特点。一般来讲，智育、德育等教育方式都或多或少要采用灌输的方式来进行。智育、德育基本上是在课堂上进行，大多采用教师讲授和学生听讲的形式。美育恰恰是采取自觉自愿的自由方式进行的。人们走进电影院或来到音乐厅，或自己弹奏钢琴或放声歌唱，或流连于美术馆与展览厅，或纵情游览祖国的大好河山，都是出自内心的愿望，而不是由于外力的强制。事实上，人们总是怀着浓烈的兴趣自由自觉地从事审美活动，并且在潜移默化中不知不觉地接受美育。近代美育理论的奠基人席勒早就指出了美育的这个重要特点。他在著名的《美育书简》中就把审美活动称为"游戏冲动"，指出审美活动是与强迫相对立的一种自由自觉的活动。席勒不仅指出了美育是用一种自由的方式来进行的，而且还说明了美育的目的是使人们获得更多的自由，即成为全面发展的完美的人。正是在这个意义上，席勒强调，美育是"通过自由去给予自由，这就是审美王国的基本法则"②。

正因为美育具有自由性的特点，所以美育常常是在不知不觉中潜移默化地完成的。美育具有非强制性和自主性的特色，能够使受教育者在自由自愿、不知不觉的情况下受到教育，情感受到熏陶，心灵得到净化。例如，美育中的爱国主义教育：当您欣赏东海之滨或泰山之巅的自然美时，当您欣赏从北朝民歌《木兰诗》中"万里赴戎机，关山度若飞"，到南宋诗人陆游《示儿》中"王师北定中原日，家祭无忘告乃翁"的文

---

① 周恩来．在文艺工作座谈会和故事片创作会议上的讲话．文艺报，1979（2）．
② 席勒．美育书简．徐恒醇，译．北京：中国文联出版公司，1984：145.

学美时，当您欣赏从电影《林则徐》《鸦片战争》，到电视专题片《话说长江》《话说运河》的艺术美时，实际上都在潜移默化地接受着爱国主义教育。美育对人们产生的影响，经过日积月累的长期作用，往往具有更强的稳固性和延续性，长远而深刻，并最终成为人生观、世界观中核心的组成部分。

（四）美育的普遍性

普遍性是美育的一个重要特点。美的普遍性决定了美育的普遍性。美是无时不在、无处不在的，美育也就无时不可进行、无处不可进行。尤其是在现代代，随着科学技术的发展和人民物质文化生活水平的提高，美和美育在人类生活中占据越来越重要的位置，它不仅在学校的课堂或校园中进行，而且进入人类生活的各领域中，具有美育生活化的发展态势。完全可以说，美育涉及当今人类生活的方方面面。自然美、社会美、艺术美，以及日常生活中的美容美发、服饰打扮、家居装饰等，都离不开审美和美育。审美教育在现当代社会的生活化趋势，使得人们在日常生活中也随时可以受到美的熏陶和教育，美育正在成为一种生活教育或人生教育。

从纵的方面来考察，美育的普遍性存在于人类文明社会的每个阶段，也贯穿于人的一生中。中国从先秦时期开始，西方从古希腊时期开始，两千多年来中西方的美育传统从未中断，历朝历代都在自觉或不自觉地进行美育，体现出美育的社会历史普遍性。从个人来看，甚至在胎儿躁动于母腹时，音乐"胎教"便已经开始，可见，在人的生命形成之初，审美教育就已经进行。从幼儿园、小学、中学直到大学，美育和艺术教育都在不间断地进行。当人们从学校毕业参加工作以后，无论从事何种职业，都不可能不涉及艺术和审美，或者看电影，或者听音乐，或者看演出，或者读小说。甚至步入老年之后，美育仍在继续进行，很多老年人退休之后学习书法、绘画，或者唱歌、跳舞，在美的世界中颐养天年。从这个意义上讲，美育是实实在在的终身教育。

从横的方面来考察，美育的普遍性存在于人类社会与日常生活的方方面面。美育存在于自然风光中，美育存在于社会环境中，美育存在于文学、艺术中。我国近代著名美育理论家蔡元培先生曾颇有感触地指出："名山大川，人人得而游览；夕阳明月，人人得以赏玩；公园的造像，美术馆的图画，人人得而畅观。齐宣王称'独乐乐，不若与人乐乐''与少乐乐，不若与众乐乐'，陶渊明称'奇文共欣赏'，这都是美的普遍性的证明。"①

---

① 蔡元培.美育与人生//蔡元培.蔡元培美学文选.北京：北京大学出版社，1983：221.

第二节　美育的任务与核心

一、美育的任务

为了培养全面和谐发展的人，美育的基本任务就是引导人们树立正确的审美观、提高审美能力、培养审美创造力、塑造完美人格。具体来说，美育的任务主要包括以下几方面。

（一）树立正确的审美观

审美观是人们对美的基本观点与看法，是世界观、人生观的重要组成部分。人们对世界真、善、美三个方面的认识，分别构成真理观、伦理观、审美观，三者既有区别又有联系。爱因斯坦说过："照亮我的道路，并且不断地给我新的勇气去愉快地正视生活的理想的，是善、美和真。"[1] 与爱因斯坦一样，历史上许多伟人都是因为对于真、善、美的强烈热爱和执着追求，通过不断奋斗终于成就一生事业。审美观与真理观、伦理观一道，构成了人们对世界、对人生的总的看法。

所谓审美观，是指人们在社会实践活动中，特别是审美实践活动中所形成的关于美、美感、美的创造等问题的基本观点，是从审美角度对客观事物进行判断和评价的审美观念的系统化。审美观是在审美实践和审美创造中形成的，反过来又对人们的审美实践和审美创造起着指导和制约作用。审美观主要包括审美理想、审美情趣、审美标准等。审美情趣又称审美趣味，是以个人爱好的方式表现出来的审美倾向性，审美情趣来源于人的审美理想，审美情趣又决定着人的审美标准。正因为审美情趣对人的审美观有如此重要的影响，所以思想家和教育家都把培养人的健康、高尚的审美情趣作为美育的重要任务之一。

审美观既有社会性又有个体性，既有共同性又有差异性。一个人的审美观，往往既要受到时代、民族、社会、文化的影响，具有某些社会性和共同性的特点，又要受到职业、学历、年龄、性格等个体因素的影响，从而具有个体性和差异性的特色。就拿人体美来说，不同时代对人体美就有不同的审美情趣和审美标准。例如，我国汉代以瘦为美，汉代美女赵飞燕就是一位身材瘦削的美人。史书上记载赵飞燕当时可以"掌上舞"，就是讲赵飞燕身轻如燕，可以在一位力士伸出的手掌上跳舞。到了唐代

---

[1]　王涵，华石，倪平，等. 名人名言录. 上海：上海人民出版社，1983：21.

则是以胖为美，唐代美人杨玉环就是一位体态丰腴的美女，白居易《长恨歌》中曾说"温泉水滑洗凝脂"。"燕瘦环肥"的说法由此而来。可见，仅对于人体美，不同时代的审美标准就有如此明显的差异。甚至同一时代的不同阶级对人体美也有不同的审美标准。俄国的车尔尼雪夫斯基就讲过："丰衣足食而又辛勤劳动，因此农家少女体格强壮，长得很结实——这也是乡下美人的必要条件。'弱不禁风'的上流社会美人在乡下人看来是断然'不漂亮的'，甚至给他不愉快的印象，因为他一向认为'消瘦'不是疾病就是'苦命'的结果。"[①] 显然，审美理想、审美情趣和审美标准，确实具有时代性、民族性、阶级性、地域性的特点。但同时必须承认，审美理想、审美情趣和审美标准，又具有某些共同性特征。

（二）提高审美能力

审美能力是指在审美过程中主体应具备的各种能力，包括审美感受能力、审美想象能力、审美理解能力、审美鉴赏力等。其中，最重要的是培养审美鉴赏力。人的审美能力和审美鉴赏力不是天生的，而是长期实践的结果。作为历史发展的产物，人类的审美能力在不同的社会历史时期有不同的水平，鉴赏者个体的审美能力更是需要在长期的审美活动与艺术实践中培养与提高。

首先，审美能力或审美鉴赏力的提高，离不开大量鉴赏优秀文艺作品的审美实践。多听音乐就能培养和提高耳朵的音乐感，多看绘画就能训练和发展眼睛的形式感，文学作品读得多了，艺术修养与审美鉴赏力自然就会得到培养与提高，正所谓"熟读唐诗三百首，不会做诗也会吟"。其次，要提高审美能力或审美鉴赏力，还必须熟悉和掌握美学的基本知识与艺术的基本规律，包括熟悉和掌握各艺术门类的审美特征和艺术语言。例如，绘画语言主要是线条、色彩和形体，音乐语言主要是旋律、和声与节奏，电影语言主要是画面、声音、蒙太奇等。尤其是审美能力或审美鉴赏力的培养与提高，必须建立在感受力、想象力和理解力的基础上，俗话说"会看戏的看门道，不会看戏的看热闹"，只有真正具备了审美能力或审美鉴赏力，才能看出"门道"，特别是要领会和理解深藏在文艺作品之中的艺术意蕴，就必须具有相应的艺术修养与鉴赏能力。例如，叶圣陶先生在《文艺作品的鉴赏》一文中，曾经以唐代诗人王维的诗歌佳句"大漠孤烟直，长河落日圆"为例说，这两句话十个字简单得很，如果仅仅就字面来解释就无法理解其内在深刻的意蕴，必须充分调动感受力、想象力和理解力："像

---

① 车尔尼雪夫斯基.艺术与现实的审美关系.周扬，译.北京：人民文学出版社，1979：7.

这样驱遣着想象来看，这一幅图画就显现在眼前了，同时也就接触了作者的意境。……现在读到这两句，领会着作者的意境，想象中的眼界就因而扩大了，并且想想这意境多美，这也是一种愉快。假如死盯着文字而不能从文字看出一幅画来，就感受不到这种愉快了。"[①] 从这个角度讲，美育和艺术教育就是要通过培养与提高人们敏锐的审美感受能力、丰富的审美想象能力和深刻的审美理解能力，达到培养与提高人们审美能力或审美鉴赏力的目标。

（三）培养审美创造力

审美创造力是人所特有的一种高级能力，是人的本质力量的充分发挥和展现。人类认识世界的目的在于能动地改造世界，同样，人们感受美和鉴赏美的目的也是表现美和创造美。人与动物的根本区别在于人具有创造力，正是人的这种创造力，使社会不断发展、人类自身不断完善。美的创造活动是人类创造活动中的高级活动，所谓审美创造力，就是指人在审美实践的基础上按照美的规律创造美的事物的能力。

人的审美创造力是在实践中不断丰富和发展起来的，在审美实践活动与艺术创造活动中，人的爱美的天性、创造的天性可以得到充分的发挥。这方面有许多生动的例子。苏联著名作家高尔基，仅读过两年书，更没有进过学校专门学习写作，而是从 10 岁开始就干活谋生，他做过装卸工人、面包师傅等，全凭在做工之余勤奋自学，阅读了大量优秀的文学作品，培养和发挥了审美创造力，写出了许多优秀的文学作品。尤其是他的自传体小说三部曲《童年》《在人间》《我的大学》，更是记录了他自己的亲身经历，写出了童年的辛酸、人间的痛苦，以及他在社会这所大学里的种种感受。与此同时，审美创造力的培养与提高，也离不开熟练掌握审美创造的技巧。著名画家达·芬奇刚开始学绘画时，老师维罗基奥让他整天画鸡蛋，达·芬奇对此十分不满，但是经过一段时间的刻苦练习后，他很快悟出了其中的道理，并崭露出艺术天赋。达·芬奇后来在维罗基奥所画的《基督受洗》一画的前景上，加画了一个跪着的小天使，小天使的形象如此绝妙，引起老师的惊叹和感慨，使老师从此放下画笔转而从事雕塑艺术了。

人的审美创造力的培养与提高，更离不开创造性思维的训练和培养。艺术与科学的一个重要共同点，就是二者都离不开创造性思维。科学的发展离不开创造性思维，有了创造性思维，哥白尼才敢于违抗教会提出"日心说"；有了创造性思维，爱因斯坦才违反惯性思维提出"相对论"。艺术与审美同样离不开创造性思维，优秀艺术家甚至

---

① 叶圣陶.文艺作品的鉴赏 // 龙协涛.鉴赏文存.北京：人民文学出版社，1984：9.

在一生的艺术实践中都在不断运用创造性思维进行艺术实践。好莱坞影后葛丽泰·嘉宝在《瑞典女王》（如图8-1所示）这部影片的最后一个镜头中，以创造性思维设计出一种"无表演的表演"方式，成为世界电影史上的经典镜头，给观众留下了深刻难忘的印象，开启了一种新的表演方式。国画大师齐白石擅长画虾，他在60岁前画的虾追求形似，但虾的神韵不足；他在70岁时画的虾已有质感，堪称形神兼备；他在80岁以后画的虾，更是形神毕肖，虾仿佛不是画在纸上而是活在水中，他在艺术上达到了炉火纯青的地步。齐白石曾在自己的一幅作品上写道："余之画虾已经数变，初只略似，一变毕真，再变色分深淡，此三变也。"[①]

图 8-1　电影《瑞典女王》剧照

（四）塑造完美人格

塑造完美人格，促进人的全面和谐的发展，应当说是美育最根本和核心的任务。中外历史上的思想家、教育家之所以特别重视美育，其主要原因就是美育在塑造完美人格方面具有其他教育无法替代的重要作用。我国先秦时期的儒家就强调美与善的统一，主张通过"诗教"和"乐教"来培养和造就完美的人格，从而达到"仁者爱人"的精神境界。德国近代启蒙运动思想家席勒，极力主张通过审美教育来克服人性的分裂，恢复人的自由和完整的天性，培养理想的人和完美的人，培养全面和谐发展的人。

如前所述，现当代的人本主义心理学十分重视研究人的需要、潜能、价值等，他们还提出了"健康人格"的概念。所谓"健康人格"，就是指人的诸种心理机能处于一种和谐、平衡的状态，具有充沛的活力与丰富的情感，智商与情商协调发展，具有自我实现的追求和完美的人性。尤其是人本主义心理学创始人马斯洛在其"需要层次论"中，将人的生理需要归纳为低级需要，将人的精神需要归纳为高级需要。在马斯洛看来，具有"健康人格"的人，更加重视"爱的需要""尊重的需要""认知的需要""审美的需要"和"自我实现的需要"，这种富有崇高理想的人完全可以超越物质需要或生理需要，坚持不懈地追求精神需要和高级需要，充分发挥人的价值和潜能。毫无疑问，美育的核心就是要培养全面和谐发展的健康人格。正如苏联美学家鲍列夫所说："审美教育的最佳成果应当是造成一个完整而和谐、具有自身价值和社会价值、具有能动创造性的人。"[②]

---

① 王朝闻，力群.齐白石研究.上海：上海人民美术出版社，1959：138.

② 鲍列夫.美学.冯申，高叔眉，译.上海：上海译文出版社，1988：502.

二、美育的核心

教育的根本任务是培养高素质的人才。美育是素质教育的重要组成部分。美育的核心与主要途径是艺术教育。

为了使青少年成为全面发展的人，就必须加强素质教育。人的素质是多方面的，包括思想道德素质、科学文化素质、身体素质与心理素质、审美素质等。我们的教育应当以全面提高学生的综合素质为目标，尽快从应试教育转到素质教育的轨道上。在素质教育中，美育具有十分重要而又特殊的地位，是素质教育的一个重要组成部分，对于培养全面发展的人才具有重大意义。这是因为审美素质是人的全部素质中不可缺少的重要方面，要提高全民的素质自然也就包括提高审美素质，而人的审美素质的提高又会反过来影响和促进人的整体素质的提高，造就全面发展的一代新人。

在素质教育中，美育与德育、智育、体育之间既相互区别又相互联系，既相互渗透又相互促进。美育与德育的关系，从理论上讲就是美与善的关系问题。虽然美育与德育各自研究的对象与任务不同，各自采取的方法与效果不同，但是，美是以善为前提的，二者又相互联系、相互渗透。在德育中运用美育的方式，可以使理性的灌输变成生动的形象感染，使道德说教真正转化为道德情感，使人的思想道德在潜移默化中得到净化与升华。与此同时，德育对美育同样具有积极促进的作用，美育可以通过以美引善，提高人的精神境界，陶冶人的情操，净化人的心灵。从这个意义上讲，善是美的灵魂，美是善的光辉。美育与智育的关系，从理论上讲就是美与真的关系问题。虽然美育与智育具有非常明显的区别，但美是以真为基础的，二者同样是一种辩证统一的关系。美育应当通过以美启真，激发人们追求真理的热情与学习科学的兴趣，使人们在追求美的过程中发现科学真理。例如，著名物理学家、诺贝尔奖得主杨振宁教授的一篇学术报告的题目就叫《对称中的美》，他认为数学、物理学中达到了对称，就达到了美，也就达到了真。另一位诺贝尔物理学奖得主李政道教授于 1993 年在北京炎黄艺术馆举办的"科学与艺术研讨会"上有一句名言："科学与艺术是一枚硬币的两面，谁也离不开谁。"美育与体育的关系，同样是一种辩证统一的关系。自古以来，健与美就是相互联系的，体魄的健美是全面和谐发展的人不可缺少的重要部分，体育中包含了许多美育的因素，美育也可以促进体育的发展。有的体育项目更是体现出体育与艺术的有机结合，如艺术体操、冰上芭蕾、健美操等。特别是在当代教育中，身心健康也包含着心理健康，美育在这方面更是大有可为。美育应当通过以美怡情，疏导人的情感，令人怡神悦态，促进身心健康发展。总之，美育要同德育、智育、体育一道，使受教育者在思想品德、智力技能、生理心理、情感心灵等方面都得到自由和谐的发展，培养出全面发展的高素质人才。

美育的核心是艺术教育。实施美育的主要途径也是艺术教育。在现当代社会中，"艺术教育"这个概念有两种不同的含义和内容。从狭义上讲，"艺术教育"是指培养专业艺术人才或艺术家，如各种专业艺术院校就是如此。从广义上讲，"艺术教育"作为美育的核心与主要途径，它的根本目标是培养全面和谐发展的人。因此，广义的艺术教育强调普及艺术的基本知识，通过对优秀文艺作品的鉴赏，提高人们的审美修养和艺术鉴赏力，培养人们健全的审美心理结构。同时，作为美育的核心内容，艺术教育对人们道德的完善和智力的开发也将产生深远的影响，它可以丰富人的想象力、发展人的感知力、加深人的理解力、促进人的创造力。

在现当代社会中，这种广义的艺术教育显得更加必要和紧迫。特别是20世纪下半叶以来，科学技术与生产力以人类历史上前所未有的速度获得了巨大的发展。一方面，高科技社会造成了物质财富的极大丰富，人们在物质生活方面变得更加富有和舒适，有了更多的闲暇时间和消遣需要。另一方面，高科技社会又使社会分工更加专门化和职业化，激烈的竞争和高强度的工作节奏，大大加重了人们的精神压力，消费社会中物欲横流更是给人类社会带来了深刻的危机和隐患，人们在精神生活方面反而变得更加焦虑和不安。席勒早在18世纪时发现的大工业社会中人性的分裂，以及"感性冲动"与"理性冲动"之间的冲突，在当代社会中变得更加尖锐和突出。在当代西方发达国家后工业社会中，人们被竞争所烦恼、被物欲所淹没，物质消费掩盖不住精神空虚，孤独、寂寞、颓废、悲观弥漫了精神领域。在这种情况下，艺术格外受到当代人的青睐。人们需要在艺术中恢复自身的全面发展，防止感性与理性的分裂，通过对艺术与美的追求达到个性的发展和人格的完善。著名物理学家爱因斯坦喜爱音乐，精通文学，他特别喜欢陀思妥耶夫斯基的小说和贝多芬的音乐作品，自己还经常拉小提琴和弹钢琴。爱因斯坦本人讲到，在科学领域里和艺术领域里对真、善、美的不断追求，照亮了他的生活道路，激发了他的想象力和创造力。

从总体上讲，艺术教育的任务与目标同美育一样，就是培养全面和谐发展的人。具体来讲，艺术教育的任务又可以分为以下几方面：一是普及艺术的基本知识，提高人的艺术修养。艺术修养既是人的文化修养的重要组成部分，也是人文精神的集中体现。现当代社会中的人，只有具有较高的文化修养与艺术修养，才能适应社会的发展与时代的需要。如前所述，当代社会中几乎人人都离不开艺术，但要真正具备较高的艺术修养，还需要掌握艺术的基本知识和基本原理，在艺术欣赏中不断提高审美鉴赏力和审美能力。二是健全审美心理结构，充分发挥人的想象力和创造力。艺术教育之所以在整个教育中具有特殊的地位与作用，是因为它可以培育和健全人的审美心理结构，培养人们敏锐的感知力、丰富的想象力和无限的创造力。我国著名物理学家钱学森十分重视美育和艺术教育，强调音乐艺术对启发人的创造性思维至关重要，他晚年甚至花费大量时间研究美学与艺术方面的问题。哈佛大学校长尼尔·陆登庭于1998年在北京大学发表演讲，在谈到21世纪全世界高等教育面临的主要挑战和重要任务时，他首先提到了"人文艺术学习的重要性"。他着重指出，哈佛大学之所以重视人文艺术学习，是因为"这种教育既有助于科学家鉴赏艺术，又有助于艺术家认识科学。它还帮助我们发现没有这种教育可能无法掌握的不同学科之间的联系"。三是陶冶人的情感，培养完美的人格。列宁曾经说："没有'人的情感'，就从来没有也不可能有人对于真理的追求。"[1]因为艺术是审美情感的集中体现，所以，艺术教育对于人的情感的培养与提高具有特别重要的作用。历来的思想家、艺术家都十分重视艺术对于人的情感的陶冶和净化作用，强调通过艺术教育来培养人们美好、和谐的情感和心灵，从而实现完美人格的建构。艺术教育作为美育的核心内容和主要手段，正是通过以情感人、以情动人的方法，陶冶人的情操，美化人的心灵，使人进入更高的精神境界，成为一个具有高尚情操的人。

第三节　美育的实施

我国近代美育思想的集大成者蔡元培先生提出美育的实施途径主要包括家庭美育、学校美育和社会美育。除此之外，自然美育和艺术美育虽然已经渗透于以上三个方面，但由于其内容的丰富与影响的广泛，我们也将它们单独列出来加以介绍。

一、家庭美育

家庭美育是美育的起点。社会是由家庭组成的，家庭是社会的细胞，家庭是人生的起点，父母是孩子最早的教师。一个人最早接受美育，是从家庭开始的。家庭是美的摇篮，当一个胎儿在母亲的腹中时，就可以开始接受美育了。西方发达国家十分重

---

① 列宁.列宁全集：第20卷.北京：人民出版社，1958：255.

视胎教，国际著名小提琴大师梅纽因建议孕妇经常轻声唱歌给胎儿听，使腹中胎儿受到母亲优美歌声的感染，对即将来临的这个世界充满亲切感与和谐感。现代科学研究表明，胎儿也有感觉，尤其是对音乐有明显反应，因此，音乐是胎教的一个主要手段。婴幼儿时期的美育也十分重要，研究结果表明，受家庭美育影响最大的是学龄前儿童即婴幼儿，因为他们所受到的教育几乎全部来自家庭。在历史上许多著名文学家、艺术家的人生经历中，几乎都可以发现早期家庭美育对他们一生的巨大影响。鲁迅早在幼儿时期，就在他祖父的影响下背诵唐诗宋词，并且阅读了许多中国古典名著。郭沫若在 4 岁多进私塾之前，也跟着母亲学会了不少古典诗词。我国现代文学大师茅盾从 3 岁开始，祖父就教他背诵《三字经》《千家诗》，具有维新思想的父亲还自编新教材并由母亲执教，这些都使茅盾受益匪浅。另一位现代文学大师老舍一生爱花草，热爱大自然的美，也是幼时母亲熏陶的结果。老舍曾说："从私塾到小学，到中学，我经历过起码有百位教师吧，其中有给我很大影响的，也有毫无影响的，但是我的真正的教师，把性格传给我的，是我的母亲。母亲并不识字，她给我的是生命的教育。"显然，家庭美育的影响是巨大而深远的，通过长时间的熏陶，它可以在孩子的心中深深扎根，直接影响他们的一生。从这个角度来讲，家庭美育开始得最早，持续的时间最长，对人的影响最深。

家庭美育的实施途径和方式有许多种，从总体上讲大致可以分为家庭环境美育、家庭游戏美育、家庭艺术美育等。家庭环境美育，既包括家庭布置与装饰的审美化，也包括家庭日常生活氛围的审美化。这就是讲，家庭环境的装饰、设计等，都应该体现出美观、舒适、整洁、温馨，具有审美的情趣与氛围。与此同时，家庭成员的待人接物、言谈举止、穿衣打扮、生活习惯等，也应该体现出审美情趣，这会对儿童的成长产生重大影响。因此，营造优美、和谐的家庭日常生活环境，是家庭美育的首要任务。家庭游戏美育是通过各种游戏活动对儿童进行美育的。游戏是人的天性，更是儿童的最爱。德国美学家谷鲁斯认为，儿童在轻松愉快的游戏活动中，实际上在不知不觉地为将来的生活做准备或做练习。他认为小女孩喜欢抱着木偶玩游戏是练习将来做母亲，小男孩爱玩打仗的游戏是培养勇敢精神。游戏的方式多种多样，很适合儿童的特点，游戏不仅有利于儿童身心的健康发展，而且也是家庭美育的一条重要途径。家庭艺术美育是指通过各种艺术欣赏活动或艺术学习活动，培养儿童对艺术的兴趣爱好和基本能力。例如，讲述故事、练习画画、唱歌跳舞等，可以使儿童从小就参与艺术实践活动；参观美术馆、观看动画片、参加音乐会等，可以使儿童的心灵受到美的熏陶。

二、学校美育

学校美育是美育的重点。学校是从家庭到社会的中间环节，它对学生施行有计划、有组织的系统教育，因此，与家庭美育和社会美育相比，学校美育的时间更有保证、条件更加优越，美育更加系统、效果更加明显。尤其是在当前，美育已经成为学校素质教育的一项重要内容，我们的教育方针也已经明确地将美育增列其中，就是要培养德、智、体、美全面发展的人才。各级各类学校纷纷把美育与艺术教育纳入素质教育之中、列入教学计划之中，将之作为学校教育的一项重要内容。2002 年教育部施行的《学校艺术教育工作规程》明确规定："艺术教育是学校实施美育的重要途径和内容，是素质教育的有机组成部分。"通过美育和艺术教育，学生能够"了解我国优秀的民族艺术文化传统和外国的优秀艺术成果，提高文化艺术素养，增强爱国主义精神；培养感受美、表现美、鉴赏美、创造美的能力，树立正确的审美观念，抵制不良文化的影响；陶冶情操，发展个性，启迪智慧，激发创新意识和创造能力，促进学生全面发展。"

学校美育的途径和方式，包括课堂教学的美育、课外活动的美育、校园环境的美育三个方面。课堂教学的美育应当是学校美育的核心，因为学校教育主要是通过教学活动来完成的，课堂教学自然也是学校美育的主要方式。学校美育在课堂教学中主要包括两个方面：一方面是艺术类课程的教学，如中小学的音乐、美术、书法、手工和艺术欣赏课程等，以及高等院校开设的各种艺术类公共选修课或通识课程等。例如，北京大学开设的艺术类选修课，每年选课学生多达数千人，常常是数百人的教室座无虚席，还有学生站着听课。另一方面是在非艺术类课程，如语文、历史、地理等课程中，融入语言美、意境美、人文美、自然美等因素；在数学、物理、化学等课程中，融入形式美、科学美、技术美等因素，将美育贯穿到课堂教学的各方面。正如蔡元培先生所说："凡是学校所有的课程，都没有与美育无关的。"[①] 课外活动的美育，形式多样，丰富多彩，深受广大青年学生的喜爱。课外活动是课堂教学的补充，是校园文化生活的重要组成部分，也是实施学校美育的重要形式。学校可以每年定期举行文化节、艺术节，以及各种文学、艺术专题讲座，聘请社会上著名的艺术家或艺术院团到学校演出，还可以组织建立学生合唱团、舞蹈团、交响乐团、民乐团、戏剧社、文学社、书画社、影视协会等，让学生根据各自的兴趣爱好自由参加，丰富学生的课外生活。校园环境的美育，也是学校美育的一个重要方面。校园建筑要有艺术性，校园环境要

---

① 蔡元培.美育实施的方法 // 蔡元培.蔡元培美学文选.北京：北京大学出版社，1983：155.

美化、绿化，学校可根据自身条件，还可有美术馆、音乐厅等文化设施，以及假山、凉亭、湖泊等，营造优美的育人环境。例如，北京大学有未名湖，武汉大学依傍珞珈山与东湖，厦门大学毗邻大海，等等，由此这些大学校园显得格外美丽。

三、社会美育

社会美育是美育的大课堂。社会美育是指借助社会上各种专门的美育设施和环境所施行的美育。与家庭美育和学校美育相比，社会美育具有更加广阔的范围和鲜明的特点。

美育是全社会的事业，要推进美育事业的发展就必须依靠全社会方方面面共同努力。从这个意义上讲，广泛开展社会美育活动，对于提高全民族的文化修养和审美素质具有不可缺少的重要作用。社会美育具有广泛性，与家庭美育、学校美育不同，社会美育的范围更广，以全体社会成员为对象。尤其是社会发展到今天，随着广大人民群众物质生活水平的提高，人们对精神文化生活也提出了越来越高的要求，可以说在人们日常生活的吃、穿、住、行等方面都提出了审美的要求。人们的生活环境与生活用品也日趋审美化，使得现当代社会美育的范围更加广泛。社会美育也具有多样性，尤其是在当代社会中，不仅人们更加注意人体美、服饰美、居室美、环境美，而且随着审美与技术的结合，许多劳动产品与生活用品也越来越注重审美因素，具有生活审美化、审美生活化的特点。

社会美育的途径和方式，是指社会设施的美育、社会环境的美育和社会日常生活的美育三个方面。社会设施的美育，是指由国家和社会建立的一些专门的美育设施和机构，如影剧院、美术馆、音乐厅、文化宫、博物馆、展览馆、动物园、植物园、俱乐部以及相关单位，它们作为社会美育的重要阵地，采取多种多样的形式和方法，开展群众性的文化娱乐活动，使全体社会成员接受美的熏陶。社会环境的美育主要是指城市规划、市容村貌、景观美育、生态美育等。一个城市既要有优美的自然景观，如北京的香山、杭州的西湖、武汉的东湖等，也应有富于特色的人文景观，如北京的故宫、巴黎的埃菲尔铁塔、悉尼的歌剧院等。它们甚至成为这个城市的标志和象征，吸引了成千上万的游客前来参观游览。社会日常生活的美育是指人们在处理亲情、友情、爱情、婚姻、家庭等方面，塑造完美的人格，实现人类自身美化。因为审美修养总是与道德修养相关的，所以还需要通过社会美育来培养全面和谐发展的人。

四、自然美育

自然美育是美育的一个重要方面。自然美是指客观世界中自然事物与自然现象的美。自然美在陶冶情操、净化心灵、体验人生、激发情感等方面都具有不可替代的美育作用。自然美具有象征性的特点。例如，人们常把梅、兰、竹、菊称为"四君子"，就是因为梅的冰肌玉骨、兰的清雅幽香、竹的坚韧挺拔、菊的斗雪傲霜，象征与隐喻着人们所崇尚的品德。又如，孔子用山、水来比喻仁者和智者，他说："知者乐水，仁者乐山。知者动，仁者静。知者乐，仁者寿。"（《论语·雍也》）自然美也具有多义性的特点，苏轼咏庐山时讲道，"横看成岭侧成峰，远近高低各不同"，自然美随人们观看的视点变化而变化。此外，自然美还随人们观看的心情不同而不同。例如，同样是枫叶，杜牧诗中"停车坐爱枫林晚，霜叶红于二月花"，表现了火红的枫叶充满了生机；在《西厢记》"送别"一场戏中，却是"晓来谁染霜林醉，总是离人泪"，又是一幅多么凄凉的画面。自然美还具有形式美的特点，因此名山大川便有了各自的特点，如人们常说的那样：泰山天下雄、峨眉天下秀、华山天下险、黄山天下奇。这使得人们在观赏自然美时，更加直观地注意其外在形式美。

自然美有着自己独特的美育功能。首先，自然美可以陶冶人的情感，净化人的心灵。现当代社会快速的生活节奏与激烈的竞争氛围，特别是都市的喧嚣和单调的生活，使人们渴望回归大自然。人们在享受物质文明的同时，精神上却感到孤独、寂寞、压抑、烦躁，非常希望在大自然的环境中感受生命的美好、体验生活的诗意，在对自然美的生动感受和深深眷念中，感悟人性的深度和生命的真谛，在恬静中与大自然和睦相处、修身养性，在山水田园间体会人生的至乐。其次，自然美可以激发人们的求知欲，激励人们去探索自然的奥秘。大自然生生不息、变化万千，蕴藏着无穷的奥秘，古往今来人们常常由于观赏自然受到启迪，由于热爱自然产生顿悟，进而去探索自然的奥秘。著名科学家、进化论创始人达尔文，就是由于跟随海军考察船进行了长达5年的环球旅行，在世界各地的自然奇观中，采集了大量的动植物标本和化石，激发了强烈的探索精神，写出了巨著《物种起源》，揭开了物种进化的奥秘。我国明代大旅行家徐霞客，一生游遍了祖国的名川大山，对于所到之处的地理风貌做了非常详细的描绘，留下了具有重大学术价值的《徐霞客游记》。最后，自然美可以激发人们热爱生活、热爱祖国、奋发向上的情感力量。自然审美是情感的抒发，也会唤起理想与激情。山河壮丽、景色迷人，人们对自己的祖国总是怀有一种深厚的情感，特别是许多著名风景区常常与特定的历史文化、人文景观紧密联系，使祖国的大好河山成为爱国主义教育的课堂。

五、艺术美育

艺术美育既是美育的核心，也是实施美育的主要手段与途径。艺术美育在审美教育中具有不可替代的重要作用。艺术美育之所以具有重要的地位与作用，是由艺术美的基本特征所决定的。艺术的基本特征之一是审美性，艺术的审美性是人类审美意识的集中体现，艺术的审美性也是真、善、美的结晶。艺术中的"真"并不等于生活真实，而是要通过艺术家的创造性劳动，"化真为美"地使生活真实升华为艺术真实。艺术中的"善"也并不是道德说教，同样要通过艺术家的精心创作，"化善为美"，创造出生动感人、有血有肉的艺术形象。艺术的另一个基本特征是形象性，艺术形象是个性与共性的统一、内容与形式的统一、主观与客观的统一。凡是成功的艺术形象无不具有鲜明而独特的个性，同时又具有丰富而广泛的社会概括性；优秀的艺术作品往往又是深刻思想内涵和完美艺术形式的有机统一，使得这些艺术形象具有不朽的艺术生命力；任何艺术形象都是具体的和感性的，其中又渗透着艺术家的思想情感，表现为客观因素与主观因素的有机统一。正是因为艺术具有这些重要的基本特征，所以艺术美育在美育中具有十分重要的地位与作用。

艺术作为人类审美意识的最高表现形式，它的多重社会功能始终是以审美价值为基础的，艺术美育也只有在审美价值的基础上才能真正发挥作用。艺术的美育功能，包括艺术审美认知功能、艺术审美教育功能和艺术审美娱乐功能。艺术审美认知功能，主要是指人们通过艺术美育可以更加深刻地认识自然、认识社会、认识历史、认识人生。恩格斯认为从巴尔扎克的系列小说中学到的东西，比从当时的历史学家、经济学家那里学到的全部东西还要多；列宁则把列夫·托尔斯泰的小说称作"俄国革命的镜子"，给予了极高的评价。艺术审美教育功能，主要是指人们通过艺术美育受到真、善、美的熏陶和感染，在思想上受到启迪、在实践上找到榜样、在认识上得到提高。艺术美育不同于其他任何形式的教育活动，这是因为艺术审美教育功能是以审美价值为基础的，通过生动、直观的艺术形象，以情感人、以情动人，使人受到强烈的感染和熏陶。艺术美育常常是在毫无强制的情况下，使欣赏者自由自愿、不知不觉地受到教育，在长时期的潜移默化中使心灵得到净化。艺术美育往往又是寓教于乐的，将思想教育有机地融合到艺术审美娱乐之中。因此，艺术审美教育功能具有"以情感人""潜移默化""寓教于乐"三个特点。艺术审美娱乐功能，主要是指通过艺术美育使人们的审美需要得到满足，通过倾听音乐或观看演出，身心得到休息，愉心悦目，畅神益智，获得精神享受和审美快乐。美国著名人本主义心理学家马斯洛认为，人生的最高境界是一种"高峰体验"，在这种时刻，人会感受到强烈的幸福、狂喜、顿悟、完美。马斯洛认为，不仅诗人和艺术家在创作狂热时处于"高峰体验"之中，而且聆听一首感人至深的乐曲也可以产生"高峰体验"。艺术美育中的这种"高峰体验"，正是艺术审美娱乐功能的体现。

综上所述，美育的途径主要是家庭美育、学校美育和社会美育，自然美育、艺术美育渗透其中，并发挥着十分重要的作用。所有这些途径和手段只有一个共同的目标，就是培养高素质的、全面和谐发展的人。

本章注释与参考资料

1. 本章配合电视录像课程第十七讲，涉及的音像图形资料主要有：

（1）古希腊雕塑《米洛的维纳斯》。

（2）古希腊雕塑《萨莫德拉克的胜利女神》。

（3）意大利达·芬奇的《蒙娜丽莎》。

（4）北宋张择端的《清明上河图》。

（5）法国米勒的绘画作品《拾穗者》。

（6）法国罗丹的雕塑作品《思想者》。

（7）法国罗丹的雕塑作品《手》。

（8）越剧现代戏《祥林嫂》。

（9）德国贝多芬的《第九交响曲》（《合唱交响曲》）。

（10）中国影片《林则徐》（1959年）。

（11）中国影片《鸦片战争》（1997年）。

（12）电视纪录片《话说长江》（共25集，1983年）。

（13）电视纪录片《话说运河》（共32集，1986年）。

2. 教体艺厅2006年3号文件《教育部办公厅关于印发〈全国普通高等学校公共艺术课程指导方案〉的通知》指出："在普通高等学校公共艺术课程的学习实践中，通过鉴赏艺术作品、学习艺术理论、参加艺术活动等，树立正确的审美观念，培养高雅的审美品位，提高人文素质；了解、吸纳中外优秀艺术成果，理解并尊重多元文化；发展形象思维，培养创新精神和实践能力，提高感受美、表现美、鉴赏美、创造美的能力，促进德智体美全面和谐发展。"

参考文献

［1］仇春霖.简明美学原理［M］.北京：高等教育出版社，1987.

［2］杨辛，甘霖.美学原理新编［M］.北京：北京大学出版社，1996.

［3］周宪.美学是什么［M］.北京：北京大学出版社，2002.

［4］叶朗.中国美学史大纲［M］.上海：上海人民出版社，1985.

［5］朱狄.艺术的起源［M］.北京：中国社会科学出版社，1982.

［6］王朝闻.美学概论［M］.北京：人民出版社，1981.

［7］叶朗.现代美学体系［M］.北京：北京大学出版社，2002.

［8］顾建华.美育新编［M］.北京：北京出版社，1991.

［9］彭吉象.艺术学概论［M］.3版.北京：北京大学出版社，2006.

［10］王宏建.艺术概论［M］.北京：文化艺术出版社，2000.

［11］孙美兰.艺术概论［M］.北京：高等教育出版社，1989.

［12］蒋勋.艺术概论［M］.北京：生活·读书·新知三联书店，2000.

［13］仇春霖.大学美育［M］.北京：高等教育出版社，1997.

［14］杨辛.青年美育手册［M］.石家庄：河北人民出版社，1987.

［15］王德胜.美学教程［M］.北京：人民教育出版社，2001.

［16］朱光潜.西方美学史：上下卷［M］.北京：人民文学出版社，1979.

［17］蒋孔阳.20世纪西方美学名著选：上、下［G］.上海：复旦大学出版社，1987.

［18］朱狄.当代西方美学［M］.北京：人民出版社，1984.

［19］高觉敷.西方近代心理学史［M］.北京：人民教育出版社，1982.

［20］聂振斌，滕守尧，章建刚.艺术化生存：中西审美文化比较［M］.成都：四川人民出版社，1997.

［21］王岳川.中国镜像：90年代文化研究［M］.北京：中央编译出版社，2001.

［22］杰姆逊.后现代主义与文化理论［M］.唐小兵，译.北京：北京大学出版社，1997.

［23］贝尔.后工业社会的来临：对社会预测的一项探索［M］.高铦，王宏周，魏章玲，译.北京：商务印书馆，1984.

［24］杨辛，王秀芳，彭吉象，等.青年美育新编［M］.北京：北京大学出版社，1998.

［25］蒋冰海.美育学导论［M］.上海：上海人民出版社，1990.

［26］李范.美育基础［M］.北京：中国人民大学出版社，1999.

［27］涂途.西方美育史话［M］.北京：红旗出版社，1988.

美学教程课程组

课程组长　郭青春

编写成员　彭吉象　郭青春

主持教师　郭青春